산골짜기에서 온 편지 3

신앙계

| 머릿글 |

그 동안 여러 사람들의 신앙적 질문에 편지로 답해 온 글들을 한데 묶어 〈산골짜기에서 온 편지〉 1, 2권에 이어 3권을 펴내게 된 것을 먼저 하나님께 감사드립니다. 이 책은 학문적인 책이 아닙니다. 외진 산골짜기에서 생활하는 관계로 우리는 정확한 연구를 할 수 있는 시설과 시간을 갖추고 있지 못합니다. 조그만 서재 하나가 있기는 합니다만 그곳을 이용할 만큼 여유가 있는 사람도 없습니다. 우리는 우리의 기본 사역인 성경 읽고 기도하는 일 외에 밭을 갈고 집을 짓고 음식을 장만하는 일만으로도 너무 바쁜 사람들입니다.

나는 우리가 하는 일을 성경 읽기라고 말합니다. 왜냐하면 그것에 '성경공부', 혹은 '성경연구'라는 등의 거창한 명칭을 붙여 주기는 어렵기 때문입니다. 그러나 우리는 성경을 해석할 때만은 최대한의 주의를 기울였습니다. 알고자 하는 말씀이 성경 전체의 흐름과 또 관련된 다른 구절의 말씀과 상치되지 않는지를 확인하고자 했습니다. 우리가 이렇게 하는 것은 성경을 해석하는 일이야말로 가장 정확성과 조심성을 기해야 한다고 믿기 때문입니다. 우리가 성경을 공부하기 위해 가장 유용하게 쓰는 것은 분석적으로 만든 성구사전입니다. 우리는 이것을 성경구절을 서로 비교하고 또한 단어가 다른 구절에서는 어떻게 사용됐는지를 검토하는 일에 계속적으로 써 왔습니다. 또 우리는 번역 과정에서 생겨난 것이 아니라 원어 그 자체에서 어떤 경우 한 단어가 다르게 표현되었나를 아는 데 그것을 사용했습니다. 우리가 이 일을 하기 위해서 시간과 싸움을 벌이기는 했어도, 우리는 하나님의 은혜로 어떤 교리의 몇 가지 점들을 분명하게 깨우쳐 준 몇 가지 흥미 있는 사실들을 발견하였습니다. 그것은 가장 관심을 끄는 문제 중의 하나였는데 성령의 2가지 다른 사역, 즉 성령의 열매로 나타나는 '충만'과 성령의 은사로 나타나는 '충만'이 그것이었습니다.

성경은 무한한 자극의 원천입니다. 우리의 삶 가운데는 '도달'이라는 것이 있을 수 없습니다. 바울이 말했듯이 "푯대를 향하여 예수 그리스도 안에서 하나님이 위에서 부르신 부름의 상을 위하여 좇아가는 것"밖에 없습니다. 그래서 만약 하나님께서 나를 교회가 성숙하고 건강하게 자라가도록 하는 데 사용해 주신다면 그저 기쁘기만 할 따름입니다. 바로 이 일을 위하여 하나님께서 나를 불러 주신 줄 믿습니다.

이제 나는 한담(閑談)을 그쳐야 할 것 같습니다. 나는 "여러 책을 짓는 것은 끝이 없고 많이 공부하는 것은 몸을 피곤케 하느니라"(전 12:12)는 솔로몬의 입장에 동의합니다. 그러나 나는 충분한 여유를 가진 사람들이 이 책을 읽고는 하나님의 복을 받게 되기를 바랍니다. 요한복음 7장 17절을 읽어 보십시오. 만약 당신의 뜻이 하나님의 뜻을 행하려는 것이라면 당신은 이 가르침들이 하나님께로부터 온 것인지 아닌지를 알 수 있을 것입니다. 그리고 이 책이 나오도록 애쓰신 모든 이에게 진심으로 감사드립니다. 하나님께 영광을!

예수원에서 **대천덕**

목 차 _contents

- 어떻게 해야 성령세례를 받을 수 있을까요?
- 11 기독교 생활공동체는 필요한가?
- 21 신학의 한국적 토착화란 무엇일까?
- 29 심각한 농촌 문제에 어떻게 대처해야 합니까?
- 37 마음의 상처 때문에 기도할 수 없는 분에게
- 47 불신자가 죽으면 귀신이 되는가?
- 57 독신자 공동체의 역사적 배경과 사역
- 65 어떻게 해야 성령세례를 받을 수 있을까요?
- 75 성경은 여성에 대하여 열등하게 말하고 있습니까?

- 예수님은 석가에게서 배운 적이 있는가?
- 85 한국 문화 속의 성경적 유산
- 93 추석을 맞으며 생각해 볼 것들
- 101 크리스천들의 윤리적인 부동산 투자는?
- 109 불신자 구제와 성도간의 나눔의 교제의 다른점은?
- 117 낙태 문제를 어떻게 해결할 수 있을까?
- 127 예수님은 석가에게서 배운 적이 있는가?
- 135 사회 문제에 대한 크리스천의 올바른 자세는?
- 143 인간의 가장 기본적인 권리

■ 무엇이 구원의 확신을 위한 체험인가?

153 지혜로운 시어머니상(像)

161 예배를 드리는 중요한 이유

169 십일조는 어떻게 쓰여져야 합니까?

177 무엇이 구원의 확신을 위한 체험인가?

185 농촌에서도 문화생활은 가능한가?

193 신경증과 마음의 상처에 대한 치유책은?

201 하나님의 나라는 예수님의 왕권과 관계가 있습니까?

211 심판에 대한 '예언'을 어떻게 보아야 합니까?

■ AIDS 공포시대, 기독교인의 자세

221 우리나라가 새 이스라엘이 될 수 있겠는지요?

229 평신도 선교사로서의 두 가지 역할

235 하나님은 내가 맡은 일에 다른 후보자를 갖고 계십니까?

245 경제적 위기 상황에서의 기독교인들의 자세

253 중보기도의 능력

263 AIDS 공포시대, 기독교인의 자세

271 성경은 보복행위를 어떻게 말합니까?

어떻게 해야 성령세례를 받을 수 있을까요?

산골짜기에서 온 편지

기독교 생활공동체는 필요한가?

존경하는 대천덕 신부님께.

지난해 가을 신부님께서 하와이에 들르셨을 때 함께 보냈던 시간은 매우 유익했습니다. 사실 그때 저는 드리고 싶었던 질문이 하나 있었지만 적당한 시간을 찾을 수 없었습니다. 그러나 지금쯤은 답장을 해 주실 수 있을 줄로 믿고 이렇게 글을 올립니다. 제 질문은 사람들이 공동체 생활을 하는 이유는 무엇인가 하는 것입니다. 제가 있는 하와이에는 공동생활을 하는 단체가 거의 없습니다. 이런 류의 삶의 형태가 필요한 이유는 무엇인지요?

그리고 제가 알고 있는 바를 말씀드리자면 공동체 생활 속에서는 공동체의 유익을 위해 개인의 권리 같은 것은 중시하지 아니한다는데요? 적어도 제 눈에는 그렇게 보여진다는 말입니다. 만약 그렇다면 개인이 그 대가로 얻는 유익은 어떤 것들인지요?

― 고호신 올림

사랑하는 호신 형제에게.

편지 주셔서 감사드립니다. 제가 하와이에 머무는 동안 짬이 많이 나지 않아 하고 싶었던 이야기들을 하지 못한 것이 못내 아쉽습니다. 그때 제게 베풀어 주신 호의에 대해 다시 한번 감사를 드립니다.

지금 전 세계적으로는 자의적 생활공동체(intentional community)들이 점점 늘어가고 있는 실정입니다. 그럼에도 불구하고 교회 내에서는 여전히 여기에 대해 심한 이해의 결핍 현상을 보이고 있습니다. 이것은 우리 예수원을 찾는 사람들의 태도 속에서도 여실히 증명되고 있습니다.

예수원에 지원자로 찾아오는 사람들 중에는 예수원이 마치 병원인 것처럼 자신들의 개인적인 문제들을 해결받으면 그만 그 길을 떠나 버리려고 합니다. 또 그렇지 않으면 그들이 자신들을 주님의 일에 드리되 그 일이 꼭 가르치는 일이나 또는 전도하는 일뿐인 줄로 알고 있습니다. 그중 적은 숫자의 사람들만이 자동차 정비, 집수리, 농사짓기, 가축치기, 요리, 세탁 따위의 일들도 주님의 일로 여길 뿐입니다. 우리는 이 모든 일까지도 주님의 일로 알고, 기꺼이 할 수 있는 사람들을 원합니다. 가르치고 전도하며 찬양을 부르는 일만큼 이런 일도 거룩히 여기며 열정적으로 동참할 수 있는 사람들이 우리에게는 필요한 것입니다.

제가 보기에 선불교(Zen Buddhism)가 통찰한 진리들 중 가장 뛰어난 발견 하나가 있는데 그것이 왜 한국 교회 안에서 수용되어지지 못하는지 이상하기만 할 따름입니다. 그것은 성경의 가르침과 거의 일치되는 지혜입니다. 성경은 우리가 무엇을 하든지 주께 하듯 하라고 말합니다(고전 10:31; 골 3:17, 23). 선불교에서는 벌써 오래 전에 이 진리를 통찰하여(아마 그들은 일본 선교 초기의 기독교의 영향을 받지 않았나 생각합니다) 절에서 하는 모든 일이 다 거룩하다고 가르쳐 왔습니다.

그러나 그중 젊은 수도승들만은 이것을 명쾌하게 이해하지 못해 깨끗한 일들을 선호했습니다. 따라서 변소를 청소하고 변을 퍼내는 일은 주지(원장)에게 맡겨졌습니다. 저 역시 이곳 예수원에서 제 담당 구역의 변소 청소를 즐거운 마음으로, 마치 주께 하듯 그 일을 하고 있습니다. 한국 교회 안의 젊은 크리스천들에게는 아직도 이 사실이 매우 취하기 힘든 개념이 아닌가 생각하고 있습니다. 그것은 성(聖)과 속(俗)을 세속적으로 이해하려는 사고 때문이 아닌가 합니다.

한국 교회는 이런 영적 진리를 정확하게 붙잡지 못한 탓으로 예수원에 오는 사람들을 보면 거의 대부분이 소위 천한 일에는 자신을 드리려고 하지 않습니다. 사람들은 깨끗하지 못한 일 또는 책상에서 하는 일이 적은 관계로 소위 '막일'이란 것이 맡겨지면 마지못해 하려는 태도가 역력하며 그 일들을 귀하게 보려는 자세를 거의 찾아볼 수 없습니다. 그러나 여기에 대해 전형적인 모범을 보인 분은 바로 예수님 자신이었습니다. 예수님은 30세까지 목수로서의 삶을 사셨습니다. 그리고 사도 바울 역시 이 일에 관한 한 표준적인 전형을 남겼습니다. 그는 선교사역을 위해 그 자신이 몸소 밤낮으로 심한 육체노동을 한 사람이었습니다(살후 3:6~10).

서구 기독교사에 보면 로렌스 형제(Brother Lawrence)라는 유명한 크리스천에 대한 이야기가 나오는데 그 역시 이 진리를 잘 이해하고 실천한 인물이었습니다. 그는 일생을 수도원의 부엌에서 설거지하는 일로 보낸 인물이었습니다. 그는 부엌에서 설거지하는 바로 그 일 속에서 예수님을 보았다고 그의 자서전 〈하나님의 임재 연습〉(The Practice of the Presence of God)에서 적고 있습니다. 이 책은 유명한 기독교 고전(古典) 중의 한 권이 되었습니다.

이제 당신은 왜 이런 류의 공동체가 많지 않은가에 대한 대강의 힌트를 얻었을 것입니다. 어떤 한 공동체든 설교자들만으로는 운영되어지지 않습니다. 하나의 공동체가 움직여지려면 교역자 한 사람에 약 20명의 평신도가 있어야 합니다. 그런데 그 평신도들이 자신들의 고유 업무(vocation)를 갖지 않으려고 한다면 어떻게 그 공동체가 움직여지겠습니까?

영국에 파송된 최초의 선교사들은 50명으로 공동체를 이룬 한 집단이었습니다. 그러나 그들 중에는 오직 2~3명의 교역자가 포함되어 있을 뿐이었습니다. 그런데 여기서 중요한 것은 무엇이 영국 선교에 지대한 영향을 주었는가 하는 데 있습니다. 그것은 한두 사람의 설교의 힘이 아닌 공동체 삶, 그 자체였다는 것입니다.

이런 공동체 선교의 성공 사례만 보더라도 우리는 공동체가 왜 필요한가에 대한 충분한 이유를 찾을 수 있을 것입니다. 역사적으로 보면 그것은 선교 사역의 형태 중 가장 효과적인 형태였음을 잘 알 수 있습니다. 그 이유는 공동체적 삶이 '하나님의 나라'를 매우 잘 재현시켜 준다는 데 있습니다. 사람들은 그 공동체를 방문하거나 참여하면서 그들의 눈으로 천국 복음이 무엇인가를 직접 볼 수 있습니다. 그런데 제 개인적인 의견으로는 이런 류의 삶의 형태가 소용되는 이유는 선교적인 차원에서도 그러하지만 이 나라 교회의 갱신이라는 명분을 위해서 더더욱 필요한 것입니다.

또 우리는 이런 점에서 공동체의 필요성이 있다고 봅니다. 예를 들어 우리 예수원에서는 '실험실 개념'을 상당히 강조합니다. 우리는 신학이 학문(과학)의 여왕인 것을 믿습니다(과학은 창조를 다루지만 신학은 창조주를 다룬다). 우선 과학으로서의 신학은 실험실적 상황 속에서 가르쳐져야 할 것입니다. 그런데 공동체 생활은 실험실적 상황을 조성하기에 가장 쉬운 방법이며 또 새신자들을 훈련시키기에도 그러하다는 것입니다. 물론 세상도 하나의 실험실이고 가정 또한 그러합니다. 그러나 이런 집단들은 기독교 공동체보다는 훨씬 더 까다롭고 복잡합니다. 그래서 상대적으로 훨씬 단순한 실험실적 조건을 갖춘 기독교적 공동체야말로 사람들을 하나님의 백성답게 훈련시키기에 적합하다는 것입니다.

당신의 다음 질문은 개인의 권리를 공동체의 유익을 위해 종속시켜도 좋은가 하는 것이었습니다. 이것은 사실상 신약 성경 전체가 가르치는 내용입니다. 이것은 사도 바울의 권면 속에도 아주 명료하게 나타납니다. "형제들아 너희가 자유를 위해 부르심을 입었으나 그러나 그 자유로 육체의 기회를 삼지 말고 오직 사랑으로 서로 종노릇하라"(갈 5:13). 여기서 사도 바울이 말하는 '사랑으로 서로 종노릇하는 것'이 바로 형제가 말하는 공동체의 유익을 위하는(섬기는) 방법입니다.

그러면 개인이 그렇게 희생함으로 무엇인가를 얻을 수 있는가 하고 물으셨습니다. 저는 조금도 주저하지 않고 "물론이죠."라고 대답할 수 있습니다. 그는 자신이 포기해야 하는 것보다 훨씬 더 많은 것을 얻을 수 있습니다.

우선 그는 '예수님의 참제자'가 될 수 있습니다. 예수님은 누구든지 자기 십자가를 지지 않고 당신을 따르는 자는 참제자가 될 수 없다고 말씀하셨습니다(눅 14:27). 바울은 자기가 자유의 몸이지만 스스로 모든 사람의 종이 되었다고 말합니다. 만약 우리가 그리스도를 위하여 사람들을 섬기면 우리는 그리스도의 종이 되는 것입니다(고전 7:21, 9:19).

성공회에서 사용하는 기도문 가운데는 "하나님의 종이 됨이 완전한 자유를 누리는 길이다."라는 글귀가 있습니다. 라틴어 원문에는 이것이 "섬기는 자는 다스리는 자"(whom to serve is to reign)라고 되어 있습니다. 사실 동료 크리스천이나 그리스도를 위해 자기의 자유를 포기하지 못하는 사람은 그 자신의 이기심의 종에 지나지 않습니다. 이런 사람은 결코 영혼의 만족을 얻지 못하며 진정한 자유 또한 맛보지 못할 것입니다.

두 번째로 개인이 얻는 유익은 그를 진정으로 사랑해 주며, 목숨까지도 내어 줄 수 있는 위대한(wonderful) 형제, 자매가 있는 가족을 얻을 수 있습니다. 물론 이것이 어느 정도 가능한가 하는 것은 공동체에 속한 크리스천 개인의 영적인 성숙도에 따라 달라질 것이며 또 인류의 길고 짧음에 따라 질도 달라질 것입니다. 하여튼 공동체 안에서는 상당한 정도의 인간적 도움을 받을 수 있는 것이 사실입니다.

이런 도움은 구체적으로 일을 나누어 가짐을 통해 잘 표현됩니다. 그래서 공동체가 성숙되어질수록 개인은 자신이 가장 잘할 수 있는 일을 할 수 있습니다. 그러므로 공동체에서는 잘하지도 못하며 또 하기 싫은 일을 억지로 해야 하기 때문에 생겨나는 좌절감, 스트레스가 최소한도로 줄여질 수 있습니다. 그러나 세상에서는 잘할 수도 없는 일을 하느라고 많은 시간, 정력을 낭비해야 하는 경우가 많습니다.

공동체에서 개인이 얻는 또 하나의 유익은 개인의 영적 성숙입니다. 사도 바울이 그랬듯이 각 개인은 위에서 부르시는 부름의 상을 얻기 위해 애쓸 수 있으며 따라서 계속 영적으로 성장할 수 있습니다. 크리스천의 성장은 지속적이어야 합니다. 그러나 우리는 너무나 자주 주위에 교통하는 상대가 없거나, 자극이 없을 때 게을러져서 성장이 멈추게 되는 현상을 봅니다. 그러나 공동체에서는 회원 상호간의 끊임 없는 접촉과 충돌로 계속 성장이 지속되도록 해 줍니다.

공동체는 또한 우리가 스스로를 속이고 있나, 그렇지 않나를 잘 드러내 주기도 합니다. 어떤 사람들은 자신들이 하나님을 사랑하고 있다고 믿으며 스스로의 신앙생활에 대하여 꽤 만족해 하는 경우가 많습니다. 그들이 그렇게 생각하는 것은 자신들이 기복 없는 기도생활을 꾸준히 하고 있다고 믿기 때문인 것 같습니다. 그러나 그들이 공동체 속으로 들어오면 사정은 달라집니다. 그들은 자기들보다 덜 영적이며, 덜 성숙한 것처럼 보이는 형제, 자매들과 부딪쳐야 합니다. 그때 그들은 눈에 보이는 형제를 사랑하지 못하면서 보이지 아니하는 하나님을 사랑한다는 것이 곧 가식이요 위선인 것을 발견할 것입니다(요일 4:20).

그러므로 공동체 생활은 그가 얼마만큼 하나님을 진실되게 사랑하는가를 재는 가늠자인 것입니다. 사람들은 평소 하나님을 사랑하는 일이 그렇게 어려운 일이 아니라고 느낍니다. 그러나 실제 공동체 안에서 교육적, 영적 수준이 다르고 각각의 배경이 다른 형제, 자매들을 만나고 보면 하나님을 사랑하기가 얼마나 어려운가를 알게 되는 것입니다. 내가 그런 사람들을 사랑할 수 있으면 나는 하나님도 사랑할 수 있습니다. 그러나 그런 사람을 사랑할 수 없으면 하나님을 사랑한다고 믿는 나는 나 자신을 속이게 되는 것입니다. 어떤 사람들은 사랑하지 못한다는 사실을 인정하기가 싫어 계속 자신을 속입니다. 이런 사람들은 공동체(교회 공동체를 포함하여)를 기피합니다.

일반적으로 볼 때 평상적인 교회생활은 좀 쉬운 편에 속합니다(물론 이것은 상대적인 시각입니다). 사람들은 일주일에 한두 번, 그것도 한 번 모임에 불과 1~2시간 정도 사랑의 표시(악수나 인사, 그 밖의 짧은 교제)를 주고받은 후 생각하기를 성도의 교제를 나누었다고 생각합니다. 그러나 그런 교제 속에서 우리의 진실된 사랑은 드러나지 못합니다. 오히려 그들과 함께 24시간 전적으로 상호의존적인 관계 속에서 며칠간을 보내는 교통 속에서 우리의 거짓 없는 사랑은 나타나게 되는 것입니다.

이런 이유 때문에 우리 예수원에서는 2년 3개월이 지나야 예수원의 표결 회원(voting member)으로 인정해 주고 있습니다. 많은 다른 공동체들은 더 많은 기간의 훈련과정(길게는 7년 혹은 2년 이상)을 요구하기도 합니다. 우리는 그 짧은 훈련 기간 중에 그들이 모든 것을 다 배우기를 바라지 않습니다. 다만 그들이 얼마나 사랑이 없으며 따라서 그들이 가야 할 여정이 얼마나 많이 남아 있는가를 알도록 하는 것입니다.

공동체 생활이 필요한 또 하나의 이유는 매우 실질적인 데에 있습니다. 공동체가 영적으로 성숙하게 되면 그 속의 회원들은 그가 가장 잘 할 수 있는 일이 무엇인지를 알게 되고, 그는 바로 그 일을 하도록 위임받게 될 것입니다. 이것은 일에 대한 고도의 효용성과 열정을 높여 주게 될 것이며 따라서 공동체는 매우 생산적인 단체가 될 것입니다.

고난을 함께 나누어 지던 초기의 공동체 생활이 때가 되면 편안함과 안락, 부를 함께 공유하는 생활로 대치되어질 수가 있다는 것입니다. 이것은 좋은 일이긴 하지만, 문제는 사탄이 그것을 이용해 하나님의 백성들을 타락하도록 만드는 도구로 사용할 수 있다는 것입니다. 사탄은 고난을 통해 우리를 좌절시키지 못하면 안락한 생활을 제공합니다. 그래서 어떤 공동체들은 이것을 지나치게 의식한 나머지 해마다 연말이 되면 그들이 가지고 있는 소유를 모두 청산해 버리고 다음 해에는 또 다시 새롭게 출발하기도 합니다. 그러나 우리는 어떤 아름다운 제도나 방법이 성령의 역할을 대신해 줄 수 없다는 것을 알아야 합니다.

우리는 다만 그런 제도를 성령께서 사용해 주시도록 맡겨 드리는 것입니다.

오늘날 이 세계에 존재하는 공동체는 여러 곳에 여러 종류가 있습니다. 그중 나는 서로 밀접한 관계를 가지는 세 가지의 공동체들에 대해 잠시 언급하고 저의 글을 끝맺겠습니다.

하나는 주로 농사에 의존하는 공동체이고 다른 하나는 봉급 생활자들로 구성된 공동체입니다. 그들은 가까운 도시에 나가 일을 하고는 근교에 위치한 공동체로 귀가하는 형식을 취합니다. 그들은 자신들이 받는 봉급의 절반은 공동체에 기부하고 나머지 절반으로 자신들의 삶을 검소하게 꾸려 나갑니다. 세 번째 형태의 공동체는 각종 문제와 어려움을 가진 사람들을 위해 모든 정력을 쏟는 사람들의 모임입니다. 그들은 무의탁 환자, 정신이상자, 귀신 들린 자 등을 돌보기 때문에 자급자족 수단을 갖지 못합니다. 그래서 이들은 기도를 통하여 필요한 것을 하나님께 구함으로 공동체를 움직일 수밖에 없습니다. 그리고 이 세 종류의 공동체들은 그들의 자녀들을 교육시키는 학교의 운영을 위해 함께 협력하기도 합니다. 또 어떤 단체들은 증인으로서의 삶을 살도록 하기 위해 공공학교에 보내기도 합니다.

우리는 초대교회 때에 어떤 형태의 공동체가 있었는지 잘 모릅니다. 거기에 대한 상세한 정보를 얻지 못하기 때문입니다. 우리가 확신하는 것은 하나님은 각기 다른 백성들을 위해 각각의 다른 계획들을 갖고 계시다는 것입니다. 저는 이런 공동체들이 하나님의 일을 효과적으로 이루어지게 하며, 신실한 증인의 역할과, 영적 성숙을 만들어 주는 귀한 도구가 되기를 진심으로 바랍니다. 안녕히 계십시오.

산골짜기에서 온 편지

신학의 한국적 토착화란 무엇일까?

존경하는 대천덕 신부님께.

저를 비롯한 많은 평신도들 중에는 신학에 관심을 가진 사람들이 있습니다. 그러나 평신도인 저희들이 신학을 배울 수 있는 곳은 거의 없는 것 같습니다. 그리고 신학교에서 가르쳐지고 있는 소위 '신학'이란 것도 목회학, 즉 어떻게 교회를 운영해 나가는가에 대한 것입니다. 또 조직신학이란 이름으로 강의되는 과목도 주로 칼빈주의, 알미니안주의, 아니면 자유주의로서 그 각자가 모두 특유의 편견을 갖고 있습니다. 그래서 저와 같이 성경을 가르치는, 특별히 장년을 가르치거나 혹은 개인전도에 힘쓰는 사람들이 한 가지 우려하는 것은 우리가 배우는 신학은 모두 수입된 것이거나 아니면 한국인의 삶과는 전혀 무관한 것들을 다루고 있지 않나 하는 생각입니다. 그리고 실제 이 신학은 이제 서구인들에게도 생소한 것이 되고 말지 않았나 하는 의심까지 드는 것입니다.

신부님, 신부님은 순수 한국신학을 가지는 것이 가능하며 또 그것이 필요하다고 생각하시는지요? 만약 그것이 가능하고 필요하다면 그러한 한국신학은 어떠한 것이 될 수 있을까요? 신부님은 인생의 3분의 2를 극동 지역에서 보내셨고 또 이곳 한국에서 성인시절을 보내셨습니다. 신부님은 제가 드린 질문에 대해서 어떤 생각들을 갖고 계시는지요? 다시 말씀드리면 저와 같은 평신도들이 보다 유능한 주일학교 교사가 되도록 이끄는 데 도움이 되는 신지식(神知識)을 좀 말씀해 주실 수 없겠는지요? 하나님께서 신부님의 건강을 지켜 주시기를 기도합니다.

— 김 안드레 진선 올림

사랑하는 안드레 형제에게.

안드레를 넣어 이름에 사용하고 계시는 형제에게 감사를 드립니다. 그렇게 하신 것은 사람들을 그리스도에게로 인도하겠다는 간절한 바람의 표시인 줄 압니다. 혹시 형제는 안드레와 빌립 두 사람이 헬라 이름을 갖고 있던 제자였다는 사실을 알고 계셨는지요? 그래서인지는 모르나 한번은 몇몇 헬라인들이 예수님을 만나고자 했을 때 바로 안드레와 빌립을 찾아갔었습니다(요 12:20~23). 이 사실을 통하여 나는 그들이 헬라인 토착 교회를 시작했었던 인물들이 아니었나 하는 생각을 해봅니다. 물론 교회의 토착화 작업은 대부분이 바울에 의해서 이루어졌고 바울 역시 사울이라는 히브리 이름을 바울이라는 헬라 이름으로 바꾸었던 인물입니다.

안드레 형제, 나는 한국 교회가 진정으로 한국적인 신학을 만들었으면 하는 간절한 바람을 갖고 있습니다. 왜냐하면 그것이 한국 교회의 전도를 힘있게 하고 교회를 건강하게 하며 또 모든 사람들이 이해할 수 있도록 하기 때문입니다. 또한 그것은 서구의 교회들에게도 공헌하는 바가 있게 될 것이기 때문입니다. 서구의 교회들은 한국의 신학을 필요로 하고 있습니다.

그러나 어떤 사람들은 과연 한국적인 신학이 기독교적이고 성경적인 신학이 될 수 있을까 하고 이의를 제기할지도 모르겠습니다. 또 어떤 이들은 "서구신학은 성경의 바탕 위에서 형성된 것이며 한국인들의 사고는 결코 성경적이지 않은 불교와 유교의 영향을 받지 않았는가." 라고도 말할 수 있을 것입니다. 이런 말들은 바로 우리 서양 선교사들이 동양으로 올 때 가지고 왔던 선입견들이며 우리는 이것을 사람들에게 가르쳐 왔습니다. 그러나 그것들이 전적으로 옳은 것만은 아닙니다. 실제 우리가 한국 또는 중국인의 안목으로 성경을 보면 서구 신학자들이 전혀 깨닫지 못했던 것들을 발견할 수 있는 것이 사실입니다.

성경은 하나님에 대해서 알 수 있는 엄청난 지식의 보고(寶庫)입니다. 그 성경이 우리에게 알려 주는 하나님은 어떤 분이십니까? 그분은 이 세상 어떤 족속과 문화가 이해했던 것보다 더 큰 하나님이시며, 이 온 땅에 거하는 모든 인생들을 지으신 분이십니다(행 17:24~27). 우리는 성경에서 세 가지의 각기 다른 히브리, 헬라, 로마 문화를 찾아볼 수 있습니다. 그런데 우리 서양 선교사들은 이 중 로마 문화의 배경을 가지고 있는 터라 히브리와 헬라 문화에 대한 이해도는 매우 낮은 편입니다.

그러므로 우리 서양 선교사들은 이런 로마 문화에 매우 깊이 빠져 있었던 고로 로마인들의 달력을 그대로 사용해 왔을 뿐이지 성경에서 사용된 달력에 대해서는 조금도 알려고 하지 않았습니다. 그런데 막상 성경이 말하는 달력이 무엇인가를 알아보려고 하는 순간 우리는 매우 놀라지 않을 수 없습니다. 그것은 지금까지 우리가 '이방인적'(pagan)이라고 업신여기던 한국의 월력과 너무나 똑같기 때문입니다. 이방인의 달력을 사용해 왔던 쪽은 우리였고 성경적 월력을 사용해 왔던 쪽은 오히려 한국인과 중국인들이었습니다. 우리는 부활절이 한국의 월력상으로는 아주 쉽게 계산되어질 수 있다는 사실을 결코 알지 못했던 것입니다(부활 주일은 한국 월력, 즉 음력으로 2월 15일이 지난 후의 첫 주일이고 성령강림절은 4월 4일 후의 첫 주일이 됩니다. 그런데 1987년은 이것이 계산상의 차이 때문에 꼭 한 달이 뒤로 밀려져 있습니다. 그리고 성경에서 가장 큰 절기 중의 하나인 장막절의 날짜는 바로 한국의 구정과 일치합니다).

달력만이 그렇다는 것이 아닙니다. 최근 싱가포르에 있는 한 루터교 선교사와 중국인 목사가 〈창세기의 발견〉(The Discovery of

Genesis)이라는 책을 썼는데 그들은 그 책에서 적어도 40여 개의 한자가 창세기 10장 이전에서 힌트를 얻어 만들어진 것이며 그 글자들은 모두 깊은 신학적 진리를 담고 있는 것들이라고 말했습니다.

그 한자들 중 대표적인 것이 '의'(義)라는 글자인데 이것은 내가 의롭게 되는 것은 세상 죄를 지고 가신 하나님의 어린 양(羊) 밑에 나(我)를 맡기는 일이라는 것입니다. 그리고 또 한 가지는 고대 중국 문헌들 중에 주나라의 5대 왕인 주목 왕이 솔로몬 왕을 알현했을 것임이 분명하다는 것을 보여 주고 있는 것입니다. 나는 이런 이유 때문에 솔로몬이 기록한 잠언과 공자의 사서(四書) 중 하나에 기록된 〈조상의 전통〉이란 책 사이에 공통점이 많다고 생각합니다. 이 〈조상의 전통〉(The Tradition of the Elders)이란 책은 주목 왕에 의해 쓰여졌고 그는 성경(솔로몬)으로부터 그런 지식을 배웠던 것입니다.

이렇게 한국적인 신학을 기대하는 것에 대해서 그렇게 두려워할 필요가 없다면 그것이 서구 신학과의 다른 점은 무엇이라고 말할 수 있을까요? 우선 서구 신학은 양자 택일, 즉 '이것 아니면 저것'(either or) 신학입니다. 그래서 그것은 당(faction)과 분리(dissensions)를 조장함으로 갈라디아서 5장 20절의 성경의 가르침을 깨뜨려 버릴 가능성이 많습니다. 그러나 주님은 요한복음 17장 21절에서 기록된 대로 우리의 하나됨을 위해서 기도하셨습니다. 여기에 비해 동양의 신학은 중용(中庸) 신학(theology of the golden mean)이라고 말할 수 있습니다.

동양인들은 말하기를 '이것도 저것도 아닌 그 중간'(neither this nor that but something in between)이란 말을 잘 사용합니다. 그런데 여기서 더 나아가 한국의 국기를 한번 보십시오. 여기서 말하는 중용이란 양쪽 모두를 포함시켜, 즉 양쪽이 역동적인 관계로 얽혀져 있는 것을 의미하고 있습니다. 이것은 곧 성경적입니다.

창세기 1장은 하나님께서 태초에 사람을 만드실 때 그의 형상대로 남자와 여자를 지으셨다고 말합니다. 그런데 이 남자와 여자가 동양 문화권에서 무엇을 의미합니까? 그것은 분명 음양(陰陽)을 말합니다. 그러므로 태극마크는 창세기 1장 27절의 하나님의 형상을 상징하는 것이라 볼 수 있습니다. 그렇다면 이 음과 양의 하나됨에 기초한 중용 신학이 있다면 그것이 진짜 신학이 아니겠습니까?

그러므로 나는 한국에서 참신학이 이루어지려면 칼빈주의와 알미니안주의를 하나의 음과 양으로 보고 그것을 중용의 방법으로 합일시키는 것이라고 생각합니다. 왜냐하면 그중 어느 하나가 절대적으로 옳지 않기 때문입니다. 그리고 똑같은 방법이 보수주의와 자유주의에도 적용되어야 한다고 생각합니다. 그렇다고 나는 적당히 타협하면 된다고 말하는 것이 아닙니다. 타협이란 정치적 개념을 띠는 말로서 그것은 진리를 무시함을 나타내는 말입니다. 반면 중용이란 말은 진리를 두 가지 요소 가운데서 보고 그것들을 서로 역동적 관계(서로가 서로를 고치도록 하여) 속으로 형성시켜감을 뜻하는 것입니다. 이것이 바로 한국 신학이 해야 할 작업입니다. 만약 우리가 이런 작업을 지금 시작한다면 현재 우리의 다툼이 얼마나 불필요하며 비성경적인가를 발견하게 될 것입니다.

그러나 하나님의 성품을 통한 중용을 이해하는 것만이 한국 신학을 찾는 유일한 방법은 아닙니다. 음과 양, 중용의 개념들은 한국적이라기보다는 오히려 중국적입니다. 그러나 한국에는 중국과 일본에서도 찾아볼 수 없는 세 가지가 합쳐진 상징을 발견할 수 있습니다. 그래서 나는 "한국인들은 중국인들보다 더 실제적이다."라는 말을 하고 싶습니다.

한국인들은 음과 양, 즉 남자와 여자가 있으면 곧 자녀가 있게 된다는 사실을 고려하였던 것 같습니다. 그 삼색 상징(적색, 황색, 청색)은 아버지, 어머니, 자녀로 이루어지는 완전한 가족, 즉 인간 삶의 역동성을 나타내 주는 표시입니다(그 상징의 이름을 사전에서 본 적이 있는데 그만 잊어 버렸습니다. 혹시 누군가가 아시면 제게 알려 주십시오). 우리가 자연세계와 인간심리를 설명하기 위해서는 음과 양으로도 충분하지만 영의 세계의 실제를 알기 위해서는 세 가지의 상징을 볼 필요가 있습니다.

인간은 음과 양의 존재일 뿐만 아니라 또한 삼위일체적 존재이기도 한 것입니다. 즉 사람에게는 육체와 혼과 영이 있습니다. 서구 신학자들은 세 개가 하나로 이루어지는 이 문제에 많이 부딪쳐 왔습니다. 그러나 '워치만 니'와 같은 동양인에게는 그것이 하나의 기쁨이었고 한국 사람들은 아주 자연스럽게 그것을 받아들이며 살아왔습니다. 그 상징은 북에도 있고 부채에도 그려져 있습니다.

세상에 대한 이런 세 가지의 이해 방식이 한국 문화의 기저에 자리해 왔기 때문에 한국에는 세 가지 종교, 즉 유교, 불교, 샤머니즘이 별 충돌 없이 공존해 오지 않았나 생각합니다. 물론 어떤 때는 이 세 종교들의 지도자들이 권력을 장악하게 됨으로 그 반대편들과의 충돌이 있긴 있습니다. 그러나 일반 신도들 사이에 있어서 그 세 가지 종교는 서로 대적관계였기보다 보완관계에서 공존해 왔습니다.

우리가 아는 대로 유교는 주로 현세(現世)를, 불교는 내세(來世)를, 그리고 샤머니즘은 영계(靈界)를 각각 관심을 두고 다룹니다. 그런데 기독교는 이 세 가지를 모두 다루는 종교입니다. 성경도 이 세 가지를 모두 말하고 있습니다. 그러나 서구 신학자들은 이 세 가지를 억지로 분리시켜 서로 충돌되는 것으로 보았습니다.

나는 이전에 아브라함과 모세와 에스라의 세 가지 믿음의 유형들에 대해서 이야기하며 어떻게 서구 신학자들이 다른 것들은 버리고 하나만을 고집하였는지에 대해 말한 적이 있습니다. 바로 이것이 오늘날 한국 교회의 문제로 대두되지는 말아야 할 것입니다. 이 세 가지의 방법을 우리 모두가 다 알고 있는 한 우리는 이제 거의 본능적으로 이것들을 합일에로의 동화작용으로 승화시켜야 합니다.

그러나 불행하게도 대부분의 신학교에서는 어느 한 가지만을 가르치기 때문에 졸업생들은 특별히 이단적인 것 외에는 모르고 있는 것입니다. 이것은 참으로 슬픈 사실입니다. 우리에게는 이 모두를 다 가르치며, 이 세 가지가 어떻게 성경적이며 또 서로 관계하는 것인가를 잘 가르쳐 주는 신학교가 필요한 것입니다.

위에 말한 것들을 다시 요약해서 말하면, 한국 신학은 균형 잡힌 신학이 되어야 한다는 것입니다. 그리고 그것은 또한 '머리의 신학(head theology)'이기보다는 '마음의 신학(heart theology)'이 될 필요가 있습니다. 그리고 또한 그것은 '논쟁의 신학(fighting theology)'이기보다는 '구령의 신학(winning theology)'이 되어야 합니다(한국 사람들은 싸움을 잘하지만 본래 한국인의 심성으로 보아서는 친절함, 상냥함이 더 기본적이지 않습니까).

한국인의 신학은 필리아, 아가페, 에로스, 이 세 가지의 사랑을 모두 이야기해야 합니다. 한국 신학은 또한 '동정의 신학(compassionate theology)', 즉 눌리고 가난한 자들과 함께 할 줄 아는 신학을 만들어야 할 것입니다. 그런가 하면 그것은 또 주님의 지상명령에 부응하는 선교신학도 되어야 합니다. 신자들만이 아닌 아시아의 모든 계층의 사람들에게 필요한 메시지를 들려 주는 신학이어야 합니다. 그러나 그것이 제국적이어서는 결코 되지 않습니다.

말을 바꾸어서 그것은 분열된 서구 기독교의 상처를 고쳐 주고 모두를 그리스도 안에서 하나로 볼 줄 아는 화해신학(reconciling theology)이 되어야 합니다(엡 4:4; 갈 3:28). 또 한국 신학은 사도행전 4장 12절 말씀을 잘 가르치는 그리스도 중심의 '가족신학(family theology)'이 될 필요가 있습니다.

그리고 마지막으로 한국 신학은 성경신학이 되어야 합니다. 한국의 문화는 구라파보다는 성경문화에 더 가깝습니다. 그리고 한국의 크리스천들은 자신들을 위하여 성경이 얼마나 큰 효용가치를 가지는가에 대해서도 실제 삶 속에서 체험해 왔습니다. 이렇게 함으로써 한국 신학은 서구의 그것에도 도움을 주는 신학이 될 수 있을 것입니다.

안드레 형제, 하나님께서 형제를 축복해 주시도록 기도합니다. 친구들과 모여 이런 것들을 이야기하시고 또 일터에 나가 열심히 일하십시오. 우리와 같은 서양 신학자들에 대해서는 크게 개의치 마십시오. 그들만이 옳다고 주장하면 요한복음 16장 13절, 야고보서 1장 5~8절을 읽어 주십시오. 그리고 성령께서 우리 한국이 갖도록 원하시는 신학이 무엇인가를 알려 주시도록 기도하십시오. 안녕히 계십시오.

심각한 농촌 문제에 어떻게 대처해야 합니까?

존경하는 대천덕 신부님께.

예수원의 채소와 감자 농사는 잘되어 가는지요? 또 지난 겨울 동안 가축들은 어떻게 돌보셨는지 궁금합니다. 제가 이 편지를 드리는 것은 제가 시골교회 목사인 만큼 우리 교회 성도들과 우리 마을 사람들에 대해 깊은 관심을 가지고 있기 때문입니다. 많은 사람들이 빚을 지고 있는가 하면 개중 어떤 사람들은 이미 땅을 팔아 치워 버렸습니다.

저는 도무지 무엇이 어떻게 돌아가고 있는지 이해를 할 수 없으며 하나님이 이런 분위기 속에서 우리 그리스도인들이 어떻게 하기를 원하시는지도 알 수 없습니다. 제가 어떻게 생각하고 행할지에 대해서 신부님의 도움을 구하고 싶습니다. 물론 기도도 필요하겠지만 그것과 아울러 실제 시골 생활에 대한 지침들이 있지 않습니까? 성경에서 예루살렘 이외에는 대부분 사람들이 시골사람들이었으며 말씀 또한 그들에게 주어진 것이었잖습니까? 우리가 신학교에 다니던 시절에는 이런 것들에 대해서 들어보지 못했습니다. 신부님은 그곳에서 땅 농사뿐 아니라 가축까지 기르고 계시니까 이것들에 대해서 많이 생각해 보셨으리라 믿습니다. 부디 좋은 조언 있으시길 바랍니다.

— 예수 안에서 한 형제 된 정옥토 올림

존경하는 정옥토 목사님께.

고마운 편지 감사합니다. 하나님의 은혜로 우리 예수원의 양떼와 소떼들이 먹이가 모자라지 않은 가운데서 겨울을 무사히 넘길 수 있었다는 사실을 보고드리며 함께 기쁨을 나누고 싶습니다.

별로 아는 것이 없지만 당신의 질문을 조심스럽게 다루어 보도록 하겠습니다. 지금이 시골교회 목사님으로서는 매우 어려운 때인 것은 사실입니다. 조상이 물려 준 땅을 잃어가고 있는 사람들을 속수무책으로 바라볼 수밖에 없는 당신의 심정을 충분히 이해할 수 있을 것 같습니다. 땅을 판다는 것은 살을 찢는 아픔만큼이나 크겠지만 우리는 조상의 유업을 판다는 것은 하나님의 율법에 어긋난다는 사실로 기억해야 합니다.

열왕기상 21장에 보면 나봇은 이 법을 지키기 위해 목숨까지 잃었습니다. 토지에 대해서 가장 핵심적인 부분을 다루는 레위기 25장에 보면 한 사람이 사정상 땅을 팔 수밖에 없게 되었을 때 그는 다음 희년이 되기까지의 곡식(crops)값을 일일이 계산해서 그 값을 받아야 한다고 말하고 있습니다(이것은 오늘날 우리 농촌의 땅값보다는 훨씬 비싼 액수입니다). 그리고 땅을 판 사람이 돈이 생기면 어느 때라도 그 땅을 무를 수 있도록 되어 있습니다. 또 만약 그가 무를 능력이 없으면 그의 가까운 친척 중에 누가 무를 수도 있다고 말합니다.

그러나 현재 우리의 토지법은(홍콩이나 캐나다, 앨버타 등지는 제외하고) 여호와의 것이 아니고 바알의 것입니다. 따라서 이런 제도하에서는 더 이상 무른다는 것이 있을 수 없습니다. 하지만 오늘날도 충분한 돈을 가지고 있는 크리스천은 여전히 여러 모로 가난한 이웃을 도울 수가 있습니다. 사도행전의 크리스천들이 그랬던 것처럼 말입니다 (행 2:45, 5:32~37).

하나님은 인간이 가지는 권리들 중에서 토지에 대한 권리를 가장 기본적인 것으로 보십니다. 그러나 대부분의 정부들은 이것을 인정치 않고 있습니다. 이 토지를 소유할 수 있는 권리를 보장받지 못하면 다른 모든 권리들은 한날 노예가 소유하는 권리나 다를 바가 없습니다. 토지가 없으면 먹고살 길이 없어지니까 도시나 시골이나 간에 땅을 가진 다른 사람에게 가서 빌어먹을 수밖에 없는 것입니다. 만약 그가 빌어먹을 일자리도 얻지 못하면 굶어 죽을 수밖에 없습니다.

어떤 보도 자료에 의하면 하루 약 4만 명의 사람이 이 지구상에서 굶주려 간다고 합니다. 왜입니까? 누군가가 그들의 토지를(소위 법적인 방법으로) 가로채 갔기 때문입니다. 이것은 전쟁보다도 더 무서운 것임에도 불구하고 아무도 신경을 쓰려고 하지 않고 있습니다.

이런 딱한 상황 속에서 우리 크리스천들이 할 수 있는 일이 무엇입니까? 먼저 돈이나 땅을 가진 크리스천들이 느헤미야의 모범을 따라야만 합니다. 그는 이방인의 종으로 팔려간 유대인들을 최대한으로 속량(贖良)해 내었고 또 이자로 돈을 꾸어 주는 일을 그치게 하였으며 저당 잡힌 땅은 돌려 주도록 했습니다.

느헤미야 5장은 우리 시대의 상황과 상당히 닮은감을 주고 있습니다. 시골의 땅을 소유한 사람들은 땅이 없는 사람에게 빌려 주되 수확량의 20퍼센트(5분의 1, 창 47:26 참조)만 청구하도록 했습니다. 이것보다 한 단계 나은 방법은 땅값의 10%를 추가로 청구하여 10년이 지나면 그 땅을 농사짓는 사람에게 넘겨 주는 방법일 것입니다.

캐나다나 미국에서 실시되고 있는 방법 중의 하나로서는 크리스천들이 토지신탁기구(Community Land Trusts)를 만들어 활용하는 일입니다. 이것은 비영리 기구로서 소유한 땅을 원하는 사람에게 빌려 주어 생태학적(ecologically)으로 합당한 방법으로 농사를 짓도록 해 주는 제도입니다.

　토지 대여비는 그렇게 많지 않습니다. 그 기구를 운영해 가는 데 필요한 액수만 받습니다. 기구의 이사(理事)들은 무료로 봉사합니다. 그리고 그 땅이 일단 한 가정에 빌려지도록 허락되면 빌린 사람은 그 땅을 자기 마음대로 활용할 수 있습니다. 심지어 그는 그 땅을 저당 잡히거나 파는 일만 제외하고는 그의 자녀들에게 물려 줄 수도 있습니다. 이 방법은 자력으로는 평생 땅을 소유해 볼 수 없는 사람들에게 땅을 가지도록 해 주며 또 어떤 경우에라도 그것을 잃어버리지 않도록 보호해 주는 좋은 방법입니다.

　토지가 생태학적으로 합당한 방법으로 사용되어져야 한다는 생각은 매우 중요합니다. 오늘날 현대식 농법이라 통하는 방법은 땅으로부터 영양분을 섭취하도록만 해줄 뿐이지 비옥성이 지속되도록 해 주지는 못합니다. 그러나 참된 농법은 땅의 비옥성이 유지되도록 하면서 짓는 농사입니다. 바로 이런 방법을 무려 4천 년 동안이나 우리 한국 선조들은 최근까지만 하더라고 실천해 왔습니다.

　그러나 요즘 '상업적 영농'(commercial farming)이란 새로운 생각이 대두되고 있습니다. 마치 이것은 일확천금(immediate profit in cash)을 노리려는 상인들의 장삿속과 똑같은 것이라 생각됩니다. 토지가 비옥성을 빼앗기면 점점 강도 높은 인조 비료를 써야 하고 기계의 신세를 져야 합니다. 이것은 농사가 아닙니다. 농토는 한 번 광석을 캐내면 폐광시켜 버리고 마는 광산과는 다른 것입니다.

　이런 문제들에 대한 이유 중의 하나는 농사가 무엇인지에 대한 무지와 생활수준이란 말에 대한 이해 부족 때문이라고 볼 수 있습니다. 오늘날 우리들은 시골사람도 도시사람만큼의 생활수준이 되어야 한다고 가르치고 또 믿고 있는 것 같습니다. 만약 사람들이 이 '생활수준'

이란 말에 대한 올바른 이해를 하고 있다면 그렇게 문제될 것은 없습니다. 그러나 대부분의 사람들은 그것을 이야기할 때 현금 수입(cash income)을 말하는 것 같습니다. 그러나 만약 한 농부가 도시사람만큼의 현금 수입을 가진다고 하면 그는 도시사람과는 견줄 수 없을 만큼의 부자인 셈입니다. 왜냐하면 그는 도시사람은 거의 소유하고 있지 못한 막대한 자산을 가진 자이기 때문입니다.

 우리가 현재 바알적(Baalistic)인 경제체제를 가지고 있기 때문에 언젠가는 심각한 공황(depression)을 예상해야 하고 또 대비해야 할 때가 옵니다. 만약 이때 어느 도시사람이 직업을 잃어 버리고 이어서 텔레비전, 냉장고, 집 등 그가 가진 모든 것을 차례로 날려 버리게 되었다고 해봅시다. 이제 그는 시골에 있는 사촌을 찾아가 그 땅에서 함께 농사를 좀 짓게 해달라고 요청할 수밖에 없는 신세가 될 것입니다. 그러나 반면 그 농부는 그의 땅에서 먹을 것, 입을 것을 얻을 수 있을 뿐 아니라 시장에 내다 팔 여분의 곡식도 가질 수 있게 될 것입니다. 그러므로 시골 사람들의 '생활수준'이란 말을 현금 수입이라고 생각하면 크게 잘못된 것입니다.

 그러나 불행하게도 많은 시골사람들은 그들이 얼마나 큰 자산을 가지고 있는지 미처 깨닫지 못하고 있는 것입니다. 역사의 종말이 올 때까지 그들을 먹여 주고 그 누구의 구속으로부터 보호해 주는 땅이 있음을 모르고 있는 것 같습니다. 그래서 그것을 무분별하게 저당 잡히고는 현금을 가진 부자가 되기를 원하고 또 높은 생활수준을 유지하려고 합니다. 그러나 그들이 농기구, 비료, 씨앗 등을 사기 위해 빌린 돈이나 결혼, 초상 비용을 마련키 위해 얻어 쓴 돈은 그들의 순수한 노동력의 대가로 얻을 수 있는 돈으로는 갚을 수가 없습니다. 이렇게 되면 그들은 졸지에 도시의 사촌보다 훨씬 가난해지게 되는 것입니다.

또 그들이 농사일에는 숙달된 일꾼들이긴 하지만 도시생활에 적응할 수 있는 기술이란 없는 사람들입니다. 따라서 그들은 최저 임금 노동자로 전락해 버리고 또 모든 식구들이 다 일터로 나가야 하는 까닭에 아름답던 가족 분위기도 깨어져 버리고 자녀들은 반항하는 아이들이 되어 버리고 말 것입니다.

목사님은 시골교회의 목회자로서 그 주민들이 올바로 깨닫도록 도와야 할 것입니다. 즉 누구든지 2천 평 정도의 땅이면(쌀 농사를 포함) 안정된 생활을 누릴 수 있다는 사실을 깨닫도록 해야 합니다. 실제 그 정도의 땅을 갖고 있는 사람이라면 그는 하나님을 제외한 다른 사람에게 고개를 숙이고 살 필요가 없습니다. 그는 어려울 때나 좋을 때나 자신의 땅에서 먹을 것과 입을 것을 얻을 수 있습니다.

그런데 만약 그가 크리스천이라면 그는 부자가 되겠다거나 사치성 물건을 장만하여 살아보겠다는 교만과 세상적 생각은 버려야 합니다. 하나님은 그의 백성들이 검소하게 살기를 원하십니다. 또 하나님은 땅을 실컷 이용해 먹고는 버리는 것이 아니라 땅을 섬기며 살라고 하십니다(창 2:15).

만약 어떤 사람이 큰돈이 되는 작물을 재배하기 위해 많은 돈을 들였다고 해봅시다. 그 비싸게 투자한 작물의 가격이 폭락하게 되면 그는 아무것도 건질 수 없게 됩니다. 또 심지어는 그가 재배한 곡식들을 시장에 가서 사와야 하는데도 가격이 비싸 도저히 살 수 없는 경우도 당하게 될 것입니다.

그러므로 그는 돈이 되는 작물들을 생각하기 전에 그가 먹고 입을 수 있는 작물들을 길러야 합니다(우리가 사는 동네에서 재배할 수 있는 섬유 작물로는 삼, 아마, 양털이 있고 다른 지역에서는 목화도 있음). 또 시골 사람들은 트랙터를 사용할 필요가 없습니다. 그들에게는 소가 있습니다. 소는 고장이 나서 고칠 필요도 없고 휘발유 값도 걱정할 필요가 없습니다. 그저 풀만 뜯어 먹기만 하면 됩니다. 또 암소는 매년 송아지를 낳습니다. 혹시 트랙터가 송아지를 낳았다는 말을 들어보셨는지요? 또 경운기는 소모가 되면 버려야 하지만 소는 계속 불고기 감을 제공해 줍니다. 낡고 녹슨 쇳조각이 우리에게 무슨 별미를 제공해 줄 수 있습니까?

그래서 제가 하고 싶은 이야기는 우리 크리스천들이 시골생활에 대해 전혀 새로운 태도를 가져야만 한다는 것입니다. 크리스천들은 토지와 그 위에서 하는 노동에 대하여 세상적이 아닌 성경적인 태도를 가져야 한다는 것입니다. 목사님도 아시다시피 성경대로라면 토지는 매 7년마다 안식년을 가져야만 합니다. 이렇게 함으로써 토지는 비옥성을 회복할 수 있습니다.

또 이 안식년을 지킨다는 것은 그 이전 해에 거두었던 곡식(이 율법은 말릴 수 있거나 보관이 가능한 곡식이나 열매들에게만 적용됨)들을 먹어야 함을 의미합니다. 그러므로 안식년을 지키는 사람은 수확한 것을 전부 팔아 치울 수는 없는 것입니다. 그는 칠 년째에 먹을 수 있도록 얼마는 보관을 해야 합니다. 그러므로 농사를 짓는 것이 돈을 벌기 위한 수단이 되어서는 옳지 못합니다. 하나님과 동행하기 위해(to live in partnership) 짓는 것이라야 하나님 앞에 올바른 태도인 것입니다. 이스라엘과 유다는 돈을 벌겠다는 자세로 농사를 짓다 결국 망하게 되었습니다. 역대하 36장 21절을 보십시오. 하나님께서는 그들이 안식년을 지키지 않고 거른 햇수만큼 종살이를 하도록 만드셨다고 말합니다.

한국에는 기계와 화학비료, 농약을 쓰지 않고도 농사지을 수 있는 길이 많이 있는 편입니다. 욕심 어린 잔꾀의 영농기술로는 오히려 땅을 망쳐버리기 꼭 알맞습니다. 또 돈을 벌어 보겠다는 욕심기를 가지고 있는 한 저당 잡힌 땅을 팔고, 가족들은 슬럼가로 빠져가는 파산을 면키 어려울 것입니다. 이런 것은 한국에만 있을 수 있는 문제는 아닙니다. 지금 미국의 농민들 중에는 많은 숫자가 이런 파국을 맞고 있습니다. 교회들은 이제 와서야 어떻게 하면 좋으냐고 묻고 있습니다. 제 생각으론 그에 대한 답이 성경에 있다는 사실을 깨닫는 그때는 이미 늦은 때라고 봅니다. 그때는 미국의 온 농지가 돈 버는 일만이 유일한 목적인 대지주들과 기업들의 손에 넘어가 버리고 말 것입니다. 에베소서 5장 5절과 골로새서 3장 5절은 이것이 분명한 우상숭배라고 말합니다.

　존경하는 목사님, 시골에서는 농민들을 도와서 그들이 하나님께 순종하도록 해 줄 수 있는 분은 목사님밖에 없습니다. 목사님, 실망하지 마시기 바랍니다. 그저 직분에 충실하셔서 그들이 성경에 입각한 실제적인 답들을 발견하도록 도와 주시기 바랍니다. 하나님이 이 세상을 만드셨습니다. 그러므로 어떻게 이 세상이 운행되어 가야 할지도 알고 계십니다. 하나님께 순종하는 길만이 가장 보장받는 길이며 재난을 면할 수 있는 길임을 알려 주십시오. 안녕히 계십시오.

*추신 : 목사님, 오직 성령께서는 사람의 마음속에 있는 탐심을 제거케 하시고 우리에게 순종하는 마음과 지혜를 주시는 분이심을 아시기 바랍니다.

마음의 상처 때문에 기도할 수 없는 분에게

존경하는 대천덕 신부님께.

이제 곧 봄을 맞이하게 될텐데 신부님과 예수원 식구들은 이번 겨울을 어떻게 지내셨는지요? 물론 봄이 온대야 그것은 이곳 서울보다 한 달 후에야 온다는 것도 알고 있습니다. 그래도 신부님은 봄이란 계절에 대해 무척 고마움을 느끼시리라 믿습니다. 저는 예수원을 방문해 보고 싶지만 직장 때문에 어떻게 해볼 도리가 없군요.

신부님, 저는 제 기도생활에 대해 여쭙고 싶습니다. 저는 웬일인지 여느 사람들과 같이 기도할 수가 없습니다. 기도를 통하여 하나님께 가까이 나아가고 싶은 것이 솔직한 제 심정입니다. 저는 그것이 결혼에 실패했던 과거의 경험 때문이 아닌가 하는 생각도 해봅니다. 또 성령의 인도하심이 있어야 하지 않겠느냐 하는 생각도 해봅니다. 그러나 그렇다면 꼭 저에게만 성령의 도우심이 있어야 한다는 말일 테고 그런 생각은 교만이 아닌지요? 저에게 적절한 조언을 해 주셨으면 감사하겠습니다. 안녕히 계십시오.

— 한용숙 올림

사랑하는 용숙 자매에게.

주신 편지 감사합니다. 답장이 늦은 것을 죄송스럽게 생각합니다. 우리는 크리스마스를 지내고 신년을 맞이하느라 눈코 뜰 새 없이 바빴습니다. 아무튼 봄기운을 다시 느낄 수 있게 된다니 벌써 마음이 설렙니다. 자매님의 말대로 이곳의 겨울은 다른 곳보다 두 달이 긴 다섯 달이라 더욱 봄이 기다려지기도 하고 또 감사해 하기도 합니다.

주신 질문에 대해 나는 먼저 이렇게 말씀드리고 싶군요. 왜 자매는 굳이 다른 사람처럼 기도하기를 원하냐구요. 기도란 마치 컴퓨터 조작술을 배우는 것과 같이 하나님을 조종하는 어떤 기술이 아닙니다. 나는 지금 누가 나에게 컴퓨터 한 대를 주어서 한창 그것을 배우느라 고생하고 있는데 우리 하나님은 컴퓨터가 아니시니 얼마나 감사한 일인지요? 하나님은 인격을 가지셔서 우리를 사랑하시는 분이십니다. 그분은 당신의 아들을 보내사 우리와 같은 사람이 되게 하셔서 30여 년간을 우리와 함께 살게 하셨고 또 그 아들은 지금도 우리를 위해 간구하시는 분이십니다(히 7:25). 요한일서 1장 3절에는 우리가 하나님과 사귐을 가질 수 있다고 말합니다. 이것은 놀라운 사실입니다. 우리가 다른 친구 사귀듯 하나님과도 사귀며 친구가 될 수 있다는 말이기 때문입니다.

자매는 친구와 이야기할 때 어떤 특별한 방법이 있어야 합니까? 예를 들어 어떤 친구가 있는데 그 친구와 대화할 때는 '목소리', '사용하는 어휘', '말하는 모양' 등에 있어 어떤 특정한 형식이 있어야 하느냐 그 말입니다. 만약 그렇다면 자매는 그 사람을 친구라고 생각할 수 있을까요? 나에게 그런 친구가 있다면 나는 그를 친구로 보기보다는 문제아로 볼 것입니다. 그렇습니다. 하나님과 대화할 때는 어떤 특별한 방법이 필요치 않습니다. 이것 때문에 자매가 하나님께 기도할 때 다른 친구를 따라(모방하여)할 필요가 전혀 없는 것입니다. 하나님은 당신의 친구가 되어 주시고자 하시므로 마치 친구와 대화하듯 하나님께 기도할 수가 있는 것입니다(요 15:15).

물론 목사님 또는 장로님이 예배시간에 드리는 공적인 기도는 조금 성격이 다릅니다. 만약 자매가 여성 대표들을 이끌고 어떤 공적인 문제를 위해 대통령을 방문하기로 되어 있다고 해보십시오. 당신은 대통령께 이야기하기 위해 적절한 어휘들을 선정하고 조심스럽게 이야기하는 방법도 준비하여서 사전에 미리 연습도 해볼 것입니다. 그러나 이제 대통령이 당신의 친구가 되어서 그와 그의 부인이 당신을 점심 식사에 초대했다고 가정해 보십시오. 당신은 매우 자연스럽게 그와 마주앉아 대화할 수 있을 것입니다. 자매가 개인적으로 하는 기도도 이와 같은 것입니다. 그냥 친구에게 하듯 자연스럽게 하면 되는 것입니다.

자매는 실패한 결혼생활이 혹 기도에 지장을 주는 것이 아닌가 하고 염려했습니다. 만약 자매가 아직도 전남편에 대해 분노를 품고 그를 미워하거나 책임이 그에게만 있다고 생각하고 있다면 당신의 염려는 옳은 것입니다. 하나님은 우리의 마음이 죄악을 품으면 기도를 듣지 아니하시기 때문입니다(시 66:18). 그러나 우리가 용서를 구하고 우리를 깨끗하게 하면, 그는 기도 들으시기를 지체치 아니하십니다. 하나님은 마음이 상한 자들을 돌아보시고 그들을 고쳐 주시기를 원하십니다(시 34:18, 147:3).

자매는 자매의 남편을 진정으로 용서해야 합니다. 하나님은 당신께서 우리의 죄를 용서하신 것처럼 우리도 우리에게 죄지은 자를 용서하기를 원하시는 것입니다(마 6:12~15). 만약 자매가 모든 잘못이 남편에게만 있고 자신은 아무 잘못을 행하지 않았다고 생각하고 있다면 무엇을 잘못했는지 하나님께 기도해 보시라고 권하고 싶습니다. 하나님은 당신의 남편이 행한 것은 남편의 눈 안에 있는 티요, 당신이 행한 것은 당신의 눈 속에 든 들보라고 말씀하십니다.

그리고 실제로 자매는 '결혼 실패'라는 말을 사용했습니다. 나는 이 말 속에 실패에 대한 상당한 책임이 자신에게도 있다는 것을 자매가 인정하는 것으로 봅니다. 성경에는 실패를 시인하고 거기에 대한 책임을 인정한 후 전심으로 용서를 구하면 그리스도의 피가 우리를 모든 죄에서 깨끗케 한다고 말합니다(요일 1:9). 또한 사도 바울은 불신자 남편이 믿는 부인을 갈리게 하면 부인은 자유가 된다고 말합니다(고전 7:10~16).

다시 간단히 말하면 한번 죄나 허물을 고백하여 그리스도의 피로 가리움을 받아서 새롭게 되면, 누구든지 그 허물(결혼의 실패는 물론)로 인해 기도에 방해를 받지 않는다는 것입니다. 예수님은 당신을 사랑하시며 함께 대화하기를 원하신다는 것을 기억하시기 바랍니다.

또 아울러 이 사실도 기억하시기 바랍니다. 예수님께서는 직접 '말씀'하시기를 원하신다는 사실입니다. 그러므로 기도할 때 당신만 이야기하면 된다고 생각지 마시기 바랍니다. 혹 당신의 친구 중에 혼자만 실컷 떠들기 때문에 무슨 말을 했는지도 알 수 없는 그런 친구가 있습니까? 자매는 그런 친구와 과연 얼마만큼 가까워질 수 있습니까? 만약 하나님과의 기도생활이 그런 식으로 일방적으로 말하고 구하는 것으로 끝난다면 그는 결코 하나님과 가까워질 수 없을 것입니다. 나는 사람들이 기도할 때 고함치듯 하는 이유도 듣지 못하는 까닭이 아닌가 합니다. 그들은 하나님의 음성을 듣지 못하는 고로 하나님께서도 자신의 기도를 듣지 아니하신다고 생각하는 것입니다.

우리가 기도 후 잠시만 그 자리에 앉아 있기만 하면 하나님이 바로 그 자리에 함께 계셔 우리의 기도에 귀를 기울이시고 또 기꺼이 응답하시려 한다는 사실을 알게 될 것입니다. 그러므로 기도했으면 듣는 시간도 잠시 내시기 바랍니다. 그리고 하나님은 우리가 무엇을 구하기 전 그것이 우리에게 있어야 할 줄을 먼저 아신다는 점을 생각하면 더 많이 듣는 일에 시간을 낼 수 있을 것입니다.

당신도 언급하였듯이 바로 이런 까닭에 우리가 성령님의 도우심을 필요로 하는 것입니다. 성령님은 당신과 하나님이 기도를 통하여 교제할 수 있도록 길을 열어 주시는 분이십니다. '교제'를 나타내는 헬라어는 '코이노니아'인데 때에 따라 그것은 '사귐' 또는 '교통'으로 번역되어 있습니다. 아주 재미있는 번역입니다. 차들이 왔다 갔다 하는 길거리의 교통을 한번 생각해 보십시오. 때로 자매는 '일방 통행로'(one way street)를 만나게 될 것입니다. 그런데 하나님의 사랑이 바로 그 일방 통행로와 같습니다. 그는 우리가 그를 사랑하고 않음에 관계없이 우리를 사랑하십니다. 그는 심지어 우리가 그를 알기 전 사랑하셨습니다. 그리고 지금도 우리를 그에게로 이끌어 가고 계십니다. 이 사실을 나중에 발견하고는 "오, 하나님, 나는 당신이 계신 것조차도, 나를 사랑하신다는 사실조차도 몰랐습니다. 이제 나는 당신을 위해 살겠습니다. 오, 주님, 감사합니다." 이렇게 고백하면 이때부터 그 사랑이 쌍방통행 또는 코이노니아가 되는 것입니다.

그러나 우리가 하나님을 사랑한다고 말하는 즉시 하나님은 뭐라고 말씀하시는지 아십니까? "좋아, 그러면 그 사랑을 주위 사람들과 함께 나누도록 하게. 만약 자네의 눈으로 볼 수 있는 형제들을 사랑하지 못하면 나를 사랑한다는 그 말은 단지 자네를 속이는 말일세."(요일 4:20)라고 말씀하시는 것입니다.

그러니 일단은 우리가 우리 주위에 있는 사람들에게 일방통행식 사랑으로 접근해야 합니다. 여기에 대해 어떤 사람은 전혀 반응을 보이지 않을 것이며 어떤 사람은 사랑으로 반응을 나타낼 것입니다. 그렇게 되면 우리는 주 안에서 그와 쌍방통행, 코이노니아, 즉 '사귐'을 가지게 되는 것입니다. 이것은 곧 성령님의 사역입니다. 이것 때문에 우리는 고린도후서 13장 13절의 축도문에서 성령의 사역으로 '교통'이 나오는 것을 보게 되는 것입니다. 성령님은 우리로 하여금 올바른 관계를 맺도록 해 주시는 관계자(the relater)인 셈입니다. 그는 우리에게 하나님과 이웃에 대하여 올바른 관계가 유지되도록 해 주시는 것입니다. 만약 누군가가 자신을 미워하거나 비하(卑下)시키면 성령님은 이 잘못된 관계도 고쳐 주십니다. 성령님은 우리가 하나님께 대하여 얼마나 귀하고 소중한 존재인가를 알게 하시고는 스스로를 귀하게 여기도록 도와 주시는 분입니다.

이와 같은 일은 성령의 내적 사역입니다. 성령께서 우리 속에 계시면 사랑과 절제와 같은 내적인 열매가 맺히도록 해 주십니다. 그러나 성령님의 사역은 여기에만 멈추지 않습니다. 성령님은 우리에게 외적 사역도 허락하시기를 원하시는데, 소위 우리가 '은사'(恩賜)라고 부르는 것을 말합니다. 자매는 고린도전서 12장에서 여기에 대한 것을 이미 읽으셨을 줄 믿습니다(고린도전서 12장과 13장에 나오는 성령의 사역 중 대부분은 성령의 내적 사역, 즉 한 몸의 지체로서의 서로에 대한 관계를 말하는 것이고 반면 12장의 앞부분의 몇 구절과 14장 전체는 은사에 대한 것이다). 그런데 하나님께서는 우리에게 이런 외적인 사역을 허락하시는 목적이 무엇입니까? 그것은 우리의 기도가 효과적이 되도록 하기 위함입니다. 즉 우리의 기도가, 그것이 기도시간에 드려진 것이거나 아니면 친구들과의 대화 중에 나온 것이든지 간에 어느 날 갑자기 이루어지도록 하시는 것은 성령의 외적 사역에 관계된 것이라는 말입니다.

또한 성령의 인도하심을 받으며 그의 뜻을 깨닫도록 하는 것도 성령의 외적 사역과 관계된 일입니다. 예를 들면 성령께서는 자매에게 지혜로운 말씀의 은사를 주시기도 합니다(물론 당신은 그 사실을 모를 수도 있습니다). 그럴 경우 자매는 자매의 친구로부터 문제 해결에 도움이 되는 충고의 말을 해 주어서 매우 고맙다는 인사말을 듣게 될 것입니다.

그리고 똑같은 방법으로 성령께서는 지식의 말씀의 은사를 주실 수도 있습니다. 성령께서는 이 은사를 통해 어떤 상황에서 무엇이 잘못되었으며, 또 어떤 사람이 어떤 일로 상처를 입었는지를 알게 해 주십니다. 그 사람을 위해 효과적으로 기도하여 내적 치유가 되도록 하기 위함입니다.

또 성령께서는 당신의 기도하는 말에 날개를 달아 주셔서 당신의 기도가 한낱 대화의 차원에만 머물지 않고 대화 그 이상의 무엇이 되도록 해 주십니다. 그것은 그를 통해 하나님이 하시고자 하는 놀라운 일을 이루시려는 주님의 도우심이며 주님이 함께 하시는 사역입니다. 그러므로 그것은 더 이상 '요구'의 기도가 아닌 것입니다.

예수님은 놀라운 계획들을 갖고 계십니다. 그러나 그의 백성들이 문제의 해결에 도움이 되는 기도보다는 문제를 오히려 복잡하게 만드는 기도에 더 많은 시간을 보냅니다. 그래서 예수님은 항상 그 자리에서 계실 수밖에 없고, 늘 이렇게 근심하실 수밖에 없습니다. "언제 이 사람들은 자기 말만 하는 것을 멈추고 내 말을 듣고 내가 원하는 일을 할 수 있을까?"

이제 당신은 당신의 마지막 질문에 대한 답이 무엇인지 알게 되었을 것입니다. 성령의 도우심이 필요하다는 당신의 생각은 결코 교만한 것이 아닙니다. 하나님은 우리가 꼭 성령을 모셔야 한다고 말씀하십니다. 아니 자매는 성령님을 모시지 않고는 크리스천이 될 수가 없습니다. 십자가의 도리를 깨닫고 이것을 믿게 하고 부활의 능력을 주시는 분이 곧 성령님이시기 때문입니다. 또 당신은 성령의 외적인 능력(사역)도 가질 필요가 있습니다. 그래야만 하나님이 이루시고자 하는 일들을 하실 수 있기 때문입니다. "나는 하나님을 위해 할 일이 없다."라고 말할 수 있는 크리스천은 아무도 없습니다. 누구든지, 크리스천이면 하나님을 위해 해야 할 일이 있습니다. 이 일이 무엇인지 알기 위해 또 그 일이 효험이 있게 이루어지도록 하기 위해 우리는 성령이 필요한 것입니다.

누가복음 11장 13절은 우리가 구하기만 하면 하나님은 성령을 주시겠다고 말씀하십니다. 그러므로 구하십시오. 그리고 약속을 지켜 주실 것에 대해 감사하십시오(요일 5:14~15). 그는 당신을 인도해 주실 것입니다(요 16:13). 그는 또 기도의 언어들(고전 14:2, 4, 5, 14, 15)을 주실 것이며 섬길 수 있는 은사들(고전 12:7, 11, 31, 14:1, 3, 5)도 주십니다.

마지막으로 '예언'이란 말에 대해서 잠시 언급하고 글을 맺겠습니다. 우리가 성경에서 보는 '예언'이란 단어는 잘못된 번역입니다. 이 말에 대한 정확한 번역은 출애굽기 7장 1절과 에스겔 37장에 나오는 '대언(代言)'이란 말이 옳습니다. 그 말은 하나님이 어떤 사람을 위해 필요한 말씀들을 주시면 그것은 단지 반복해 준다는 뜻입니다. 그러므로 요즈음도 옛날 선지자들이 그랬던 것처럼 "주님께서 이 시간 당신에게 말씀하십니다."(Thus said the Lord)라고 말할 필요는 없습니다. 우리는 이 말을 친구들에게 해 줄 때 매우 겸손하고 조심스러운 태도로 해야 합니다.

예를 들어 이렇게 말할 수 있습니다. "나는 주님이 너에게 이렇게 말씀하신다고 생각해. '딸아, 나는 너를 사랑한단다. 너 자신을 지나치게 학대하지 말아라. 참고 기다리며 먼저 나에게 감사해라. 그러면 내가 얼마나 너를 사랑하는지 알게 될 것이다.'라고 말이야." 이렇게 누군가를 위해 기도하는 중에 주시는 말들이 마음속에 들려오면, 이 말을 단지 겸손한 태도로 알게 해 주는 것이 대언(예언)입니다. 나중 당신은 이 말이 그 사람에게 꼭 필요한 말이었음을 알고는 매우 놀랄 것입니다.

그러나 우리는 이 말을 할 때 다른 성도들이 있는 가운데서 하는 것이 좋습니다. 그래야만 잘못된 말을 해 줄 경우 다른 사람이 나를 고쳐 줄 수 있기 때문입니다(고전 14:29). 그러나 이 방법도 항상 가능한 것이 아니며 또한 권장할 것이 못됩니다. 중요한 것은 하나님께서는 당신이 진정으로 순종하기를 원하고 또 도구로서 사용받기를 원하면 꼭 필요한 방법과 지혜를 주신다는 말씀입니다. 우리는 연약하여 실수하기 쉽지만 성령께서는 항상 온전한 방법을 주시기 때문입니다. 성령님의 도우심을 구하되 항상 겸손한 방법으로 사람들을 섬기시기 바랍니다.

성령의 위로와 기쁨이 늘 충만하시기를 빌며 이만 줄입니다. 안녕히 계십시오.

산골짜기에서 온 편지

불신자가 죽으면 귀신이 되는가?

존경하는 대천덕 신부님께.

요즘 미국에 있는 한인 교회들은 새로이 제기된 교리 문제 하나로 인해 좀 시끄러워져 있습니다. 어떤 교회들은 그것에 대해 동의하기도 하고 어떤 교회들은 거부하기도 합니다. 그 교리의 기초가 되는 것은 사도행전 16장 16절, 고린도전서 10장 20절을 포함하여 시편 106편 28절과 이사야 8장 19절 등인데 내용은 불신자 혹은 이방인들이 죽은 경우 과연 그들이 귀신이 되느냐 하는 문제입니다. 나는 이전에 이런 이야기들을 들어본 적이 없지만 지금은 여기저기서 들을 수 있습니다. 신부님은 여기에 대해 어떻게 생각하시는지요? 과연 전례(前例)한 그 성경 구절들을 가지고 그런 해석을 할 수 있는지 궁금합니다. 만약 그 해석이 옳지 않다면 신부님은 어떻게 해석하시는지요?

또 이것과 관계된 것 중에서 이단에 대한 문제도 여쭤보고 싶습니다. 이단(異端)의 진정한 의미는 무엇인지요? 우리는 아주 흔하게 이 단어들을 사용하지만 과연 얼마나 정확하게 그 의미들을 알고 사용하는지 궁금합니다.

신부님의 미국 집회 여행길이 너무 피곤치 않은 여행이 되기를 바라며 아울러 사모님에게도 안부를 전해 주시기 바랍니다.

— 최성기 올림

사랑하는 성기 형제에게.

형제의 질문은 귀신론과 이단에 관한 것이군요.

형제는 불신자가 죽으면 과연 그 영혼이 귀신이 되는가 하고 물으셨습니다. 질문에서 인용하신 시편 106편 28절은 죽은 자에게 바쳐진 제물을 이스라엘 백성이 먹은 것에 대해 꾸짖은 말씀인데 이것은 신명기 26장 14절에도 언급되어 있습니다. 당시 이스라엘 백성들은 3년째 십일조를 레위인과 객(客)과 고아와 과부에게 주어서 먹도록 하였는데 그때 그들은 이렇게 하나님께 말했다고 기록되어 있습니다. "내가 애곡하는 날에 이 성물을 먹지 아니하였고 부정한 몸으로 이를 떼어두지 아니하였고 죽은 자를 위하여 이를 쓰지 아니하였고…."

사도행전 16장 16절은 점치는 귀신 들린 여종에 대한 언급이고, 고린도전서 10장 20절은 이방인들이 제사하는 것은 귀신에게 하는 것이라는 바울 사도의 지적입니다.

이 문제는 미국에서도 널리 행해지고 있는 접신술(接神術)과도 관계된 것이며 죽은 자의 영혼을 어떤 매체(medium)를 수단으로 하여 불러올릴 수 있다는 생각과도 관계가 있습니다. 이 문제는 사무엘상 28장을 근거로 성경도 뒷받침해 주는 것이라고 믿는 사람도 있습니다. 즉 사울 왕이 엔돌의 무당을 찾아 죽은 사무엘을 불러올리라 요청했을 때 사무엘이 실제로 나타났다는 것입니다.

그러나 우리는 이 문제를 다룰 때 분명히 짚고 넘어가야 할 사실 하나가 있음을 알아야 합니다. 이 경우에 있어 바로 그 무당은 사무엘이 나타날 것을 전혀 기대하지 않았다는 사실입니다. 그러다가 실제로 사무엘이 나타나자 깜짝 놀라 비명을 지르고 있는 것을 볼 수 있습니다. "여인이 사무엘을 보고 큰소리로 외치며…"(삼상 28:12). 그 여인은 사무엘을 대신할 다른 영을 불렀고, 따라서 다른 어떤 영이 나타나기를 기대했다가 실제로 사무엘이 나타나자 깜짝 놀라고 있는 것입니다. 그녀가 변장을 하고 온 자신의 고객이 바로 사울 왕인 것을 알게 된 것도 생각지도 않았던 사무엘이 실제로 나타났기 때문입니다. 그녀는 사울과 사무엘의 관계를 알고 있었으므로 죽은 사무엘이 나타나자 그가 사울인 것을 알아본 것입니다.

그러면 실제로 죽은 사무엘의 영이 나타난 것은 무엇을 말하는 것일까요? 나는 하나님께서 직접 이 일에 개입하셨다고 믿습니다. 하나님은 안식 중에 있는 사무엘을 직접 보내셔서 사울 왕의 교만과 불순종이 그로 하여금 하나님으로부터 끊어지게 했다는 것과 하나님은 인간으로부터 속임을 받지 않는 분임을 알게 하려고 그렇게 역사하셨다는 것입니다. 즉 후세의 모든 사람에게 기록으로 남겨 교훈하시기 위하여 특별히 이 경우에만(once and for all) 그런 방법으로 간섭하셨다는 것입니다.

성경에는 귀신들 또는 악령들에 대한 이야기가 많은 곳에서 나타납니다. 그러나 그것들의 정체에 대해서 성경이 증거하는 바는 그들이 인간을 파멸에 이르도록 만드는 타락한 천사들이요, 불순종의 영들이라는 것입니다. 일반적으로 요한계시록 12장 4절은 사탄이 천사의 3분의 1을 끌어들여 하나님을 반역하도록 한 것이었다고 학자들은 해석합니다. 여기서 사탄은 물론 천사장을 말합니다.

성경 말씀 중에는 사탄에게 기회를 주지 말라는 권면이 나오는데 이것은 우리가 조심하지 않으면 악령들이 우리의 삶 속에 발을 들여 놓을 수 있다는 말씀입니다. 우리가 노(怒)를 품거나 증오심, 더러운 생각을 하고 또 우리 자신에 대해 연민의 정을 가지고 있을 때 사탄에게 그런 기회를 주게 될 것입니다.

자기 자신에게 연민의 정을 품는다는 것(feeling sorry for oneself)

은 하나님께 분노하는 행위의 다른 표현에 불과합니다. 만약 하나님이 우리를 사랑하신다는 말씀을 진정으로 믿을진대 우리는 스스로를 불쌍하다고 생각지 못할 것입니다. 그 대신 하나님의 뜻대로 부르심을 입은 자들에게는 모든 것이 합력하여 선을 이루게 될 줄을 알고(롬 8:28) 범사에 감사할 수 있게 될 것입니다(살전 5:16~18). 스스로를 비참하다거나 불쌍하다고 느끼는 것은 하나님이 자기를 사랑하시지 않는다거나 하나님이 문제를 해결할 능력을 갖고 있지 않다고 생각하는 것입니다. 우리가 무슨 생각으로 자신을 불쌍히 여기든지 간에 자기 연민의 정은 하나님께 분노하는 일이고 따라서 사탄에게 기회를 주게 되는 것입니다.

간혹 사람들 중에는 어떤 능력 또는 행운을 가져다 주는 신을 부리거나 섬기는 자들이 있습니다. 그들은 이 영들을 이롭게 하는 신(familiar spirit), 수호신, 또는 선신(善神)이라고 부르며 죽을 때까지 관계를 맺는 자들입니다.

나도 한번은 그런 영들이 주는 거짓된 계시들을 들어본 적이 있습니다. 그러나 그 내용들은 낮이 밤과 다른 만큼 사실과 다른 것들입니다. 그 영들은 추악하고 사악한 짓거리들을 노골적으로 드러내 보이진 않지만 상투적이고 무의미한 일들을 가지고 계속 사람들을 짜증나게 만들어 오고 있습니다.

하지만 이 영들은 독창성에 있어서는 사람을 따르지 못합니다. 왜냐하면 그들은 두뇌(지능)를 가졌다기보다는 차라리 녹음기나 컴퓨터를 가진 존재이기 때문입니다. 반면 사람은 하나님의 형상을 따라 창조되어진 존재이므로 심지어 악한 사람도 창조적인 일, 즉 시를 짓고 소설을 쓰거나 작곡을 할 수 있습니다. 그러나 소위 선신이라고 불리는 그 영은 오직 반복적이거나 모방적인 일밖에 할 수 없습니다. 이와는 달리 더러운 신(evil spirit)들은 사람들을 강제로 붙잡고자 하는 의지가 강하며 하나님께 대하여 분노와 적개심도 강하게 품고 있는 편입니다. 그래서 기회만 포착되면 사람들 속에 들어가 하나님께 대하여 그런 감정을 불러 일으키도록 하는 것입니다.

바울은 사탄이 심지어 빛의 천사로도 가장한다고 경고했습니다. 그래서 우리는 사탄이 자신의 정체를 드러내기까지 오랫동안 잠복기간을 갖는다는 사실을 알아야 합니다. 그들이 그렇게 하는 것은 사람들을 속여 하나님으로부터 떠나게 하고 결국 그들을 정복코자 함인 것입니다. 이렇게 속이는 영들은 굳이 살인이나 간음 등 드러나 보이는 죄악들을 행하게 할 필요가 없습니다. 대신 그들은 아주 단순하면서도 사람들에게 매혹을 느끼게 하는 이단(異端)을 일으킵니다. 그리하여 그것들을 이용하여 아주 서서히 사람들을 하나님의 길에서 떠나도록 유도합니다. 그들의 희생자가 되는 사람들 중에는 때로 하나님을 증오하게 되거나, 나아가 영들 심지어 사탄까지도 사랑하게 되는 사람들이 있습니다. 그런가 하면 또 어떤 사람들은 그들이 섬기고 있는 신이 하나님인 줄 알고 끝까지 착각하는 사람들도 있습니다.

그러므로 나는 이렇게 믿습니다. 사람 속에 들어와 있던 이런 영들(죽은 사람의 혼백이 아니라)은 그 사람이 죽으면 자기들이 거할 다른 집들을 찾는다는 것입니다. 많은 경우 그들은 죽은 사람의 가족들 중 다른 누군가를 찾을 것입니다. 그럴 경우 그 영들은 몇 대 동안 그 가정에서 안주(安住)할 수 있게 될 것입니다. 이 영들은 아주 소상히 그 식구들에 대해 알고 있기 때문에 어떤 영매(무당이나 접신자 등)에게 아무도 모르는 그 가정의 비밀들을 가르쳐 줄 수 있습니다. 그 비밀들 가운데는 때때로 잊혀졌거나 묻혀져 버린 사실들도 있습니다. 이런 비밀이 드러날 때 사람들은(심지어 무당 자신들조차도) 그 영매가 죽은 사람의 영혼과 대화한다고 생각하게 된다는 것입니다. 그러나 그것은 죽은 사람의 영이 아니라 그 사람 속에 있던 영, 즉 타락한 천사요, 귀신이라고 불리는 영인 것입니다.

또 우리는 사람들이 산신(山神)이나 조상신 그리고 그 밖의 토속신들에게 제사하는 것을 흔히 봅니다. 물론 그들은 그런 신이 있으며 또 그 신들이 제사를 받을 줄 믿고 드리겠지만 실상 제사를 받고 이용하는 자는 귀신이란 영들(demonic spirit)입니다. 사람은 죽을 경우 구약성경에서는 '스올', 신약성경에서는 '하데스'라 일컬어지는 곳에서 최종 심판 때까지 거합니다.

예수님의 비유 말씀 중 우리는 나사로와 부자에 대한 이야기를 잘 알고 있습니다. 여기에서도 우리는 이때가 몸의 부활 이전임에도 불구하고 부자와 나사로가 있는 곳이 떨어져 서로 오갈 수 없다는 사실을 알 수 있습니다. 예수님은 또 십자가에 달리셨을 때, 그 오른편 강도에게 "네가 오늘 나와 함께 낙원에 있으리라."라고 말씀하셨습니다. 여기서도 이 낙원이란 곳이 천년왕국 후에 오는 영생의 세계, 즉 새 예루살렘이라고 볼 필요는 없습니다. 물론 아브라함이 있던 낙원이 결국 그 마지막의 새 예루살렘과 합쳐질 것이지만 아직은 그때가 아닌 것입니다. 그러므로 육신을 벗어난 인간이, 그가 신자이건 불신자이건 어떤 영매에 의하여 다시 올 수 있다는 생각은 옳다고 볼 수 없습니다.

또 우리가 이런 것들을 생각할 때에 꼭 염두에 두어야 할 것이 있습니다. 사람들은 '영원(eternal)'이란 말을 '끝이 없다(unending)'는 뜻으로 생각하기 쉬운데 사실은 '초(超)시간적인(timeless)', 또는 현대 수학자들이 말하는 '다차원적인(multidimensional)'이란 뜻이 더 맞다고 볼 수 있습니다. 현재 우리가 알고 감지할 수 있는 세계는 오직 삼차원적인 세계입니다. 그러나 우리가 죽을 경우에는 다차원(多次元)

의 세계로 옮겨가기 때문에 지금 우리의 머리로는 그런 세계를 쉽게 이해할 수 없는 것입니다.

내가 성경을 읽고 이해한 바로는 성경은 그 어느 곳에서도 사람이 죽으면 귀신이 된다고 말하는 곳은 없다는 것입니다. 성경이 알려 주는 바는 사람이 죽은 조상의 영이나 그 밖에 자기들이 있다고 믿는 신들에게 제물을 바치지만 실제 그 제물은 그들이 염두에 두고 있는 그 대상들에 의해 받아들여지지 못한다고 말하는 것입니다. 죽은 자들은 결코 제물을 알지 못하고 따라서 열납하지 못한다고 말해 주는 것입니다. 우리는 무엇을 물어 보는 방법을 통해서 또는 제사를 드리는 방법을 통해서 그들과 접촉할 수 있는 길이 있다고 믿지만 결코 그럴 수 없다고 하는 것이 성경의 가르침입니다. 다만 타락한 천사들인 귀신(그들의 왕은 사탄)이 그럴 수 있다고 믿는 사람들의 무지와 미신을 최대한 이용하여 사람들을 속이고 있는 것뿐입니다.

앞에서도 말한 바 있지만 귀신은 처음 빛의 천사로 가장해 사람들에게 접근을 시도합니다. 그들은 그때부터 제법 옳고 선한 정보와 충고를 주기 시작합니다. 그러다가 사람들이 완전히 그들의 지배하에 들어왔다 싶으면 잘못된 충고를 줌으로써 차츰 그들을 미궁과 멸망으로 이끄는 것입니다. 그러나 폭력과 강압 없이 우리에게 오시는 분이 있으니 그분이 바로 성령님이십니다. 그분은 지음을 받은 자도 아니시요, 하나님과 한 분이시요, 무한하시며, 불변하시며, 그러기에 우리 속에서 사랑, 기쁨, 평화가 넘치도록 허락하시는 분이십니다.

당신의 두 번째 질문은 이단에 대한 것이었습니다. 이단이란 무엇입니까? 성경에서 찾을 수 있는 의미는 사도행전 20장 30절에서 볼 수 있는 것입니다. 여기에 보면 사도 바울이 에베소 교회 지도자들에게 "제자들을 끌어 자기를 좇게 하려 한다."라고 경고하고 있습니다. 자기의 가르침을 좇게 하기 위해 제자(사람)들을 이끌어 가는 것이 이단입니다. 우리가 언제 위험에 빠지게 되는지 아십니까? "나는 누구 누구의 제자다."라고 주장할 때입니다. 바울은 여기에 대해 고린도전서 1장에서 잘 다루고 있습니다. 아볼로나 베드로, 그리고 바울은 이단이 아니었습니다. 그러나 그들의 제자라고 주장하는 자들이 서로를 분리시켜 상대를 대적하게 되는데 그들이 바로 이단이 될 수 있는 것입니다.

이단이 가리키는 한국말은 '다르다(異)'는 글자와 '끝(端)'이라는 글자가 합쳐진 것입니다. 이것은 매우 좋은 정의라고 생각합니다. 만약 내가 일반 정통 교회가 가르치는 것과 다른(異) 것을 가르치면 이단이 되는 것이며, 또 다른 의도를 가지고 다른 목표에 도달하면 그것도 이단이 될 것입니다. 또 성경에는 당(黨), 또는 무리 짓는 것도 이단의 다른 뜻으로 사용하기도 합니다(행 5:17, 15:5, 24:5, 26:5, 28:22).

우리는 초대 교회 역사에서도 이런 경우들을 찾아볼 수 있습니다. 당시 교회 안에는 비성경적인 어떤 교리들을 믿는 무리들이 있었는데 그들은 자신들을 좇게 하려고 제자들을 이끌어 간 경우가 있었습니다. 그럴 때면 온 교회는 지도자 회의를 소집해 그 문제를 면밀히 검토하고 토론에 붙였습니다. 회의 결과, 그 가르침이 비성경적이라는 결론에 도달했을 때 교회는 문제의 교사(주동자)에게 더 이상 그 교리를 가르치지 말 것과 제자 삼는 것도 중단하라고 명령했습니다.

그러나 많은 경우 문제의 교사들은 공교회의 명령을 거부했는데 이때 교회는 그 교사들이 이단이며 이런 저런 교리들은 '이단적(heretical)'이라고 공식 선언했습니다. 그러면 이에 맞서 그 분리된 그룹들은 그들대로 자기들만이 옳고 기존 교회가 잘못되었다고 선언했습니다. 근본적으로 말하면 우리들만이 옳다고 주장하는 자들이 이

단입니다. 그러므로 사실상 오늘날 우리 모두가 다 이단이거나 아니면 이단에 가깝습니다. 왜냐하면 오늘날 이런 태도를 취하지 않는 교회나 교단들이 매우 드물기 때문입니다. 그러나 다행히도 요즘 교회들은 교단 차원에서 서로 대화하고 서로를 그리스도 안에서 한 형제로 인정하며 또 서로의 입장에서 이해하려고 하는 움직임이 있습니다. 바로 이것이 지금까지 우리가 빠져왔던 이단적인 형태에서 탈피하도록 하여 온전한 진리 가운데로 이끌도록 해 줄 것입니다(요 16:13).

산골짜기에서 온 편지

독신자 공동체의 역사적 배경과 사역

존경하는 대천덕 신부님께.

저는 의도적인 공동체로서의 예수원에 대하여 오랫동안 관심을 가져왔습니다. 그러나 최근 제가 예수원을 방문하고 난 뒤 그곳의 정규 회원들이 대부분 가족을 거느리고 생활한다는 것을 알고는 적이 실망했습니다. 또 현재 독신으로 있는 회원이나 수련생들도 장래 계획은 모두 가정을 가져야 한다는 생각을 하고 있음이 분명했습니다. 저는 홀아비로서 가족이 없습니다. 그런데 저는 독신자(남성)들만을 위한 공동체에 가입하고 싶거나 아니면 제가 그런 공동체를 하나 시작해 보고 싶은 생각을 하고 있습니다. 이런 곳을 통하여 저는 좀더 다른 방법으로 또는 좀더 효율적으로 하나님을 섬길 수 있지 않을까 하는 생각을 하는 것입니다.

이런 점에서 제가 예수원의 앞날에 대해서 신부님이 갖고 계신 계획을 여쭙는다는 것이 좀 앞뒤가 맞지 않는 생각인 줄 압니다. 하지만 신부님은 제가 그곳을 방문했을 때, 당신께서도 처음에는 가정을 가진 사람들뿐만 아니라 독신 남성, 독신 여성을 위한 공동체를 원하셨지만 지원하는 자가 너무 적어 어떤 열매도 맺지 못했다고 말씀하셨습니다.

그러므로 저는 이 점을 여쭤보고 싶습니다. 즉 독신자 공동체의 역사적 배경과 시작 동기, 그리고 그 사람들의 사역들에 대한 것입니다. 물론 여기에 대해 제 나름대로 갖고 있는 상식이 좀 있긴 합니다만 신부님의 설명을 들으며 한번 비교해 보고 싶기도 합니다. 안녕히 계십시오.

- 현종무 올림

사랑하는 종무 형제에게.

보내 주신 편지 감사드립니다. 저는 형제가 이곳에 왔던 것과 함께 대화를 나눈 일도 기억합니다. 그러나 그때 우리는 이 문제에 대해 상세하게 이야기할 수 있는 시간을 가지지 못했었지요. 그때 무슨 일 때문에 대화가 중단되었는지는 잘 기억이 나지 않습니다. 그러나 그런 일은 이곳에서 자주 일어납니다. 제가 부활을 기다리는 것은 바로 이런 점 때문이기도 합니다. 우리가 부활한 몸을 가지게 되면 시간의 제약을 받지 않고 얼마든지 이야기할 수 있으니까요.

제가 공동체 안에서 독신자에 대해 설명할 때는 현대인들이 쉽게 이해하는 '효율성(efficiency)'이란 개념에 의지하곤 합니다. 농공상(農工商)을 포함한 인간들의 모든 다방면의 삶과 행위들은 거의 대부분 효율적이어야 한다는 생각에 지배를 받습니다. 이 효율성을 측정하는 방법과 정의하는 방법은 여러 가지가 있을 수 있습니다.

그러나 지금 나는 바울이 고린도전서 7장 31~35절에서 말하고 있는 그 효율성의 측면에서 이 개념을 이야기해 보려고 합니다. "세상 물건을 쓰는 자들은 다 쓰지 못하는 자같이 하라 이 세상의 형적은 지나감이라 너희가 염려 없기를 원하노라 장가가지 않은 자는 주의 일을 염려하여 어찌하여야 주를 기쁘시게 할꼬 하되 장가간 자는 세상 일을 염려하여 어찌하여야 아내를 기쁘게 할꼬 하여 마음이 나누이며 시집가지 않은 자와 처녀는 주의 일을 염려하여 몸과 영을 다 거룩하게 하려 하되 시집간 자는 세상일을 염려하여 어찌하여야 남편을 기쁘게 할꼬 하느니라 내가 이것을 말함은 너희의 유익을 위함이요…분요함 없이 주를 섬기게 하려 함이라."

여기서 바울이 말하고 있는 효율성의 개념은 '하나님의 일과 직결되는 것을 위해 최대한의 시간을 확보하는 것'으로 설명되어집니다. 남편과 자녀들을 뒷바라지하는 여자와, 아내와 자녀들을 부양하는 남자의 경우를 생각해 보십시오. 그들이 주의 일을 하지만 기도, 성경공부, 그리고 그 밖에 전도를 위해 사용할 수 있는 달란트를 개발하기 위해 낼 수 있는 시간은 매우 제한적일 수밖에 없습니다.

좀더 쉬운 말로 설명해 봅시다. 정상적인 조건을 가지고 가정 생활을 하는 한 남성이 있습니다. 만약 그가 가족과 자신의 생계를 위해 하루 8시간을 일해야 한다고 가정하면 자신을 위해 2시간, 아내를 위해 2시간, 자녀를 위해 2시간(만약 자녀들의 교육비가 더 많이 들면 4~6시간) 그리고 가계 유지를 위해 2시간 일해야 할 것입니다.

만약 그가 자신의 땅이나 기업(基業)이 없는 사람이라면 그의 상사(上司)를 위하여 적어도 2시간을 더 일해야 할 것입니다. 또 만약 그가 소작 농군(sharecropper)이라면 그의 가족을 위해 6시간을 일해야 할 것이며 지주를 위해 또 다른 6시간을 더 일하면서도 생활은 여전히 가난하게 살아야 할 것입니다. 이럴 경우 그들이 전도나 기도, 그리고 성경공부를 위해 남길 수 있는 시간이 얼마나 되느냐 하는 문제입니다.

그런데 10명이 모여 사는 공동체에 한 독신 남성이 있습니다. 그는 자신의 먹고 입는 문제를 위해 2시간을 일하고, 공동체 유지를 위해 다른 회원들과 함께 2/10시간 만을 일하면 하루 노동 시간은 그것으로 전부입니다. 하루의 나머지 시간은 그가 마음대로 주님께 드릴 수가 있습니다. 자기 부양을 위한 2.2시간, 수면을 위한 8시간, 식사를 위한 1시간(이것들은 옛날 베네딕트 수도원의 규율로서 식사는 하루 2끼였음) 그리고 기도, 성경공부, 전도, 그 밖에 미술, 음악, 연구활동 등을 위해 할애할 수 있는 적어도 12시간 이상의 여유! 생각만 해도 즐겁지 않습니까? 많은 사람들이 이런 삶에 매력을 느끼는 것은 조금도 이상할 것이 없지 않습니까?

역사적으로 말하자면, 사회가 개방되고 발전하면 사람들은 자신들의 재능을 사회 일반적인 방면에 더 많이 사용하고자 했습니다. 반면 훨씬 소수의 사람들만이 독신 사회에 매력을 느꼈습니다. 그리고 사회가 폐쇄되거나 퇴보되어 하루를 고된 일로 보내야 할 경우 사람들은 자신들의 성취감 만족을 위해 독신 사회로 많이 몰리는 경향이 있었습니다.

이런 독신 집단들은 수세기 동안 존재해 오면서 때로는 영적 부흥을, 때로는 영적 침체를 번갈아 경험하기도 했습니다. 그들의 영적 기운이 매우 고양되어 있을 때는 이기적인 동기로 그곳을 찾았던 사람도 새롭게 변화되는 경우가 많았고 그렇지 못할 경우 그곳을 떠났습니다. 그러나 상황이 정반대가 되어 그 집단의 영적 분위기가 매우 쇠퇴했을 경우, 잘못된 동기로 입회한 사람들은 변화되기는커녕 세상적인 욕심들을 끌어들여 오히려 그 사회를 타락시키게 하기도 했습니다.

그런데 오랜 기간 동안 이들 사회는 두 가지 유혹에 넘어지기도 했습니다. 하나는 게으름과 시간의 그릇된 사용이고 다른 하나의 유혹은 부의 축적과 호화생활, 그리고 이것들을 이용해 세속 권력을 탐하는 일이었습니다. 그중 어떤 집단들은 상당한 권력을 소유하여 국가 정치는 물론 국제 정치에까지 깊숙이 개입하기도 했습니다. 때로 어떤 지주들은 얼마의 땅을 이 집단에 바쳐 그 공으로 더 많은 땅을 얻기도 했습니다. 이런 행태들이 때로는 좋은 결과를 낳기도 했습니다. 공동체가 토지를 신탁받아 관리했기 때문에 가난한 사람들이 와서 그들의 땅에서 일하며 살 수 있었기 때문입니다. 그러나 그것이 잘못될 경우 공동체는 욕심 많은 지주처럼 되어 그들의 특권을 남용하기도 했습니다.

이따금 이런 공동체들은 그들이 관리하는 토지를 세속 정부가 빼앗아 가도 가만히 있었습니다. 정부는 그들로부터 탈취한 땅을 정부를 지지하는 체제 옹호가들에게 나누어 주었는데 그들은 이런 혜택으로 신흥 지주 계급으로 떠올라 그 어떤 계급들보다 더 악랄하게 굴었습니다. 이런 일은 독신 공동체가 그들의 특권을 남용했기 때문입니다. 영국에서는 헨리 8세가 다스릴 때 전 국토의 1/3을 이 독신 공동체가 장악하고 있을 정도였습니다.

이 한 가지 사실만으로도 우리는 이런 류의 삶의 양태가 얼마나 효율성을 가질 수 있는가(그것이 선한 목적을 위한 것이든, 악한 목적을 위한 것이든 간에)에 대해 잘 알 수 있습니다.

그런데 우리가 서유럽의 역사를 살펴볼 때 발견하는 놀라운 사실 한 가지가 있습니다. 이런 독신 공동체들의 타락상과는 관계 없이 늘 그들 중에는 공동체 본래의 취지대로 돌아가 기도와 묵상에 전념코자 하는 소수의 무리들이 있어 왔다는 사실입니다. 그들은 하나님의 능력이 임재할 때까지 조용히 기도했으며 그 결과로 부흥의 기운이 일어나면 대대적인 회개와 개혁운동을 벌였습니다. 이 속에서 새로워지지 못하는 사람들은 자연 도태되어졌습니다. 어떤 경우에는 회개하지 않는 회원들에게 수도원이 퇴직 연금을 지불해서 그들을 내어 보내기도 했습니다. 그리고 나서 남은 회원들은 본래의 목적대로 열심히 일하고, 열심히 기도하는 일에 정진했습니다. 그들이 비추는 영적인 빛은 다시 온 서구 유럽을 비추곤 했습니다.

부끄럽지만 동유럽의 수도원의 역사에 대해서는 별로 아는 바가 없습니다. 내가 추측하기로는 별 차이가 없을 것 같습니다. 다만 그들은 토지를 소유하지 않고서도 4백 년을 더 존재해 왔다는 것입니다.

공동체 본래의 정신을 계승해 온 전통적인 수도원에서는 하루 3시간에서 4시간까지 기도와 예배하는 일에 시간을 바쳤습니다. 그리고 이것은 개인 기도와 성경을 공부하는 일로 이어져 보통 8시간으로 연장

되어졌습니다. 이런 결과로 독신 공동체는 학문과 예술의 거점이 되기도 했습니다. 오랜 세기 동안 서구 문화의 학문, 미술, 음악은 이런 독신 공동체가 지니는 효율성 때문에 늘 공동체를 중심으로 꽃피워 왔습니다. 혹 공동체의 토지가 없어지고 조직이 와해되면 공동체로부터 토지를 물려받은 지주들이 학문과 예술의 후원자가 되었으며 이들은 큰 대학을 운영하기도 했습니다. 이 때문에 문화의 중심지는 대학과 신흥 상업도시로 옮겨졌습니다.

그러나 지주들과 상인들의 주된 관심은 '경건(godliness)'에 있는 것이 아니라 '돈'에 있었습니다. 따라서 그들을 중심으로 일어난 새로운 문화는 돈과 인간 중심(humanistic)의 문화가 되고 말았습니다. 오늘날 우리는 대학이 진리에 대한 관심보다는 부자되게 하는 지식에 더 큰 관심을 나타내는 현상을 보게 되는데 이것도 대학이 당시의 전통에 서 있기 때문입니다. 그러나 남을 착취하는 방법 외에 부자가 될 수 있는 길이 별로 없기 때문에 대학은 '의(justice)'에 대한 구조적 무관심 장치를 만들고 있는 것입니다. 그래서 많은 학생들이 '의'에 대한 열정으로 대학에 들어왔다가 돈에 대한 관심만을 가지고 떠나고 있는 것입니다.

그러나 그것은 또 다른 하나의 문제점에 불과합니다. 이제 내가 이야기하고자 하는 것은 그 공동체가 지닌 다른 긍정적인 면입니다. 독신 공동체들은 주님을 위해 다른 어떤 집단들과 비교가 되지 않을 정도로 탁월한 방법으로 시간을 효율성 있게 드릴 수 있습니다.

여기에 헌신한 사람들은 각각 다른 방법으로 주님께 그들을 드렸는데 크게 두 가지의 전통으로 계승되어 오고 있습니다. 하나는 적극적 독신 공동체인데 이들은 선교사역, 전도, 교육, 의료사업, 사회사업 등 다방면에서 전 세계적으로 활동하고 있습니다. 17세기와 18세기에 걸쳐 이들은 사도 바울의 모범을 따라 사실상 세계 선교의 주역을 담당하기도 했습니다. 선교단체가 조직되어 가족을 선교사로 내어 보내기 시작한 것은 불과 2, 3세기 전에 있었던 일입니다.

우리와 같은 가정을 가진 선교사들이 할 수 있는 사역들도, 물론 많이 있습니다. 그러나 개중에 어떤 것들은 할 수 없는 것들이 있고, 또 하더라고 효율적으로 할 수 없는 일들이 있습니다. 그리고 가정을 가진 선교사를 후원하는 비용은 독신 선교사의 그것보다 훨씬 비쌉니다. 한 가족 선교사를 후원하는 비용으로 독신 단체에 속한 선교사를 5명씩이나 지원할 수 있습니다.

이 외에 다른 하나의 형태는 이른바 '관상 선교(觀想宣敎, Contemplative Society)'라는 것입니다. 이런 공동체는 밖으로 다니지 않고 주로 기도의 능력에만 의지하는 형태입니다. 이것은 마치 수력발전소가 주거 지역에서 멀리 떨어진 깊은 산속에 위치하면서 거대한 도시에 전력을 공급하듯이 세상 속의 교회에 하나님의 빛이 비추어지도록 그 역할을 감당하는 것입니다. 또 이런 단체들은 도시의 삶에서 영적으로 육적으로 오염되고 지친 사람들이 잠시 찾아와 영적 갱신을 맛보도록 해 주기도 합니다.

종무 형제! 형제가 마음에 두고 있는 형태가 어떤 것인지 모르지만 하나님께서 형제가 하는 일에 함께 하시어 좋은 동역자도 주시기를 기도합니다. 우리는 이런 사역들이 필요합니다. 안녕히 계십시오.

산골짜기에서 온 편지

어떻게 해야 성령세례를 받을 수 있을까요?

신부님!

예수원에도 추위가 한창 깊어질 것 같습니다. 이번 겨울에는 연탄이 충분히 마련되어 있어서 예수원의 형제들이 쌓인 눈을 치워가며 연탄을 나르는 일에 많은 시간을 보내지 않았으면 좋겠다는 생각을 합니다. 제가 예수원에 있을 때에는 성경공부를 할 수 있는 시간이 많을 것이라고 생각했습니다. 그러나 수도관이 얼거나, 연탄트럭이 들어올 수 있도록 길을 내기 위해 눈을 치워야 하는 일이 자주 있어서 기대했던 만큼 성경공부를 할 수는 없었습니다. 물론 그 일이 그리 힘든 일은 아니었습니다. 도리어 저는 예수원의 형제들과 함께 일하면서 그들로부터 중요한 영적인 교훈들을 배울 수 있었습니다.

저는 성령세례가 무엇을 뜻하는지 알고 싶어서 이 글을 씁니다. 신부님은 성령세례에 대하여 많이 가르치셨습니다. 우리가 생활 가운데 성령의 열매를 맺는 일도 중요하지만 사역하는 데에 성령의 능력을 입는 것도 중요하다고 말씀하셨습니다. 제가 알고 싶은 것은 그러면 어떻게 해야 다른 사람들이 성령세례를 받을 수 있도록 돕느냐는 점입니다. 제가 담임하고 있는 교회에서는 많은 신자들이 성령세례를 받고 싶어합니다. 그래서 제가 그들의 머리에 손을 얹고 기도했지만 아무 일도 일어나지 않았습니다. 어떻게 해야 이 사람들이 성령세례를 받을 수 있을까요?

— 최요영 목사 올림

사랑하는 최 목사님.

보내 주신 편지 감사히 받았습니다. 아마도 목사님이 예수원에서 머물렀던 그 해 겨울은 우리가 상당히 힘들게 지냈던 시절인 것 같습니다. 예수원의 독특한 급수 방법을 잘 모르는 새로운 회원들이 많이 오기 때문에 때때로 수도관이 어는 경우가 있어 어려움을 겪기도 했습니다. 그러나 이제는 두 해 넘게 예수원에서 생활하고 있는 정회원들이 많아져서 모든 것이 원활하게 움직여가고 있습니다. 연탄도 이번 겨울을 충분히 날 수 있도록 비축해 놓아서, 형제들이 수고하는 일이 줄어들 것입니다.

이제 목사님이 질문하신 것에 대해 이야기하고 싶습니다. 우리가 성령세례에 대해 알고자 할 때 우선적으로 생각하고 절대로 잊지 말아야 할 점은 우리가 다른 사람들에게 성령세례를 줄 수는 없다는 사실입니다. 성령으로 세례를 주시는 분은 오직 예수 그리스도 한 분뿐입니다. 우리는 다만 물로 세례를 줄 수 있을 따름이며 성령님으로 역사하시게 하고 성령으로 거듭나는 일은 세례를 받는 이들의 자세가 어떠하느냐에 달려 있습니다. 자신의 유익을 위해 하나님을 이용하고자 하는 사람은 결코 거듭날 수 없습니다. 거듭난 사람은 하나님을 자기 뜻대로 움직이려 하거나, 이용하려고 하지 않습니다. 그는 단지 스스로가 하나님에 의해 쓰임받기를 원할 뿐입니다.

하나님의 쓰임을 받는 것은 놀라운 축복이며, 우리에게 큰 즐거움을 가져다 줍니다. 그러나 사람들은 자기들이 받고자 원하는 축복을 정해 놓고 그러한 축복을 얻기 위해 하나님을 이용하려고 합니다. 하나님은 우리의 도구가 아닙니다. 우리가 그의 도구가 되어야 합니다. 거듭난 사람은 이러한 사실을 알아야 하며 하나님의 뜻에 어긋나는 축복에 대한 가르침을 좇아서는 안됩니다.

내가 하나님께서는 우리를 사용하시기 원하고, 또 우리는 그의 쓰임받기를 원해야 한다고 말할 때, 하나님은 냉정하시고 우리와는 멀리 떨어져 계시며, 단지 자신이 좋아하는 일을 우리에게 시키고 우리의 감정은 무시하는 무정한 존재라는 인상을 줄 수 있습니다. 물론 이것은 진실이 아닙니다. 하나님은 우리를 깊이 사랑하시고 우리에게 복 주시기를 원하며, 우리가 다른 사람에게 복의 근원이 되어지기를 원하십니다. 하나님은 어떤 방법으로든 우리의 의사에 반하여 우리를 사용하시지는 않습니다.

때때로 우리는 고난을 받거나 난처한 상황에 빠져드는 것이 두려워서 하나님을 전적으로 신뢰하지 못하고 하나님께서 자신을 쓰시도록 내어 주는 일을 거부하기도 합니다. 우리가 이런 태도를 취한다면 우리는 다른 사람들에게 하나님의 은혜를 전하는 자가 받는 축복을 잃어버릴 뿐만이 아니라, 다른 사람들이 우리를 통해서 받게 될 축복까지 잃어버리게 만듭니다. 언젠가 제가 얘기했듯이 하나님은 대타를 준비하고 있지 않습니다. 우리가 하나님께서 우리에게 부탁하신 일을 거부한다면 하나님은 우리를 대신할 사람을 보내지 않으시고, 다른 일을 하도록 되어 있는 사람이 우리가 해야 할 일까지도 해야 합니다.

하나님에 대한 우리의 자세는 무척 중요합니다. 그러나 성령 세례는 예외입니다. 예를 들면 하나님께서는 치유가 필요하나 스스로 나을 수 없는 사람들에게 깊은 동정심을 갖고 계시기 때문에 당신의 능력을 사용하셔서 이들을 낫게 하기 위해서 잘못된 태도를 지니고 있는 사람들을 당신의 도구로 쓰시기도 합니다. 그러나 하나님께서는 당신의 자녀가 되어 하나님과 교제할 사람과 스스로의 힘이나 자기 영광을 위해 이기적으로 살아가면서 하나님을 이용하려는 사람은 구별하십니다.

하나님이 깊은 관심을 갖고 있는 사람은 진정으로 하나님을 사랑하고 그의 쓰임을 받고자 하는 사람들입니다. 하나님은 이런 사람들에게 그들을 타락시키거나 해가 될 것들을 주시지 않습니다. 그들의 심령이 온전히 올바르게 되고 나서야 비로소 하나님은 성령의 능력을 그들에게 허락하십니다. 만일 영적으로 혼돈되어 있거나 미성숙한 사람들에게 성령의 능력이 주어지면 이것은 그들에게 위험한 유혹이 되고 그들로 하여금 영적인 파멸에 이르게 할지도 모릅니다.

이렇게 되면 그리스도 안에서 장성한 분량에 이르도록 자라가는 것, 그리스도의 형상을 닮아가야 하는 것을 간과하고, 성령의 능력과 성령의 은사에 관심을 두어, 성령의 열매를 도외시하게 됩니다. 그러나 그들은 많은 시간 또는 평생을 헛된 일에 소모해 버린 것이 됩니다. 몇몇 사람들은 신체적으로 건강을 회복하기도 하고 대언의 말씀을 듣거나, 지혜와 지식의 말씀을 알게 되어 영적인 면에서 도움을 받기도 하지만, 대부분은 영적으로 어린아이와 같은 수준에 머무르게 됩니다.

반면 자신의 영광을 위해 하나님을 이용하고자 하는 양심에 화인(火印) 맞은 사람들이 있습니다. 이런 사람들에 대해서는 성경의 유다서 1장 16절, 베드로후서 2장 1절에서 22절, 히브리서 6장 4절에서 8절, 마태복음 7장 15절에서 23절, 고린도전서 13장 1절에서 3절 말씀이 잘 나타내 주고 있습니다.

사도 바울이 성령의 은사에 대해 가르칠 때 그는 사랑이 없는 성령의 은사를 받을 수 없고 거듭날 수도 없다는 것을 분명히 알려 주고자 했습니다. 야고보서에서 말하고 있는 죽은 믿음은 우리를 구원해 주지 않습니다. 사도 바울은 고린도전서 13장 3절과 갈라디아서 5장 6절에서 죽은 믿음이 무엇인지 분명히 알려 주고 있습니다. 이러한 믿음을 가진 사람은 성령의 능력을 체험하고 있으나 성령에 의해 거듭나지는 못한 사람들입니다. 예수 그리스도는 이들을 거짓 선지자, 혹은 발람의 길을 걷는 자들이라고 말씀하셨습니다(마 7:22).

예수께서는 거짓 선지자를 그의 거짓된 예언이 아니라 그가 맺은 열매를 통해서 알 수 있다고 말씀하셨습니다. 발람의 예언은 거짓이 아니었습니다. 발람의 예언은 성령의 능력에 의해서 행해진 것이며 바로 하나님의 말씀이었습니다. 그러나 발람은 거짓된 사람이었습니다. 그는 하나님이 아니라 돈과 권력을 위해서 살았지 하나님을 위해서 산 것은 아니었습니다. 신약성경은 우리에게 거듭 경고하고 있습니다(계 2:14). 말세에는 이러한 사람들이 많을 것입니다.

물론 이러한 사실은 우리를 당황스럽게 합니다. 도대체 왜 하나님은 악한 마음을 지닌 사람, 성령이 아니라 사탄의 마음으로 가득 차 있는 사람에게 성령의 능력을 주시는 것일까요(행 5:3, 9)? 그리고 그들을 도구로 사용하실까요? 제가 앞서 이야기했듯이 하나님은 성령의 도움이 필요한 사람들, 즉 병자, 무지한 자들, 악령에 사로잡힌 자들, 집 없는 자들, 또 다른 사람들의 성령의 능력을 통해서 도움을 받을 수 있는 사람들에 대한 동정심으로 가득 차 있어서 어떠한 도구라도 쓰고 싶어 하십니다. 하나님은 진실한 기독교인, 진정으로 거듭난 사람을 쓰고 싶어 하십니다. 그러나 이런 사람은 그가 성령세례를 받을 수 있다는 것을 알지 못하고 또 성령세례를 받게 해달라고 하지 않습니다.

앞서 이야기한 것처럼 성령세례를 받고자 하는 사람들 가운데는 영적으로 미성숙한 사람들이 많아서 성령세례는 이들에게 위험한 은사가 될 수도 있습니다. 발람과 같은 유형의 사람들에게는 조금의 능력이라도 위험합니다. 왜냐하면 그들은 멸망당하기로 되어 있기 때문입니다.

그러나 하나님은 이와 같은 사람들을 사용하셔서 하나님을 영화롭게 하고 많은 사람들의 문제를 해결하시곤 합니다. 하나님은 이러한 사람들이 하나님이 자신들을 사용하신다는 것을 알면 알수록 교만해 진다는 것을 아십니다. 그러나 그들은 하나님께서 그들에게 능력을 주 시기 전에 이미 교만해져 있어 결코 회개하려 하지 않습니다. 이들이 진정으로 자신을 통해서 하나님이 일하시는 모습을 본다면 하나님을 경외하고 겸손해질 것입니다. 진정으로 거듭난 사람은 조만간 그렇게 됩니다.

그러나 발람과 같은 사람은 이미 오래 전에 양심에 화인을 맞았기 때문에 스스로를 성공한 사람, 영리하고 하나님을 잘 이용한 사람이라 고 생각합니다. 사실상 그들을 이용하신 분이 바로 하나님이시라는 사 실을 모릅니다. 이것이 바로 무당이 지닌 정신 자세이며, 샤머니즘적 인 사고입니다. 그들은 하나님을 이용하고 하나님을 자신들이 원하는 대로 조작하려 합니다.

이제 목사님이 물어오신 문제를 살펴봅시다. 능력을 지닌다는 것이 때로는 사람을 타락시키기도 하기 때문에 성령세례를 받기 원하는 사 람을 위해 기도할 때 목사님은 우선 이 사람이 영적으로 성숙되어 있 는 사람인가를 살펴보고 그가 자신이 하나님을 마음대로 할 수 있다는 생각을 하지 못하도록 해야 합니다.

그는 하나님의 쓰임을 받기 위해서 하나님 앞에 자신을 완전히 포기 하고 절대적인 순종의 삶을 살기 위해 자신을 드리고 있음을 분명히 알아야 합니다. 또한 그의 사역에서 성령의 은사를 통해 드러나는 영 광은 그를 위한 것이 아니라 하나님을 위한 것임을 확실히 인식하고 있어야 합니다. 이러한 사람은 하나님과 자신 사이에, 혹은 자신과 다 른 성도들 사이에 해결되지 않은 문제(분노, 증오, 용서하지 못하는 마 음, 상처를 입히고도 사과하지 않았던 사람, 즉 우리가 죄라고 부르는 것이 없어야 합니다. 예수께서는 이를 빚이라고 말씀하셨고, 이 빚에는 많은 그리스도인들의 영적인 생활을 타락시키는 경제적인 부채도 포함되어 있습니다)가 없어야 합니다. 또한 그는 목사에게 안수기도를 해달라고 요청할 필요도 없습니다. 다만 자신의 은밀한 골방에서 성령세례를 받게 해달라고 하나님께 간구하면 됩니다.

또 모든 사람이 동일한 형태로 성령세례를 받지는 않습니다. 무디 선생이 성령세례를 받을 때 하나님의 영광에 압도되어 제대로 감당할 수가 없었습니다. 몇 시간 후 그는 하나님께 이 세례를 멈추어 달라고 간구했습니다. 그날 이후 하나님은 그에게 놀라운 능력을 부어 주셨습니다. 질병을 고치거나 이적을 일으키는 은사가 아니라 설교가로서 또한 영혼을 구원하는 자로서 크게 사용하셨습니다.

어떤 설교자들은 평소에는 아무것도 느끼지 못하다가 일단 설교 시간이 되면 하나님께서 그들을 사용하시리라는 확신(막연한 감정이나 경험에 근거한 것이 아니라 성경에 쓰인 하나님의 약속을 믿는) 가운데 설교를 합니다. 청중들은 그의 설교가 지닌 권위에 탄복하고 설교에 담긴 설교자 자신도 몰랐던 풍부한 지식의 말씀에 은혜를 받게 됩니다. 하나님께서 지식의 말씀으로 그를 사용하셨다는 것을 경험했다면 그 설교자는 사신이 성령체험을 했다고 말할 수 있습니다.

몇몇 사람들에게는 다른 사람이 그들에게 안수기도를 해 주는 것이 다소 도움이 될지도 모릅니다. 그러나 데이비드 두플레시스는 신약성경에 나오는 많은 사람들이 안수기도를 받지 않고 성령세례를 받았다는 것을 지적하고 있습니다. 두플레시스는 누구에게도 안수기도를 하지 않았지만 그가 사역하는 동안 많은 사람들이 성령세례를 받았습니다. 그는 성령세례를 받고자 하는 사람들에게 성령세례가 무엇인지를 분명히 설명해 주었고, 성령세례를 받을 수 있다는 믿음을 견고히 해 주었기 때문입니다.

나는 그가 다음과 같은 이야기를 하는 것을 들은 적이 있습니다. W.C.C.의 한 고위 간부가 그에게 안수기도를 해달라고 요청했을 때 두플레시스는 안수기도를 해 주는 대신 다음과 같이 기도했습니다. "주님, 이 형제는 성령세례를 받기 원합니다. 예수님, 성령세례는 제가 아니라 바로 당신이 주신다는 사실을 알고 있습니다. 주님, 나는 당신이 이 형제에게 성령세례를 베푸시길 기도합니다. 그러나 지금은 하지 마십시오. 왜냐하면 사람들이 내가 했다고 생각할지 모르기 때문입니다. 오늘밤 이 형제가 홀로 있을 때 세례를 받도록 해 주십시오." 이 W.C.C.의 간부는 그날 밤 한밤중에 깨어 성령세례를 받았고 오랜 시간 방언으로 기도했습니다. 그가 이러한 사실을 간증했을 때 사람이 그에게 성령세례를 주었다고 믿는 사람은 아무도 없었으며, 심리적인 현상에 불과하다고 여기는 사람도 없었습니다.

성경에는 어떤 사람이 방언의 은사를 받는지에 대해서 특별한 가르침은 없습니다만 나의 의견으로는 모든 사람들이 방언으로 기도하는 은사를 받을 수 있고, 교회의 덕을 세우기 위해 대언하는 은사를 받을 수 있다고 생각합니다(고전 14:1~5). 그러나 많은 사람들이 자신은 이러한 은사를 받았다는 사실을 알지 못하고 있기 때문에 이들에게 은사를 나타내도록 격려할 필요가 있습니다.

나는 오래 전에 성령세례를 받았습니다. 나는 방언을 말하고, 방언으로 기도하기 전 20년 동안 8가지의 성령의 은사가 나를 통해서 나타나는 체험을 했습니다. 그러나 내가 방언으로 기도하기 시작했을 때 이미 오래 전에 이 은사를 받았지만 깨닫지 못했다는 것을 알았습니다(나는 방언에 대해 주의하지 않았고 방언의 가치를 이해하지 못했습니다). 내가 방언으로 일정한 시간을 내어 기도하고 나자, 다른 은사들이 훨씬 더 효과적으로 쓰인다는 것을 알았습니다(고전 14:4). 나는 내 자신이 방언으로 기도하려 하지 않았기 때문에 성령님께서 사용하시고자 하는 통로를 빼앗고 있었다는 것을 알았습니다. 로마서 8장 26, 27절을 찾아 보십시오. 이런 이유로 나는 성령세례를 받고자 하는 모든 사람들에게 방언의 은사를 기대하며, 그들의 입술과 혀를 성령님께 맡기라고 권유하고 싶습니다.

여러분이 방언이 아니라 일상의 언어로 기도하더라고 성령님은 이를 사용하십니다. 그러나 이럴 경우 성령님은 일상의 언어가 지닌 한계에 머무르게 됩니다. 우리가 방언으로 기도할 때 우리는 이의 의미를 알 수 없지만 성령님께서는 방언에 성령님께서 기도하시고자 하는 내용을 담습니다. 사도 바울은 의미 없는 소리는 없다고 말했습니다 (고전 14:10). 그러나 우리에게는 의미가 파악되지 않는 소리일지라고 마치 방송국의 기사가 보낸 방송파를 받아 의미를 파악하고 해설해 주는 아나운서처럼 성령님께서는 그 소리에 성령님이 알고 있는 의미를 부여하십니다.

나는 처음 방언으로 기도하는 사람들이 "뜨, 뜨, 뜨…." 하고 같은 음절을 반복하는 모습을 보고는 이와 같은 방언은 좋지 않다고 생각했습니다. 그러나 하나님께서는 나의 교만한 마음을 깨우쳐 주셔서 이 사람들이 그러한 방법으로 열심히 기도하고 있다는 것을 알게 하셨고 후에는 이들이 정확한 언어로 기도하는 모습을 보게 하셨습니다.

이제까지의 이야기를 정리해 봅시다. 첫째로 성령세례를 받고자 기도를 청해오는 사람들에게 성령세례는 오직 예수 그리스도만이 베풀 수 있다는 사실을 명확히 알려 주어야 합니다. 둘째로 성령세례를 받기 위해서 무언가 더 힘써야 할 필요가 없다는 것을 환기시켜 주어야 합니다. 그는 이미 그리스도가 기뻐하지 않는 일들을 모두 회개했다는 사실을 알려 주어야 합니다. 셋째로 성령님께서 세례를 통하여 주신 은사는 다른 사람들의 유익을 위해서 주어진 것임을 알아야 합니다. 따라서 단지 방언으로 기도하는 일에만 머무르지 않도록 하십시오. 준비만 되어 있으면 성령의 다른 은사들도 받을 수 있습니다. 기도하라 그러면 받으리라(요일 5:14~15). 끝으로 성실하게 약속을 지키신 하나님께 감사하십시오(눅 11:13). 대천덕.

성경은 여성에 대하여 열등하게 말하고 있습니까?

존경하는 대천덕 신부님께.

신부님, 제가 찾아가 뵙지는 못하더라도 이것은 꼭 여쭤보고 싶습니다. 즉 여성에 대하여 성경이 견지하는 입장입니다. 저와 제 여동생은 여성 해방에 대해서 많이 이야기해 오고 있는데 우리들은 모태신앙인이며 또한 여성인지라 여기에 대해 관심을 갖지 않을 수 없습니다. 여기에 대해 이야기하는 사람들은 대개 두 부류로 나누어지는 것 같습니다. 그 하나는 성경이 여성에게 열등한 지위를 부여한다는 입장이고 또 하나는 성경이 여성에 대해 말하는 것은 골동품과 같이 낡은 생각이므로 버려야 함과 동시에 새로운 사고 방식을 따라야 한다는 입장입니다.

신부님은 언젠가 여기에 대해 말씀하시면서 음양 이론을 도입하셨고 또 신부님은 중용이라는 개념을 설명하셨습니다만, 만약 이것이 사실이라면 성경의 입장은 신부님이 말씀하신 바 그 중용과 같은 성격의 것일 테고 그렇다면 제가 언급한 두 부류의 중간 입장이 아닐까요? 저는 이 질문이 주제가 매우 큰 질문인 것을 알고 있습니다. 그러나 저와 같은 여대생들에게 있어 이 질문은 너무나 중요한 질문이기도 합니다. 왜냐하면 대학의 문을 나서기 전에 이 사회에서의 우리의 역할이 무엇인지를 미리 생각해야 하기 때문입니다. 지금의 대학 생활은 매우 재미있지만 또 한편으론 현실적으로 뭔가를 준비할 수 없다는 사실 때문에 마음이 편치 못합니다. 그렇다고 해서 저는 무엇이 문제인가를 꼭 꼬집어 말할 수도 없습니다. 신부님의 좋은 답변 기다리겠습니다.

- 배명자 올림

사랑하는 명자 자매에게.

편지 주셔서 감사합니다. 나도 각각 다른 두 나라에서 대학을 다니고 있는 두 딸이 있는데 그들 역시 자매와 똑같은 문제를 안고 있음을 보고 있습니다. 나는 얼마 전 나의 큰딸 아이에게 바로 이 주제에 대한 나의 소견을 적어 보낸 것이 있는데 그것을 자매에게도 나눌 수 있게 되어 매우 기쁘게 생각합니다.

그러나 솔직히 말씀드려서 여기에 대해 나의 생각을 공개적으로 피력하는 데 있어 나는 좀 두려운 생각도 갖고 있습니다. 왜냐하면 약 1년 반 전에 이런 생각을 말했다가 '열광적 남성 우월주의자'로 몰리는 바람에 아주 혼이 났기 때문입니다. 그러므로 자매님도 조심해서 제 이야기를 들어 주시기 바랍니다. 아마 나는 시대에 뒤떨어진 보수주의자인지도 모릅니다. 하지만 자매님은 우리가 어떻게 주님의 약속(요 7:17; 약 1:5~8)의 말씀을 의지하고 있는지 잘 알고 있습니다. 그러므로 자매는 내가 하는 말이 주님에게로부터 온 것인지 아니면 단순한 나의 사견인지를 능히 판단할 수 있으리라 믿습니다.

"여자들도 남자들과 똑같이 교육을 받을 권리가 있다." 이 말은 여성 해방 운동권 내에서 사용되는 말 중 가장 허울 좋고 듣기 좋은 말입니다. 나는 이 말을 나와 같은 서양 선교사들이 맨 먼저 만든 것이 아닌가 하는 생각을 하고 있습니다. 그러나 말은 그렇더라도 그것은 결코 우리에게 현실로 나타나지 않았고 그 사이 대학교육이라는 개념만 아주 획기적으로 변하고 말았습니다.

옛날에는 교육이란 기본적 교양(basic culture)을 갖추도록 하는 것을 의미했습니다. 그리하여 남자건 여자건 간에 그것을 통해 더 풍성한 문화적 유산을 축적하게 함으로써 삶을 즐기고 그들의 역할을 증대케 하도록 한다는 것입니다. 그러나 오늘날의 교육이란 것은 돈을 벌기 위해 누군가를 훈련시킨다는 뜻이 되고 말았습니다. 그 결과로 여성에게 교육을 시킨다는 것은 여성을 남자 모양의 주물통 속으로 부어 넣어 남자처럼 생각하게 하고, 남자의 일을 하게 하며, 여자이기를 싫어하게 하고, 남자를 시기하게 하며, 또 생각케 하기를 세상에서 가치 있는 일은 남자가 되는 것과 남자가 하는 일이라고 믿게 한다는 것입니다.

그러나 사실은 여자가 남자보다 더 우수하다는 것입니다. 그들은 남자가 할 수 있는 일은 뭐든지 할 수 있습니다. 그러나 남자는 여자들만이 할 수 있는 것 중에서 어떤 것들은 하지 못합니다. 질투해야 할 쪽은 오히려 남자라는 사실입니다. 여성을 해방한다는 것, 즉 여성의 남성화는 개를 훈련시켜 고양이로 해방시키는 것과 다름없습니다. 해방이란 것은 정신적으로 속박을 당하지 않는 가운데서 내가 다른 무엇이 되기 위해 내가 나 자신이 되는 것으로부터 자유하는 것을 말합니다. 그것은 순전히 노예가 됨을 말합니다.

그러나 그런 일을 오늘날의 사람들이 하고자 하는 것입니다. 이 사람들은 남자들을 더 효율적으로 기능케 할 수 있는 교육 제도를 만들어 놓고는 여자들에게 이렇게 말합니다. "자, 이제 우리들끼리 겨루는 시합에서 함께 겨룰 수 있는 특권을 줄 테니 한번 들어와 보시오. 우리가 당신들도 겨룰 수 있도록 훈련시켜 주겠소." "미안하지만 싫습니다. 우리들은 우리들만의 기능이 있으니까요." 이것이 여성들이 대답해야 할 말이었습니다.

그러나 그들은 남자들의 수작에 넘어가 버리고 말았습니다. 그리고 이제 그들은 남성 본위의 제도에 완전히 숙달되고 말았습니다. 그리고 나서도 그들은 왜 남자들이 남성화된 여성들과의 결혼생활에 만족하지 못하는가를 알지 못하고 의아해하고 있는 것입니다. 이것을 비꼬기라도 하듯 미국의 어느 연사가 "요즘의 남성과 여성들 사이에는 별로 구별이 없다."라고 말하자 어느 프랑스인은 유별만세(有別萬歲, vive la difference!)라고 했다는 말이 있습니다.

옛날 사람들은 유별(有別)이란 말을 사용했습니다. 특히 주목할 것은, 비록 실천하지는 못했지만 동양에서도 '차별'보다는 '유별'을 가르쳤다는 사실입니다. 사실 남녀간의 유별됨을 무시하는 것은 양쪽이 똑같아져야 한다는 말인데 그것은 수치입니다. 그것은 남자만이 선하고 좋다는 논리입니다. 이것이 여성해방입니다. 그래서 우리가 여성해방 운동을 통해 얻은 결론은 이것입니다. 즉 그것은 인류의 반(여자들)으로 하여금 스스로를 부끄러워하게 하고 당황하게 만들며 또 방어적이 되게 하여 어떻게 해서든지 다른 무엇이 되도록 만들었다는 것입니다. 그리고 그것은 인류의 또 다른 반(남자)으로 하여금 무기력 상태에 빠지도록 했습니다. 왜냐하면 그들은 그들의 양(陽)을 성취(fulfill)할 수 있는 음(陰)을 찾을 수 없었기 때문입니다.

다시 말하면 여성이 남성화됨으로 인하여 남성들은 아름다움(beauty), 부드러움(gentleness), 포근함(comfort)과 사랑스러움(love)에 대한 본능적 욕구를 성취할 수 없게 되었다는 말입니다. 이에 반하여 남성화되기를 거부하고 끝까지 여성이기를 주장하는 사람들의 숫자는 매우 적습니다. 그러나 그들이 온 인류에게는 얼마나 큰 즐거움을 가져다 주고 있습니까?

대학을 졸업한 여성들 중에는 혼자 있기를 원하여 가까운 친구를 두지 않거나 또는 결혼을 하지 않고, 또 한다 해도 몇 년 안에 끝내 버리는 사람들이 있습니다. 이들보다 더 허위적 감상을 가지고 있는 사람들은 없을 것입니다. 그들은 왜 결혼생활이 잘 이루어지지 않는가를 모릅니다. 그들은 동양의 지혜로부터 너무나 멀어 음양의 원리를 모르는 자들입니다. 그들은 두 개의 양으로는 중용을 얻을 수 없다는 것을 모르고 있으며 또 양과 음이 따로따로 기능하게 될 때의 무익성을 모르고 있는 것입니다.

우리가 대학에서 어떻게 여성(음, 陰)이 되는가에 대해 알기 위해서는 사실 한 학기도 필요치 않을 것입니다. 여성의 내분비 구조에 대한 강의 몇 시간, 여성의 신체 구조와 거기에 대한 몇 시간의 설명, 그리고 이런 구조적 특징으로 인하여 생기는 심리 및 본능에 대한 몇 시간의 강의만으로도 어떻게 여성이 여성이 될 수 있는가를 알 수 있을 것입니다.

그러나 이런 것들은 기초적인 생물학에 관계될 뿐이지 교양, 인격과는 아무런 관계가 없습니다. 그러나 생물적 기능은 심리에 영향을 미치고 개인의 심리 현상은 그 사람의 사회성과 영성(spirituality)에 영향을 미칩니다. 만약 누군가가 사람에게 있어 생물 현상은 존재하지 않는 것처럼 생각한다면 그는 허구를 붙잡게 되고 다른 것들도 허구적인 생각으로 바라볼 것입니다. 그런데 만약 이런 허구적 생각이 어떤 사람의 행동의 기초로 사용된다면 그것은 시간이 지남에 따라 더욱 악화되는 부작용을 낳게 될 것입니다.

여성이 이런 허구적 생각을 가짐으로 해서 얻게 되는 부작용은 무엇이겠습니까? 여성으로서의 매력을 점점 상실해 가는 것일 것입니다. 그래서 처음엔 매력적인 아름다움을 지녔던 여성도 세월이 지남에 따라 점점 추하고 딱딱해져 나중에는 남성 우월주의자에게뿐만 아니라 정상적인 남자, 여자, 어린이, 심지어 동물에게까지도 인기를 얻지 못하는 여성이 되는 것입니다. 이것은 그녀 스스로가 인간이기를 거부했기 때문입니다.

이렇게 둘 중의 어느 하나이기를 거부한 부류의 사람들은 다른 쪽이 되기를 원했는데 이것은 곧 인간이 아님을 의미하는 것입니다. 이런 사람들은 아무리 화려한 옷을 입고 아름다운 화장을 하더라도 이것이 그들의 비여성적인 것을 가려 주지는 못합니다. 그래서 베드로는 그의 서신에서 여인들은 화장으로 자기 몸을 감추지 말며 몸가짐과 행동에 있어 늘 진실되라고 권면합니다(벧전 3:1~7).

이제 나는 여자됨의 긍정적인 면, 즉 아이를 낳고, 집안 살림을 하며, '안사람(inside person)'이 되는 일에 대해서 말함으로 남은 지면을 채워 보도록 하겠습니다. 비록 각 대학에 개설되어 있는 강좌들이 대부분 '바깥사람(outside person)'에 대한 것이긴 하지만 '안사람'에 대해서 가르치는 과목도 있습니다. 그러나 나는 여기서 성경이 말하고 있는 바를 이야기하도록 하겠습니다. 그런데 사실상 성경은 여성이 아니라 남성에 대해서 차별을 둔다는 것입니다.

성경은 여자에게 오직 남편에 대한 '순종'만을 요구합니다. 그러나 에베소서 5장에는 남편은 자기의 아내를 사랑해야 됨에 대해서 길게 서술하고 있는데 이것은 단지 순종하는 일보다 훨씬 어려운 일임을 알 수 있습니다. 즉 남편이 아내를 사랑하되 그리스도가 교회를 사랑하듯 하라고 말하고 있습니다. 또 만약 어떤 남자가 무분별한 서원을 했을 경우 그는 그 서원을 이행해야만 합니다. 아무도 그의 서원 이행에 대한 책임을 면하게 해 주지는 못합니다. 그러나 한 여성이 분별 없는 서원을 했을 경우는 그의 보호자(아버지나 남편)가 그 서원한 것으로부터 책임을 면하게 해 줄 수가 있습니다. 그 여자는 자신의 서원을 지키지 않더라도 그것 때문에 죄를 얻지는 않는다는 것입니다.

여기에 대해 내가 이해하고 있는 바를 좀더 상술하자면 바로 이렇습니다. 여자가 아내, 어머니, 가정주부, 혹은 기타 일반적인 온유한 성격의 일을 감당하는 데는 그 일의 특성상 직관적이고 주관적이며 또한 감성적일 수밖에 없다는 것입니다. 이런 여성의 심리적 특성은 또 한편으로는 쉽게 감정에 휘말리게 해서 객관적으로 평가할 경우 지혜롭지 못한 일에 자신을 내어 맡겨 버리게 할 수도 있다는 것입니다.

반면 남성은 바깥사람, 즉 혹은 군인으로서, 혹은 범죄 수사관으로서, 혹은 농부, 혹은 산업근로자로서의 기능을 수행키 위해 여성보다 다소 냉철하며 객관적일 수밖에 없습니다. 이런 그들의 심리적 특성 때문에 그들은 자신들의 아내를 보호해 줄 수 있는 것입니다. 그러나 그들 역시 그런 심리적 특성이 약점이기도 하기 때문에 여성의 따뜻한 자애심을 받아 그들을 보호할 필요가 있는 것입니다.

성경은 여자에게 남편을 위한 희생 제물이 되기를 요구하지 않습니다. 성경은 오히려 남편이 여자를 대표하며, 또한 대신하여 무언가를 희생해야 한다고 가르칩니다. 그러나 여성이 그런 역할을 하는 것을 금하고 있지는 않습니다.

몇 달 전 어느 불신자와 결혼한 한 여인이 이곳 예수원을 찾아 왔습니다. 그녀는 자신을 모태신앙이라고 했지만 우리가 보기에는 명목상(nominal)의 크리스천이었고, 불신자와의 결혼생활은 완전히 파탄 지경에 있었습니다. 그러나 그 후 얼마간의 시간이 지난 뒤 그녀는 이제 더 이상의 형식적 모태신앙이 아니라 그리스도를 만나 중생한 크리스천이 되었다고 말했습니다. 그리고 그녀는 다시 남편에게로 돌아가겠다고 했습니다. 돌아가서는 그 가정을 위해 자신이 기꺼이 희생제물이 되겠노라고 말했습니다.

그녀가 돌아간 후로 아직도 나는 그녀에 대한 소식을 듣지 못했습니다. 그러나 나는 하나님이 그녀를 사용하셔서 모든 가족을 주께로 인도하실 것과 그녀의 가정이 아름다워지도록 해 주실 것을 99% 확신하고 있습니다. 머지않아 그녀는 이렇게 말할 것입니다. "그때 내가 그렇게 하기를 너무 잘했지!" 나는 성경의 가르침대로 살았던 여인들이 맺는 아름다운 결실을 많이 보았습니다. 때로 하나님은 인내하며 기다리는 믿음의 딸들의 노력에 직접 개입하심으로 놀라운 기적도 일으키심을 보았습니다.

  명자 자매, 자매가 물어 주신 질문에 조금이라도 도움이 되는 답변이 되었는지, 그리고 스스로 공부할 수 있도록 어느 정도의 방향 제시가 되었는지 모르겠습니다. 나는 두 분 자매가 그저 모태신앙인이라는 사실에 만족하지 마시고, 인간의 가장 소중한 권리인 중생의 체험을 얻게 되기를 기원하겠습니다. 그러면 자매는 예수를 주로 알게 될 것이고, 주님이 보내신 성령이 자매를 모든 진리 가운데로 인도해 주실 것을 믿습니다. 그가 당신을 진리 가운데로 풍성히 인도하시면 몇 년 후에 예수원으로 와서 나에게도 많은 것을 가르쳐 주십시오. 안녕히 계십시오.

예수님은 석가에게서 배운 적이 있는가?

산골짜기에서 온 편지

한국 문화 속의 성경적 유산

존경하는 대천덕 신부님께.

　신부님이 서울대학교에 오셔서 '성경과 문화'란 제목으로 강연해 주신 데 대해 매우 감사드립니다. 그때 저는 신부님께서 대학이란 어떤 곳인가에 대해 하신 말씀에 깊은 인상을 받았습니다. 대학이란 오늘날처럼 되도록이면 많은 학과로 쪼개어서 돈벌이를 하기 위한 전문 인력(specialists)을 배출하는 곳이 아니라 존재하는 모든 지식을 배워 그것을 하나로 집약시켜 주는 곳이라고 하셨습니다. 신부님은 '유베르시타쓰'란 라틴어가 바로 그런 뜻을 가지고 있다고 말씀하셨습니다. 제가 바라기는 앞으로 한국에도 그런 종류의 대학이 있었으면 하는 마음입니다.

　제가 신부님의 강연 중에서 또 한 가지 관심을 가졌던 것은 요한계시록 21장 26절 말씀을 인용하실 때 언급하신 내용입니다. 요한계시록 21장 26절에 "사람들이 만국의 영광과 존귀를 가지고 그리(새 예루살렘)로 들어가겠고."라고 했는데 신부님은 우리 한국 교회가 하나님 앞에 바쳐 드릴 수 있는 영광과 존귀가 한국의 문화 속에서 많이 발견된다고 하셨습니다. 그리고 신부님은 이 주제에 대하여 수차례 강연하신 적이 있다고 말씀하셨습니다.

　신부님이 보시기에 우리가 하나님께 드릴 수 있는 한국 문화의 존귀와 영광이란 어떤 것인지요? 외국인으로서 한국 문화를 보시는 신부님의 시각에 깊은 관심을 가지고 있습니다. 회답을 기다리겠습니다.

　　　　　　　　　　　　　　　　　　　　－ 문화인 올림

사랑하는 화인 자매에게.

　나의 강의에 관심을 보여 주신 자매에게 감사를 드립니다. 또한 여기에 대해 스스로 연구, 조사까지 해보겠다니 더욱 감사합니다. 나는 한국 교회가 한국 문화를 좀더 사려 깊은 자세로 보고 취하기를 바라마지 않습니다. 실로 우리는 이 땅의 문화를 서양 문화가 아닌 성경의 조명 아래에서 긍정적, 부정적 면모들을 살펴보아야 한다고 생각합니다. 따져서 생각하면 성경은 동양의 책입니다. 성경에서 사용하는 월력은 동양의 음력과 거의 동일합니다. 그리고 성경의 인물들의 생활 방식도 지금 우리가 보는 서양의 그것보다는 동양권에 훨씬 가깝습니다.

　실제로 우리가 우리 고유의 문화에 대해 안다는 것은 매우 중요한 일입니다. 만약 그렇지 못하면 우리는 우리도 알지 못하는 가운데 남의 것을 우리의 것으로 해석하고, 결국 우리 것도 남의 것도 아닌 사생문화(私生文化)를 해산하고 말 것입니다. 그것은 마치 '피진 영어'(영어 단어를 상업상 편의로 중국어의 어법에 따라 쓰는 엉터리 영어, 한국식 콩글리쉬와 같은 것)가 영어도 중국어도 아닌 것과 마찬가지 경우입니다. 그런 식으로 우리는 '피진 기독교', 즉 기독교도, 유교도, 또는 불교도 아닌 종교를 가질 수 있는 것입니다. 피진 영어는 몇몇 지역에서 사용되고 있긴 하지만 그 효용성의 정도가 매우 제한적이기 때문에 보편성을 가지지 못합니다. 만약 기독교가 피진 기독교가 될 경우에도 그러할 것입니다.

　우리가 하나님이 우리를 위해 주신 문화의 가장 값진 것을 얻으려 한다면 우리는 우리의 것을 올바로 이해하지 않으면 안될 것입니다. 예수님께서는 "천국의 제자된 서기관마다 마치 새것과 옛것을 그 곳간에서 내어오는 집주인과 같으니라"(마 13:52)라고 말씀하셨습니다. 나는 동양문화의 창고를 뒤지면서 많은 보물들이 있다는 것을 발견했습니다. 실제로 나는 미국에서 대학을 다닐 때 이 방면에 상당한 연구를 한 적이 있습니다.

그러면 이제 내가 알고 있는 한국 문화의 긍정적인 면 다섯 가지를 말해보도록 하겠습니다. 먼저 음양과 중용사상을 말할 수 있겠는데 이것은 매우 성경적인 사상입니다. 그것은 창세기 1장 27절에서도 암시되어 있습니다. 음양은 하나님의 속성의 일부인 것입니다. 하나님은 사랑의 하나님이십니다. 그러므로 우리가 기독교적 사랑을 수용할 수만 있으면 음양, 그리고 중용을 바라보는 동양적 시각의 폭을 더욱 넓혀 줄 수 있을 것입니다. 이것 때문에 한국의 크리스천들은 유럽인들처럼 이것 아니면 저것 식의 사고가 아니라 두 가지 모두의 사고를 해야 하며 또한 이것을 가지고 서구신학의 모순점들을 해결할 수 있어야 합니다.

한국 문화의 두 번째 측면은 세 가지 종교적 사상을 모두 수용한 점입니다. 즉 유교, 불교, 무속신앙의 영향이 그것입니다. 그래서 대부분의 한국인들은 이 세 가지 중 어느 하나 아니면 둘 모두의 영향을 받고 있습니다. 이 중 유교는 이 세상(今世)을, 불교는 내세(來世)를, 무속신앙은 다른 세상(異世)을 각각 다루고 있습니다. 그런데 성경은 이 세 가지 세상을 모두 다루고 있으므로 한국의 기독교는 기독교 윤리에 신경을 쓰는 만큼 또한 '신령한 힘(spiritual power)'에 대해서도 그러해야 하며 또한 재림과 부활에 대해서도 그러해야 합니다.

한국 문화의 세 번째 긍정적인 면모는 오륜(五倫)에 대한 가르침입니다. 나는 이것이 성경을 조명하는 데 큰 보탬이 된다고 보며 거꾸로 성경 역시 이 가르침을 이해하는 데 큰 도움을 준다고 봅니다. 오륜의 가장 으뜸은 역시 '의(義)'입니다. 그리고 이 주제는 성경의 주요 관심

사이기도 한 것입니다. 의를 표시하는 한문 '義'는 창세기 4장 4절에 기초한 것입니다(아벨이 자기 대신 양을 제사로 드린 것이 의일진대 한문의 義자는 羊과 我의 합성어임). 그리고 이 주제는 성경 전체에서 흐르고 있으며 어린 양 예수 그리스도 안에서 성취되고 있습니다. 그러나 한국 교회는 구약성경에서 나타나고 있는 의의 다른 측면을 생각해 볼 필요가 있습니다. 이것의 대표적인 예는 에스겔 17장에 잘 나타나고 있습니다.

오륜의 두 번째 가르침은 친(親)입니다. 이것은 우리의 가족관계에는 물론 그리스도 안에서 우리의 하나님께 대한 관계에 또 한 가닥 빛을 던져 줍니다.

세 번째 가르침인 별(別) 역시 성경에서 가르치고 있는 내용이며 특히 에베소서 5장에는 이것이 아름답게 발전되어 있습니다.

네 번째의 가르침은 서(序)인데 이것은 베드로전서 5장 1~7절과 누가복음 22장 26절 그리고 다른 많은 장들에서도 언급되고 있는 교훈입니다.

그러나 뭐니뭐니 해도 가장 흥미로운 점은 성경이 신(信)에 대해서는 요한복음 15장 12~15절과 16장 27절에서 그 전형을 잘 보여 주고 있습니다. 만약 하나님이 우리의 친구라면 하나님은 우리를 믿을 수 있어야 하며 우리 역시 하나님을 신뢰할 수 있어야만 합니다. 이것은 우리가 예수 이름으로 기도하는 이유가 무엇인지를 잘 설명해 주는 말이기도 합니다. 예수님은 우리를 위해 피 흘리신, 그야말로 믿을(信) 수 있는 친구이시기에 믿는(信) 마음으로 기도할 수 있는 것입니다. 우리를 전적으로 믿기 때문에 도장까지 맡기는 한국인들의 친구 사이를 생각해 보십시오. 한국의 문화는 우리 기독교에 대해 참으로 많은 이해의 빛을 던져 주는 것입니다.

한국 문화의 네 번째 측면은 선불교(禪佛敎)에서 찾을 수 있습니다. 즉 빌립보서 2장 5~8절에서 발견되는 공(空)의 개념, 무위(無爲), 그리고 선(禪) 사상이 그것입니다. 여기에 대한 예는 성경의 여러 곳, 특히 전도서에서 찾아 볼 수 있습니다.

다섯 번째 측면은 지역 사회의 정상적인 조직에 관한 것입니다. 즉 각 지역 사회는 교사(teacher, 훈장), 장로(長老), 관리(functionary) 등 세 가지 기능자로 구성된다는 것입니다. 교사는 마을의 아동들을 가르치기 위해 외부에서 들어와 봉급을 받습니다(옛날에는 훈장이 있어 서당을 세워 아동들을 가르쳤음). 그는 지역 사회에서 존경을 받지만 다른 일에는 간섭하지 않습니다. 장로들(마을 어른) 역시 지혜로운 충고자로서 받듦을 받지만 그의 주요 역할은 어려운 일이 생길 때 자신을 희생하는 일입니다. 그리고 면장이나 서기(書記) 등 관리들은 그 마을의 행정사무를 담당합니다. 이 세 종류의 사람들은 서로의 일에 간섭하지 아니하며 또한 역할상 중복되는 기능이 거의 없습니다.

이런 좋은 전통을 가지고 있으면서도 한국 교회는 불행하게도 서구식 규범을 따라가고 있습니다. 그리하여 한 사람으로 하여금 세 가지 기능을 모두 수행하도록 합니다. 한 사람을 교사로 훈련시켜 그를 어느 지역으로 보내 놓고는 그 마을의 면장, 장로까지 되도록 하는 것입니다. 나는 우리 한국 교회가 이런 한국의 긍정적 전통문화와 접목되어 나갈 수만 있다면 훨씬 성경적인 교회가 될 수 있을 것이라 생각합니다.

그렇다고 나는 한국 문화에는 부정적 측면들이 하나도 없는 것인 양 아부할 수는 없습니다. 사탄은 유럽의 교회들을 그렇게 했던 것처럼 한국의 교회도 타락하도록 하기 위해 계속 노력해 왔습니다. 그러므로 한국의 크리스천들은 이런 부정적 요소들이 교회에 가만히 들어오도록 하지 않기 위해 늘 자신들을 지켜야만 합니다. 나는 이제 무엇이 하나님께 드릴 이 나라의 영광과 존귀가 될 수 없는지에 대해 몇 가지로 나누어 말씀드리겠습니다.

첫째는 '공부'라는 말에 대한 것입니다. 한국에서 양반이 되려면 공부를 많이 해야 하는데 내가 공부를 하려면 어떤 노동자(하인)가 내 대신 일을 해야 하고 책을 읽을 수 있는 여가를 제공해 주어야 합니다. 다시 말하면 공부를 많이 하고 양반이 되려면 누군가의 시간과 노동력을 빼앗지 않으면 안 된다는 것입니다. 그리고 우리는 이 공부와 관계된 가르칠 '교(敎)'자를 하나님의 교회에 사용하고 있습니다. 이것은 성경적이 아닙니다. 하나님의 교회를 표현하는 성경적인 글자는 가르칠 '敎'가 아니라 서로 나눌 '교(交)'가 되어야만 합니다. 이 나눌 交자는 매우 아름다운 말입니다. 우리는 고린도후서 13장 13절, 요한일서 1장, 사도행전 2장 42~44절에서 이 교(交)의 아름다움을 찾아볼 수 있습니다.

두 번째 문제는 '성령님의 인도'를 교육과 대치하려는 경향을 갖고 있다는 것입니다. 물론 성경은 교육을 나쁘다고 말하지 않습니다(마 13:52). 그러나 성경은 성령 받음을 교육보다 우선 순위에 둔다는 것입니다. 고린도전서 1, 2장을 읽어 보시기 바랍니다. 이것은 전 세계 교회 안에 있는 진짜 문제입니다. 어떤 신학자들은 성령을 체험하지 못했기 때문에 성경을 옳게 이해하지도, 적용하지도 못하고 있는 것입니다.

세 번째 문제는 한국사회 조직의 수직적 성향입니다. 한국 문화는 수직적 관계만을 강조하려는 경향을 가지고 있습니다. 그러나 성경은 수평적 관계를 똑같이 강조하고 있습니다.

또 하나의 문제점은 영혼 불멸에 대한 불교식 생각입니다. 성경은 이와 다르게 육신의 부활을 강조하며 따라서 육체나 물질도 함께 중요하다고 가르칩니다. 이런 점에서 한국의 어떤 찬송가들은 불교적 성향을 가지고 있습니다. 성경은 하나님이 물질계의 하나님이시며 따라서 그가 지니신 물질은 본래 매우 선한 것이라고 말합니다(창 1:31). 그리고 지금은 이 우주가 죄의 속박 아래 있지만 궁극적으로는 썩어짐의 종노릇함에서 해방될 것이라고 말합니다(롬 8:19~21). 이런 생각 때문에 우리 한국의 크리스천들은 자연과 과학 그리고 실질적 사고에 보다 적극적인 자세를 취할 수 있어야 합니다.

또 하나의 부정적 관점은 물질계에 대한 불교적 경멸 사상과 글(written words)만을 중요시하는 선비들의 자세입니다. 이런 생각은 사실보다는 이론을 선호하는 경향을 보이도록 했습니다. 서양에서는 많은 과학자들이 기독교를 포기했는데 그들이 보기에 신학자들이 너무 사실(facts)을 무시했기 때문입니다. 그러나 다행히도 한국의 크리스천 과학자들 중에는 경험을 통해 이론을 시험(tests)해 보려는 사람들이 많다는 것입니다. 그들은 진리에 대한 성경의 가르침들을 실제로 행할 수 있고, 경험으로 알 수 있는, 즉 맛보고(taste), 실험하고(prove), 증거(witness)할 수 있는 개념으로 이해하려는 태도를 취하고 있습니다. 이런 성경적 개념들은 일찍이 유럽 문화 속으로 들어와 과학이 좋은 출발을 하도록 했습니다. 그러나 그 후로 이론을 중요시하는 영지주의, 불교, 유교적 경향이 신학계에 들어왔습니다. 그 결과 신학과 과학 모두가 성경에서 떠나 각각 반대 방향으로 가기 시작했고 이제는 서로 대적하는 세력들이 되고 말았습니다.

앞서 나는 한국의 자연발생적 마을 조직에 대해서 언급했습니다. 흙을 가까이 하는 사람은 현실주의자가 될 수밖에 없습니다. 한국의 기독교도 이 단순한 한국인의 실용주의적 성향을 되찾아야 합니다. 비록 선비(학자)들이 이것을 업신여기기는 하지만 이런 사고 역시 한국 문화의 일부입니다. 한국 교회는 이런 긍정적 문화유산들을 성경에 잘 접목시켜 이 나라를 하나님께 드릴 수 있을 것입니다.

누가복음 4장 18절과 빌립보서 2장 5~11절을 비교해 보십시오. 그것은 또한 산상수훈(마 5:1~12), 고린도전서 1장 18~31절에서도 나타나고 있습니다. 여기에 대해 자매님은 한번 연구해 보시기 바랍니다. 안녕히 계십시오.

추석을 맞으며 생각해 볼 것들

존경하는 대천덕 신부님께.

여름을 어떻게 보내셨는지요? 제가 듣은 바로는 예수원에서 겨울은 다섯 달이지만 여름은 고작 한 달밖에 되지 않는다는데요? 그렇다면 지금쯤은 필시 가을 날씨로 변하지 않았는지 모르겠군요. 하지만 예수원의 경치는 늘 아름답다고 들었습니다. 곧 한번 찾아가 구경하고 싶습니다. 그런데 제가 듣기로는 손님들을 위한 방은 얼마 없어 한꺼번에 20명 정도만 와도 방이 비좁아 붐빌 지경이라고 들었습니다. 하나님께서 예수원의 객실을 좀더 늘려 주시기를 기도합니다.

제가 드리고자 하는 질문은 추석에 대한 것입니다. 신부님께서 우리 대학의 기독학생회에 오셔서 '기독교 토착화'에 대해 강연하실 때 추석 명절은 성경적 절기(biblical feast)라고 하셨습니다. 그러나 신부님께서는 그때 그것을 증거하는 성경 구절은 제시하지 않았습니다. 성경은 그런 절기를 어떻게 부르고 있는지요? 다시 한번 그것에 대해 설명해 주시면 감사하겠습니다.

- 추옥선 올림

사랑하는 옥선 자매에게.

주신 편지에 대해 감사를 드립니다. 한 번의 강의에 너무 많은 것을 이야기하다 보니 참고 성경 구절을 인용치 못한 것 같군요. 용서를 바랍니다. 그리고 먼저 드릴 말씀은 예수원의 객실이 좀더 많아지도록 기도한다고 했는데, 그렇게 하셔도 되는지, 안 되는지 나로서는 확신이 생기지 않는다는 것입니다. 많은 방문객들이 왔다 갔다 하다 보면 이곳에서 훈련받는 사람들을 위한 정규 훈련 프로그램에 차질이 생기기 때문입니다. 훈련생들은 방문객들에게 강의와 관심을 다 빼앗긴다고 자주 불평합니다. 그러나 또 우리는 주님께서 나그네를 잘 접대하라는 말씀도 하셨고 우리가 부지중에 천사를 접대할 수 있다는 사실(히 13:2)도 알고 있습니다. 우리는 방문객들이 이곳을 찾아 주는 것이 즐겁습니다. 그러나 나는 지금 찾는 방문객들의 숫자보다 더 많은 손님을 받아도 되는지 안 되는지에 대해서는 확신을 할 수가 없습니다.

지금 우리는 건초 저장 창고를 개조한 방을 남자용 객실로 쓰고 있고 그보다 좀더 작은 다락방을 여자용 숙소(15인 정도 수용)로 쓰고 있으며 그 밖에 신혼부부용 객실이 하나 있습니다. 혹 어떤 주말, 손님이 한꺼번에 밀어 닥치기라도 하면 이곳 식구들은 신입 형제들의 침실에서까지 식사를 해야 합니다. 이런 까닭에 우리는 이 문제를 하나님의 손길에 맡길 수밖에 없습니다. 우리가 더 많은 훈련생들과 방문객들을 받아야 할지, 말아야 할지는 오직 주님만이 아시기 때문입니다.

많은 사람들은 예수원이 기도원이라고 생각합니다. 그러나 우리는 그분들이 예수원이 공동체이며 수도원인 것을 알아 주시기를 원합니다. 우리는 계속 이곳에서 머물 장기 체류자(permanent people)들이 일하고 묵을 수 있는 방을 갖추고 있는 것입니다. 우리는 2~3일간 묵고 갈 사람들을 위해 2개의 다락방을 정말 우연찮게 지었을 뿐입니다.

그러므로 우리가 어떤 것이 하나님의 우선 사업인지, 주님의 시간 계획표는 어떠한지를 알게 되도록 기도해 주시기 바랍니다.

예수원에 대한 이야기가 너무 길었던 것을 용서하십시오. 자매는 추석에 대한 질문을 하셨습니다. 여기에 대해 이야기할 때 먼저 기억해야 할 것은 성경상의 달력은 우리 한국인들이 사용하는 달력과 같은 음력이라는 사실입니다. 그러나 성경의 달력과 한국인이 사용하는 음력이 똑같은 것은 아니고 조금의 차이가 있습니다.

예를 들면 윤년(윤달)이 될 때 생기는 달(extra month)을 성경상에서는 13월로 치는 반면 한국의 음력에서는 그것을 어느 달에 포함시켜 두 번(예를 들면 어떤 때에는 6월이 두 번 겹친다) 쇠게 되는 것입니다. 가장 큰 차이점은 달 수를 세는 방법에 있습니다. 즉 성경상의 월력은 한국의 월력보다 한 달 늦게 시작됩니다. 가령 성경의 정월 대보름은 한국의 2월 보름이 됩니다. 그러나 모든 절기는 언제나 밤과 낮의 길이가 같은 춘분에서부터 시작되므로 이스라엘과 한국은 절기상에서 한 달의 차이가 생기게 됩니다(이스라엘과 우리나라는 위도상의 차이 때문에 춘분의 시기가 다름). 또 성경에서 초하룻날은 그들이 새 달(초승달)을 보게 되는 때인 데 비해 한국 월력에서는 합삭(달이 없을 때)일 때를 초하룻날로 봅니다. 이 때문에 이스라엘의 보름은 14일째가 되는 반면 우리나라의 그것은 15일째가 되는 것입니다.

그러므로 1988년인 올해 이스라엘 사람들이 맞게 되는 초막절은 한국의 추석 명절 바로 다음 날인 9월 26일이 되는 것입니다. 한국의 추석과 이스라엘의 초막절은 하루의 차가 생긴다는 말입니다.

그런데 성경에서는 이 초막절 행사가 7일간이나 계속되고 있습니다. 이것은 그만큼 중요한 절기라는 것을 뜻합니다. 성경 요한복음 7장에 바로 이 초막절 행사에 대해 언급되어 있는데 그때는 초막절의 마지막 날이었습니다. 이때 예수님께서는 이렇게 말씀하셨습니다. "누구든지 목마르거든 내게로 와서 마셔라. 그 뱃속에서 생수의 강이 흘러 나리라." 요한은 예수님의 이 말씀이 우리가 받을 성령을 지칭한 것이라고 말합니다.

그런데 예수님은 이 말씀을 하시면서 그 말이 구약성경의 인용("성경에 이름과 같이")이라고 말씀하셨습니다. 그러나 많은 사람들은 그가 어떤 구약성경을 인용하셨는지 몰랐습니다. 구약성경에 보면 성전에서 물이 흘러나리라고 말하는 곳이 에스겔 47장과 스가랴 14장 8절, 두 군데에 나옵니다. 이 예언의 말씀 때문에 초막절의 마지막 날에는 성전 앞뜰에서 물을 흘려 보내는 의식이 있어 왔던 것입니다. 그것은 성전에서 언젠가는 물이 흘러나올 그날을 기대하였다는 말입니다. 그러나 그들은 성령이 오신 후 누구든지 그 성령을 받으면 하나님의 성전이 되고 그 속에서 생수가 흘러나와 다른 사람에게로 옮겨간다는 것을 몰랐던 것입니다.

스가랴가 예언한 말씀에는 이 예언이 초막절과 관련지어져 언급되는 것을 볼 수 있습니다. 스가랴 14장 16~19절에 보면 모든 나라들이 초막절을 지키기 위해 예루살렘으로 올라오게 될 것이라고 말합니다. 이것은 아주 흥미 있는 사실입니다. 우리는 유월절이나 오순절이 더 중요한 절기일 것이라고 생각합니다. 그러나 천년왕국 때에는 초막절이 더 큰 절기가 된다는 사실입니다. 우리는 이 초막절이 그리스도의 재림과 관계되어 있다는 것을 분명히 알 수 있습니다(4절).

그러므로 우리는 추석이 그리스도의 재림과 천년왕국을 가리키고 있기 때문에 매우 중요한 절기임을 알 수 있습니다. 그것은 또한 성령이 우리 속에 계심으로 천년왕국의 실제적 역사는 이미 시작되었음을 상기시켜 주기도 하는 절기입니다. 또 성전에 대해 이야기하는 가운데

스가랴 선지자는 같은 장에서 그날에는 더 이상 그곳을 이용해 팔고 사는 사람들이 없을 것이라고 말합니다. 여기서 우리도 예수님이 성전에서 상인들과 돈 바꾸는 사람들을 보시고 그들을 어떻게 쫓아 내셨으며 어떻게 분개하셨는가를 기억하게 됩니다. 그러므로 추석은 하나님의 집은 만민이 기도하는 집이며 절대로 그곳을 이용해 돈벌이를 할 수 없는 곳임을 상기시켜 주는 날이기도 한 것입니다.

추석과 성전에 관계된 이야기는 또 하나 있습니다. 솔로몬이 성전을 건축하기 시작하여 그것을 완공한 때는 그 해의 8월(왕상 6:38)이었습니다. 그는 그 공사를 마친 후 헌당식을 곧바로 가질 수도 있었고 아니면 다음 해의 유월절(1월 15일), 또는 그 다음의 오순절(3월 7일)에 거행할 수도 있었습니다. 그러나 그는 그 성전 헌당식을 거의 일 년씩이나 기다렸다가 추석날이 될 때 거행하며, 축제 또한 2주간이나 벌였습니다. 그것이 이스라엘 역사상 벌어졌던 축제 중 가장 큰 축제였음은 두말할 나위가 없습니다. 그것은 솔로몬이 추석을 얼마나 중요하게 여겼던가를 잘 보여 주는 사건이기도 한 것입니다.

물론 이 축제의 기원은 모세로부터이고 그가 이스라엘 백성과 더불어 애굽에서 나온 사건과 연관됩니다. 오늘날 유대인들은 이 절기를 '숙코스(Succoth)'라 부르는데 이 말이 영어에서는 때로 초막(booths), 혹은 천막(tabernacles)으로 번역되어집니다.

이 절기가 처음으로 언급되는 곳은 레위기 23장 34절인데 여기서는 애굽에서 나온 이스라엘 백성이 어떻게 초막 안에서 지냈는가에 대한 설명이 나옵니다. 그리고 그것은 유월절, 오순절과 더불어 가장 중요한 절기의 하나로 항상 언급되어지기도 합니다. 느헤미야는 이것이 소홀히 여겨졌다가 어떻게 다시 회복되어졌는가를 잘 말해 주고 있습니다(느 8:14~17).

이 절기가 지켜지는 시기가 가을이라는 점 때문에 이것은 자연적으로 추수를 감사하는 절기가 되어졌습니다. 유대인들에게는 봄에는 보리를 벤 후에 지키는 보리추수제가 있긴 하지만 그러나 추석이야말로 곧 이어지는 밀과 포도 추수를 겸하기 때문에 더 중요한 절기가 됩니다.

기독교회는 그 교회가 존재하는 나라의 절기에 맞춰 여러 시기에 걸쳐 추수제 혹은 파종제를 지키려는 경향을 보여 왔습니다. 이것 때문에 교회 안에서는 추석을 지키는 관습이 점차 사라지게 되었습니다. 영국에서는 추수감사제와 추석이 가까운 어느 날에 지켜져 오다가 로마가 끼친 태양력의 영향으로 꼭 보름 때가 아닌 양력의 어느 한 날(예를 들면 Michaelmas)을 잡아 지키고 있습니다. 한국 성공회는 그들의 선교 1백 주년 기념식을 1990년 9월 29일 즉 Michaelmas에 열 예정입니다. 바로 그 해 9월 29일은 성경의 속죄일(Day of Atonement)로서 추석 5일 전날입니다.

미국에서는 추수감사절로서 여러 날들이 선정되어져 지켜지다가 몇 해 전, 정부가 11월 마지막 목요일을 추수감사절로 지정 공포하자 대부분의 교회는 성경적 절기 대신 이 날을 지켜 오고 있습니다. 미국은 오래 전부터 성경적 가르침으로부터 떠나 표류하기 시작했습니다. 사람들은 지금 공포의 질병이 이 나라에서 계속 일어나는 이유가 추석(초막절)을 지키지 아니하는 나라에게는 저주가 임할 것이라는 스가랴 선지자의 예언이 부분적으로 성취되고 있기 때문이 아닌가 하는 생각도 합니다.

만약 한국의 크리스천들이 추석을 지키고 있다면, 추석을 쇨 때 생각해 볼 수 있는 의미들은 무엇이겠습니까? 그것이 추수감사제이기 때문에, 그들은 당연히 그 해의 추수에 대한 감사를 하나님께 드려야 할 것입니다. 그러나 이보다 더 중요한 일은 스가랴 선지자가 강조한 것처럼 예수님이 다시 오실 때 이루어질 마지막 추수를 생각해야 한다는 것입니다. 또 그런가 하면 지금 이루어지고 있는 추수, 즉 영혼들을 천국 곳간으로 끌어들이는 일(마 9:37~38; 눅 10:2)과 우리의 역할도 생각해 봐야 할 것이며 또 우리는 성령 충만한 하나님의 성전이며 생수가 우리로부터 흘러 나가고 있다는 사실도 기억해야 할 것입니다(요 7:38).

솔로몬이 성전을 짓고 헌당식을 추석에 열었다는 사실을 기억하며 성령의 전으로서의 우리의 역할이 무엇인지도 다시 한번 생각해 볼 필요가 있습니다. 또 추석을 지내며 우리는 그리스도의 재림까지 안식 중에 있는 사람들도 생각해 볼 수 있습니다(살전 4:13~17).

성경에 나오는 각각의 절기들은 모두 깊은 의미를 지니고 있습니다. 유월절(한국의 음력으로 2월 15일)은 애굽으로부터의 탈출을 기념하는 것으로 그것은 우리가 그리스도 안에서 죄에서 해방된 것을 의미하기도 합니다. 오순절(한국의 음력으로 4월 8일)은 옛 언약, 즉 십계명을 주심과 시내산에 임한 하나님의 영광을 기념하는 날입니다. 또 그런가 하면 그날은 성령이 오심으로 새 언약이 우리 마음속에 새겨진 것(렘 31:31~34; 겔 36:26~27)과 성령의 능력을 부어 주신 것을 기념하는 날이기도 합니다.

마지막으로 추석(한국의 음력으로 8월 16~23일)은 예수님의 재림을 가리키고 또 즐거워하는 절기입니다. 하나는 과거의 절기이고 또 하나는 현재의 절기이며 마지막은 미래의 절기인 것입니다. 우리 모두 즐겁고 의미 있는 절기를 지킵시다.

산골짜기에서 온 편지

크리스천들의 윤리적인 부동산 투자는?

존경하는 대천덕 신부님께.

최근 저는 경제 문제 전문가인 어느 크리스천이 부동산 투자를 어떻게 하는 것인지에 대해서 많은 다른 크리스천들을 지도하는 것을 보았습니다. 저는 신부님의 저서 〈토지와 자유〉(Land and Liberty)라는 책을 읽은 뒤로 많은 크리스천들이 여기에 대해 하나님의 뜻을 구하지 않고 있다는 생각을 했습니다. 그들은 단지 가장 안전한 방법으로 가장 많은 이익을 볼 수 있는 투자방법이 무엇인가에만 관심을 기울이는 것 같았습니다. 사람들은 투기(speculation)와 마찬가지로 부동산 투자(investment)도 하면 안 된다는 생각을 하고 있는 것 같습니다. 그러나 그 이유가 윤리적인 근거에서가 아니라 그것 역시 투기처럼 위험하다는 발상에서 그런다는 것뿐입니다.

신부님의 지적처럼, 이 세상은 하나님의 법은 무시한 채 바알의 법을 도입하여 시행하고 있음을 절실히 느끼고 있습니다. 하여튼 우리 크리스천들이 이런 경제 구조 아래서 무엇인가 각자의 역할을 할 수 있어야 할 터인데 우리에게 크리스천으로서의 윤리적 지침들을 좀 제시해 주실 수 없겠습니까? 여기에 대한 실질적인 정보들은 여러 불신자 친구들로부터도 구할 수 있으니 신부님께서는 윤리적 측면에서 우리의 할 바를 좀 말씀해 주시기 바랍니다. 저는 제가 할 일이 무엇인가를 진심으로 알고 싶습니다.

— 정덕섭 올림

사랑하는 덕섭 형제에게.

　내가 쓴 책을 읽으셨다니 고맙습니다. 부동산 문제에 대해 우리 크리스천들이 당면하고 있는 딜레마를 어떻게 극복할 수 있는가에 대해 물어 주셨군요. 만약 우리가 안식년과 희년의 율법을 지키는 나라에서 살았다고 한다면 지금 우리가 보고 있는 윤리적 문제의 양상은 매우 다르게 나타났을 것입니다. 안식년과 희년을 지켰더라면 인플레이션이나 이자놀이가 없었을 것이며 현저한 실업(失業), 무주택자도 생겨나지 않았을 것입니다.

　지금 소위 기독교 정부를 표방하는 국가들에 의해 도입, 시행되고 있는 바알식 경제구조 아래에서 실업률과 무주택자는 계속 늘어나고 있는 실정입니다. 미국에서는 미국 역사상 유례없는 무주택자 수를 기록하고 있으며 자영 농가 역시 비관적으로 경제를 관망했을 때의 수치보다 훨씬 심각한 상태로 파산해 가고 있습니다. 이와 반면 대기업들과 대규모 부동산 업자들은 점점 더 거부가 되어 가고 있습니다.

　한국에서도 소위 크리스천이라고 하는 사람들이 '부동산 투자란 어떻게 하는 것인가'에 대해 많은 크리스천들을 가르치고 있는 것 같은데 이들이야말로 한국의 농가들을 투기꾼들에게 넘겨 주고 소작농으로 전락토록 부추기는 자들입니다. 나는 이런 방법이 하나님께서 이 나라와 미국을 향해 갖고 계신 계획이 아니라는 것을 확실히 믿습니다. 이런 방법은 첫째는 이스라엘을 병들게 했고 급기야는 민족적 멸망까지 초래시켰을 뿐 아니라 나아가서는 유다까지 넘어뜨렸던 두로와 시돈식 시나리오인 것입니다.

　이사야 선지자가 살던 당시에도 부동산 투기업자들이 있었습니다. 이들은 밭에서 밭으로, 집에서 집으로 자신들의 소유 영역을 넓혀 나갔습니다. 늘어나는 무주택자들은 바로 그런 투기꾼들과 그런 자들을 인정해 주는 경제정책의 희생자들에 불과했습니다. 그들은 차지할 공간이 없을 때까지 땅을 수중에 넣었습니다. 그러나 그런 경제 정책하에서는 그것이 어디까지나 합법적이었다는 사실입니다.

그러나 이사야 선지자는 그들에게 무엇이라고 말합니까? 그에게도 투기를 인정하는 자들에게 할 말이 있었습니다. "불의한 법령을 발포하며 불의한 말을 기록하며 빈핍한 자를 불공평하게 판결하여 내 백성의 가련한 권리를 박탈하며 과부에게 토색하고 고아의 것을 약탈하는 자는 화 있을진저 너희에게 벌하시는 날에와 멀리서 오는 환난 때에 너희가 어떻게 하려느냐"(사 10:1~3). 미가 역시 희년의 원칙을 무시하는 법령들에 대해서 언급하고 있습니다.

그 원칙이란 무엇입니까? 인간의 가장 기본 권리는 토지를 소유하는 권리이며 이 권리가 파괴되게 된 것은 레위기에서(레 25:14~17) 요구하는 매 해의 지세를 지주들이 지불하지 않은 데서 비롯되었다고 말합니다(그런데 하나님은 레위기식의 법을 지키는 나라들 즉 타이완, 홍콩, 알버타, 캐나다, 오스트레일리아, 뉴질랜드, 싱가포르 등의 나라들을 축복하셨고 심지어는 마지 못해서 이 법을 지키는 나라들까지 축복하고 계십니다). 미가 선지자는 이렇게 말합니다. "너희가 오므리의 율례와 아합 집의 모든 행위를 지키고 그들의 꾀를 좇으니 이는 나로 너희를 황무케 하며 그 거민으로 사람의 치솟거리를 만들게 하려 함이라 너희가 내 백성의 수욕을 담당하리라"(미 6:16).

바로 오늘 아침 우리는 예레미야 17장을 읽어가다가 바로 이 말씀을 발견했습니다. "불의로 치부하는 자는 자고새가 낳지 아니한 알을 품음 같아서 그 중년에 그것이 떠나겠고 필경은 어리석은 자가 되리라"(렘 17:11). 이 말씀대로 예레미야가 살던 당대에, 즉 그가 대상으로 삼고 예언을 하던 그 사람들의 생존 시에 예루살렘은 멸망되었고 그 바람에 불의한 수단으로 치부하였던 자들은 모두 멸절되고 말았습니다. 이사야와 미가 선지자가 심판을 예언한 이후로 하나님께서는 다시 1백 년을 기다려 주셨지만 결국 예레미야 시대에 이르러서는 심판을 시행하시고 말았습니다.

그러면 불의한 수단으로 치부한다는 성경의 표현은 무엇을 의미하는 것입니까? 이것을 이해하기 위해서 우리는 토지에 대해 가르치는 레위기 25장 말씀을 다시 읽어 보아야만 합니다. "토지를 영영히 팔지 말 것은 토지는 다 내 것임이라 너희는 나그네요 우거하는 자로서 나와 함께 있느니라"(레 25:23). 오늘날 서구 국가들이 가지고 있는 토지법의 핵심은 토지권을 영영히(in perpetuity) 팔 수 있다는 데 있습니다. 그러나 이것은 성경이 금하고 있는 사항입니다.

미국의 저명한 크리스 CJS 경제학자 헨리 조지 박사는 우리에게 넘어온 토지 소유권을 하나님께로 되돌리지 않고도(현재의 토지제도는 토지가 본래 누구에게 속했는지를 알지 못하게 함) 레위기 25장 15절에서 명시하고 있는 토지세를 토지 소유자들로부터 받아내게 할 수 있다는 점을 지적한 바 있습니다.

성경에는 가옥과 포도원, 과수원 등에 관한 율법도 담겨 있습니다. 이런 것들은 하나님이 만드신 것이 아니라 사람들이 땀 흘려 일구어 놓은 것입니다. 사람은 자기가 수고한 것에 대한 대가는 당연히 돌려받을 권리를 가지는 것입니다. 그래서 농장이나 공장에서 이(利)를 보는 것은 도적질이 아닙니다. 그것은 내 이마에 흐른 땀의 보상이기 때문입니다.

그러나 하나님이 만드신 토지를 도구로 삼아 이(利)를 보려는 것은 품지도 않은 알에서 새끼를 까려고 하는 행위인 것입니다. 만약 땅값이 올라가 돈을 벌면 그것은 내가 노력한 대가가 아니라 빌딩이 들어서고, 공장과 학교가 세워지고, 도로가 건설되고, 또 그에 따라 상하수도 및 전화가 가설되는 등 여러 가지 지역 사회의 발전에 따라 얻어지는 것들입니다. 사람들이 그런 일에 돈을 쓰는 것을 투자라고 하건 투기라고 하건 간에 그것은 우리 이웃들의 노력과 지역 사회의 공(功)으로부터 얻어지는 것이지 결코 나의 노력의 대가는 아닌 것입니다. 이런 것들을 인정하는 법률은 불법입니다.

우리나라 국회가 이런 것들을 방지하려는 의도에서 수백 가지의 법안을 만들어 통과시켰지만 그 속에 엄중조항(law's without teeth)이 없어 실효성 없는 법이 되었을 뿐입니다. 그러나 국회는 다른 법은 다 제쳐두고라도 꼭 한 가지 법안만은 제정했어야 합니다. 그것은 바로 '토지가치세법(The Land Value Tax)'입니다.

우리가 하나님이 창조하신 것과 사람이 만든 것을 구분하기 위해 '동산, 부동산'이란 말을 사용하는데 이 부동산이란 말이 얼마나 부정직한 말인지 모릅니다. 그것은 상반되는 두 가지의 사물이 같다고 보는 것과 다름없습니다. 만약 우리가 사람이란 말 대신에 오로지 동물이란 말만을 사용하게 된다면 그것이 생물학적으로는 매우 정확한 표현이 될지 모릅니다. 그러나 그것으로 인해 우리는 인간 사회의 파멸을 초래하는 기초를 놓게 될지도 모르는 것입니다. 이 애매모호한 말(부동산)은 7계명과 10계명을 범하는 것을 숨겨 주며 인간 최고의 기본권을 침해하는 것을 가려 주기도 합니다. 그것은 또 보이진 않지만 우리 사회의 가장 파괴적인 암적 존재를 덮어 주기도 하는 것입니다. 몇 해 전 한 유명한 정치가가 부동산 투기에 손을 댔다는 이유로 재산을 몰수당한 뒤 정치무대에서 사라진 적이 있습니다. 그에 관한 놀라운 일은 그가 그런 일에 관련됐다는 신문 보도의 제일 아랫면에 가서야 나타났습니다. 무슨 내용인가 하면 그가 가지고 있던 빌딩값은 10년 만에 3배가 올랐던 반면 그의 소유의 땅값은 무려 70배가 뛰었다는 말입니다. 그가 여기서 빌딩으로부터 얻는 이는 정당한 것이지만 땅으로부터 얻는 이익은 그가 짓거나 만든 것이 아니기 때문에 부당한 것입니다. 잘은 모르겠지만 인플레이션의 폭과 비교하면 투자가 소득을 창출해 내지는 못한다는 사실입니다. 10년 안에 가격이 3배 정도 오른 건물은 인플레이션 폭에 조금 더 오른 것에 지나지 않습니다.

그러면 크리스천은 가진 돈을 어떤 일에 투자하면 좋을까요? 이것은 참 난처한 질문이 아닐 수 없습니다. 성경에는 그 답이 너무나 분명한 반면 그대로 실천하는 사람은 드물기 때문입니다. 예수님은 무슨 돈(재물)이든지 땅에 투자(쌓아두지)하지 말고 하늘에 투자하라고 말씀하셨습니다. 마태복음 6장 19절에서 마지막까지 읽어 보십시오. 그리고 신약성경 전체를 통해서도 이것과 모순되는 교훈을 찾을 수 있는가 살펴 보십시오. 나는 신구약 성경 전체에서 가르치는 사상도 이것과 일치한다고 믿고 있습니다.

"좋습니다. 그러면 구체적으로 하늘에 투자하는 방법은 무엇입니까?"라고 물으실 것입니다. 먼저 마태복음 25장 31~46절을 읽으십시오. 그리고 "지극히 작은 자 하나에게 한 것이 곧 내게 한 것"(마 25:40)이라는 주님의 음성을 들으십시오. 우리는 실업자, 가난한 자, 무주택자들의 처지를 악화시키는 일이 아닌, 그들의 문제를 해결해 주는 일에 투자를 해야 할 것입니다.

일반적으로 부동산 투자는 땅값을 상승시켜 저렴한 주택 건설을 방해하며 그로 인해 무주택자가 늘어나도록 합니다. 부동산에 대한 투기도 마찬가지입니다. 투기로 인해 지대(地代)가 올라가면 기업이 이윤을 올릴 수 없고, 건설회사가 건물을 세울 수도 없고, 그렇게 되면 건축회사나 공장은 문을 닫게 되고, 사람들은 일자리를 잃어 버리게 되는 것입니다. 이런 투기 때문에 한국에는 비어 있는 땅이 많이 있음에도 땅값은 비싸서 사람들은 땅을 살 엄두도 내지 못하고, 생산에 참여도 하지 못하는 것입니다. 지금도 전세계적으로는 먹지 못해 죽는 사람이 매일 4만 명이나 발생하고 있습니다. 그들이 비어 있는 땅에 들어가지 못하기 때문입니다. 갈아 먹도록 허락만 해 주면 충분히 먹고 살 수 있을 터인데 그 땅이 누군가에게 속해 있다는 이유 때문에 죽어가고 있는 것입니다.

그러면 우리가 어떤 일을 하면 좋을까요? 우리가 돈을 합쳐 땅을 사되 그 땅을 토지신탁회사(Community Land Trusts)에 맡겨 다시는 그 땅이 매도되지 못하도록 하면 됩니다. 그리고는 그 땅을 싼 가격으로 기경(起耕)을 원하거나 집을 짓기를 원하는 사람들에게 대여해 주는 것입니다. 지금 미국과 캐나다의 크리스천들은 이런 토지신탁회사를 계속 더 늘려가고 있습니다. 그들이 구입하는 땅의 대부분은 농경지가 아니라 개발업자들에 의해 팔려 허물어지기 직전에 있는 값싼 주택지들입니다. 그들은 그런 땅이나 집들을 사서 불쌍한 가정들을 구하고 있는 것입니다. 물론 그렇게 해봐야 본인들에게 돌아가는 이익은 매우 적습니다. 그러나 그렇게 함으로써 그들은 엄청난 액수를 천국에 투자하고 있는 것입니다. 일본에서도 토지신탁회사에 농경지를 넣는 것이 가능한데 지금 우리나라의 국토개발연구원(KRIHS)에서도 이 법안의 제정 및 통과 여부 가능성을 타진하고 있습니다.

그리고 혹시 형제가 소유하고 있는 땅이 없으면 땅을 좀 사서 그것을 가족이나 친척들에게 맡기십시오. 단 그것을 20% 이하의 임대료를 받고 빌려 주기는 하되 절대로 팔아서는 안 된다고 주지시키십시오. 그래서 토지 투기꾼들이 이 나라 경제를 파산시켜 경제공황이 이 나라를 강타하고 그로 인해 도시에서 일자리를 구할 수 없게 되었을 때 형제는 미리 사둔 땅으로 가십시오. 거기서 형제는 자신과 가족들의 의식주 문제를 해결할 수 있을 것입니다. 하나님은 본래 우리 모든 가정이 최소한 각자의 의식주 문제만큼은 해결할 수 있는 땅을 가지도록 계획하셨습니다. 그래서 아무도 어떤 회사나 남에게 고용살이를 하지 않아도 되도록 하셨습니다. 만약 형제가 지금 좋은 직업을 가지고 좋은 보수를 받고 있으면 하나님께 감사하십시오. 그러나 형제를 고용한 회사가 "죄송하지만 감원(減員) 계획으로 그만둬 주셔야 하겠습니다." 라고 말할 때도 대비하시기 바랍니다.

　또한 여러 가정들이 함께 인정된 지역의 땅들을 사서 무리를 지어 보다 효과적으로 살 수 있는 방법도 계획해 볼 수 있습니다. 시골의 땅들을 사서 다른 사람들에게 일시적으로 사용토록 했다가 도시에서 직장을 잃게 되면 와서 살 수 있습니다. 이런 일들을 위해 우리는 기계나 비료, 혼종(混種) 씨앗 따위의 인공적인 방법이 아닌 자연농법으로도 다수확을 올릴 수 있는 방법을 소개하는 잡지를 정기구독할 수 있을 겁니다.

　크리스천들이 자신들의 돈을 투자하여 천국에 보물을 쌓는 방법들은 이것들입니다. 즉 신용협동체(credit cooperatives)나 상호신용금고(mutual loan funds) 또는 그 밖의 협동금융업체를 만들어 가난한 사람들로 하여금 그 돈을 빌려 집을 짓거나 밭을 사고 또는 조그만 기업을 운영하도록 해 주는 것입니다. 가난한 자들을 도와 줄 수 있는 길은 이것 외에도 많이 있습니다. 하나님께 지혜를 구하십시오. 주님은 진리의 성령이 오시면 우리를 모든 진리 가운데로 인도하실 것이라고 하셨습니다. 하나님의 인도하심을 구하십시오. 좋은 길을 보여 주실 것입니다. 안녕히 계십시오.

불신자 구제와 성도간의 나눔의 교제의 다른점은?

존경하는 대천덕 신부님께.

'크리스천은 무엇을 할 수 있는가?'란 제목의 신부님 강의는 제게 큰 도움이 되었습니다. 저는 그 강의를 통해 우리 인간이 당하고 있는 고통의 문제를 경감시켜 줄 수 있는 많은 구체적인 방법들이 있음을 깨닫게 되었습니다. 그리고 다른 나라의 크리스천들은 이런 문제들을 위해 많은 방법들을 사용해 왔음을 알게 되었습니다. 저희 교회도 사실은 고아원과 양로원 한 곳씩을 후원하고 있고 또 교회 식당에서 가난한 사람들을 불러 매일 한끼씩을 대접하고 있습니다. 또 옷, 침구, 의약품 등의 구호품도 상당수 제공하고 있습니다.

저는 소자 하나에게 냉수 한 그릇을 주는 자는 결코 상을 잃지 아니하리란 주님의 말씀을 기억하고 있습니다. 그러나 저는 이와 같은 우리의 구제 행위가 초대 교회 교인들이 보여 주었던 그 구제 행위, 즉 함께 물건을 통용했던 그 코이노니아와 어떻게 다른지를 알고 싶습니다. 신부님은 고린도후서 13장 13절에서 나타나는 성령의 교통하심은 우리 성도의 교제에도 적용된다고 말씀하신 바 있습니다. 불신자를 구제하는 일과 성도들 상호간에 함께 나누는 그것과의 차이는 무엇인지요?

— 윤효봉 올림

사랑하는 효봉 형제에게.

주신 편지에 감사를 드립니다. 우리에게 폐를 끼쳤다고는 결코 생각지 마시기 바랍니다. 우리는 형제의 일행이 우리와 함께 있었던 시간들을 매우 즐겁게 보냈으며 우리의 공동체 생활에 많은 유익을 끼쳤다고 생각합니다.

또 우리가 공동체 생활을 하고 있는 까닭도 실제 초대 교회가 이행했던 그 '코이노니아'(고후 13:13)를 현대적 의미로 되살려 보려는 시도인 것입니다. 바울의 축도 속에 나타나고 있는 이 '성령의 교통하심(fellowship of the Holy Spirit)'은 바로 요한일서의 주제이기도 합니다. 그런데 우리는 이 '교통'이란 말이 하나님과의 교통(교제)뿐 아니라 성도 상호간의 진실된 교제도 포함한다는 사실을 알 수 있습니다. 또 성도 상호간의 진실된 교제는 성도의 경제적 어려움에 대해 구체적으로 관심을 보여 주어 하나님의 사랑을 세상에 나타내는 것도 말함을 알아야 합니다.

제가 보건대 교회 밖에 있는 사람들을 위해 베푸는 구제(alms)와 성도 상호간에 나누는 여러 형태의 교제 사이에는 분명한 차이가 있다고 봅니다.

로마서 12장 8절에서 우리는 동일한 것을 의미하는 두 개의 다른 단어들을 보게 되는데 그 하나가 '메타디두스(metadidous)'이고 다른 하나는 '엘레온(eleon)'입니다. 이 중 후자 즉 '엘레온'은 항상 자비(mercy)로 번역되지만 구체적 행동에 적용되어 사용될 때는 구제(alms)로 번역되기도 합니다.

예를 들면 우리는 백부장 고넬료가 유대인들에게 구제비를 주었는데 하나님은 이것을 받으셨다고 말하는 기록을 볼 수 있습니다. 이것은 어려움에 처한 사람들을 불쌍히 여겨(feel sorry for) 무엇을 좀 도와 주었다(help them out)는 것입니다. 그러나 이것은 그들을 한 가족의 일원으로 받아들이는(accept them as members of our own family) 일과는 분명히 구별되는 행위입니다.

로마서 12장에서 바울은 교회 안에서 이런 구제 행위를 맡아 해야 할 사람들이 있음을 말하고 있는 것 같습니다. 그리고 그들이 그것을 할 때는 즐거운 마음으로 해야 할 것임을 말합니다. 여기서 구제 행위자가 구제를 할 때 자신의 것으로 했는지 아니면 교회가 교회의 재정으로 그것을 하도록 시켰는지, 그 의미가 분명치 않습니다. 그러나 구제를 할 때 기쁜 마음으로 하라는 권면이 추가되어 있는 것을 볼 때 자기 자신의 재산으로 해야 했던 것 같습니다. 왜냐하면 자기 것이 아닌 교회 돈으로 구제하는 일은 누구나가 즐겁게 할 수 있기 때문입니다.

바울이 사용한 다른 한 단어는 '메타디두스'인데 이것은 '함께 주다(give with)', 또는 '배급하다(distribute)'란 뜻을 갖고 있습니다. 여기서 '메타'란 말은 항상 '함께(with)'란 뜻을 가집니다. 그래서 '메타디두스'란 단어는 성도들을 찾아 다니며 서로 나누어 가지는 장면을 담고 있는 것입니다. 이것이 바로 '공동으로(in common)' 혹은 '함께 나누는(shared)'이란 뜻의 '코이노니아'에 담겨 있는 사상인 것입니다. 이것은 교회 밖의 불신자들에게 주기 위한 것이 아니었습니다. 그것은 마치 한 가족의 식구들끼리 물건을 나누어 쓰고, 먹기 때문에 아무도 보호대상에서 빠질 수 없는 그런 구제였습니다.

예를 들어 어느 한 가정의 경우를 보십시오. 결혼해서 각각 독립된 가정을 꾸미고 사는 식구들은 평소에는 모두 각자의 가정을 돌보며 살아갑니다. 이들 형제들의 한 달 수입은 각각 달라서 어떤 형제는 다른 형제의 수입보다 상당히 많을 수도 있습니다. 이 수입액의 차는, 그렇다고 해서 형제들 사이에 문제가 되지는 않습니다. 수입의 차가 있음에도 불구하고 형제끼리는 서로의 수입이 얼마나 되는지를 알려고 하지도 않으며 서로를 인정하며 살아갑니다. 그러나 만약 어느 한 형제의 가정이 어려움을 만나 먹고 쓸 것이 핍절하게 되면 나머지 형제들은 어떻게 합니까? 당연히 함께 모여 대책을 의논하고 도울 수 있는 방법을 마련할 것입니다.

이것이 바로 성도들끼리 나누는 구제의 참모습인 것입니다. 이런 일로 인해 초대 교회의 성도들 중에는 "그들 중에 아무도 핍절한 자가 없었더라."라고 말합니다. 우리는 성경에서 바나바, 니고데모, 아리마대 요셉은 비교적 부자였던 것을 알 수 있습니다. 그리고 성경과 그 밖의 교회 전승을 통해 이들이 가난한 다른 크리스천들을 도왔을 뿐 아니라 사도들의 충분한 선교비까지 지원했다는 사실을 알 수 있습니다.

그러므로 우리는 교회 밖의 가난한 자들을 돕는 일반적인 구제와 크리스천 상호간에 서로 나누는 구제와는 분명히 구별된다는 사실을 알 수 있습니다(사도행전 6장 1~4절에서 집사들에게 맡겨지는 임무는 교회 안의 가난한 자들을 구제하는 일이었음). 그러므로 코이노니아는 물질적인 것, 감정적인 것, 그리고 영적인 것 등 여러 가지를 성도들 상호간에 나누는 것을 말하는 것입니다.

그런데 유럽의 온 국가들이 기독교국이 된 후로는 더 이상 신자, 비신자의 구별이 없어지게 되었습니다(적은 수의 유대인들은 예외). 따라서 불신자를 위한 구제와 성도 상호간의 코이노니아와의 구별도 사라지고 말았습니다. 그 후로 교회는 초대 교회가 행했던 일을 잊어 버리게 되었는데 특별히 부자 성도들은 가난한 성도들이 굶어 죽지 않도록 도와 주는 일에만 구제의 범위를 한정시켰습니다. 그러나 코이노니아의 의미를 완전히 없애 버린 것은 아니었습니다. 결국 진정한 의미의 코이노니아는 수도원과 같은 공동체에서나 남아 있게 되었습니다. 그러던 중 중세기에 피터 왈도(Peter Waldo)나 메노파 교인들(Mennonites)이 코이노니아는 모든 크리스천들 사이에서 다 실천되어야 한다고 주장하다가 이단으로 정죄받기도 했습니다.

오늘날 전통 교회들은 그들의 교인들을 계속해서 이단이나 사설 집단에 빼앗기고 있습니다. 그 이단의 무리들은 자기들의 교인들에게 직업을 알선해 주거나 아니면 그들 자체적으로 경제적 필요성을 채워 주고 있기 때문입니다.

우리 크리스천들은 그 동안 고아원이나 양로원을 운영하는 것이 교회가 베풀 수 있는 구제의 가장 적절한 형태라고 생각해 왔습니다. 그러나 성경에는 그러한 기관들에 대한 언급이 전혀 없습니다. 반면 성경에는 그런 사람들을 우리 자신들의 집으로 데려 오라고 말합니다(사 58:7). 이사야가 살던 시대만 하더라도 당시까지는 희년이 실시되고 있었으므로 집 없는 사람이 그렇게 많지 않았습니다. 그러나 오늘날 소위 선진국이라고 불리는 나라들 가운데서 집 없는 사람들의 문제는 점점 더 심각해지고 있습니다. 19세기 미국이 낳은 유명한 선지자 헨리 조지 박사는 레위기 25장에 나오는 토지법의 원리를 오늘의 현실에 맞게 살려 지키지 않는 한 토지 독점 현상과 그로 인한 땅값 상승과 무주택자 문제는 점점 늘어갈 것이라고 말했습니다.

오늘날 우리는 많은 선진국들 가운데서 이런 문제를 보고 있습니다. 부자들을 위한 저택들이 위치한 곳에 가난한 사람들이 밀집해 살고 있는 슬럼가도 있고 그리고 더 많은 사람들이 아예 그런 집조차 구하지 못하고 있습니다. 나는 얼마 전 주한 미군들이 구독하고 있는 일간지인 '성조기(Stars and Stripes)'를 읽었는데 거기에는 일자리는 많되 집을 구할 수 없는 어느 중소도시에 관한 기사가 실려 있었습니다. 구세군 구제부에서 그들을 위해 비상시를 대비한 임시 수용시설을 모두

제공하고 있었지만 그들을 모두 수용하기란 태부족인 것이었습니다. 일자리는 있어 먹고살 수는 있지만 도무지 주택문제는 해결할 수가 없다는 것이었습니다. 혹 그들이 집을 가진 친척과 동거하기 위해 그곳으로 옮기면 그곳에는 또 일자리가 없다는 것입니다. 그 신문은 또 뉴욕시의 지하철 속에서 생활하는 사람들의 숫자가 점점 늘고 있다는 기사를 다루었습니다.

그들이 그렇게 사는 이유는 부동산 투기로 인해 땅값과 집값이 너무나 오른 반면 그들의 수입은 너무나 적어 보통 사람의 수입으로는 도저히 집을 마련할 수 없기 때문이라는 것입니다. 경제학자들은 이것이 몇 년 안에 끝날 경제주기의 첫 번째 단계라고 말합니다. 이 단계에는 경제 공황이 수반되어 땅값과 집값은 떨어질 것이나 동시에 무더기 실직 사태가 발생한다는 것입니다.

이런 집 없는 사람들의 문제는 구약시대보다 오늘날이 더 심한 편입니다(내가 추측키로는 예수님 당시까지, 그러니까 로마가 통치한 후 1백 년까지 적어도 2회 이상의 희년이 무시되어졌을 것이라 생각됩니다). 지금 어느 곳에서든지 이 문제가 심각하지 않은 곳은 없습니다. 이제 우리 크리스천은 이 문제를 해결하려고 해도 할 수 없게 되었습니다. 그래서인지는 몰라도 이 문제에 대한 장기적인 해결책을 찾으려고 하기보다는 그저 한 번의 구제 헌금을 지출함으로써 만족하려 하는 것 같습니다. 사실 가난한 사람들에게 "당신들은 왜 가난하게 되었소?"라고 묻는 것보다 우선 한 끼 먹여 주는 것이 훨씬 쉽습니다.

최근 브라질의 한 유명한 교회 지도자는 이렇게 말했습니다. "가난한 사람들에게 먹을 것을 주면 그들은 나를 성자라고 부릅니다. 그러나 '왜 가난하게 되었소?'라고 물으면 당장 나를 공산주의자라고 부릅니다." 이것은 결코 농담이 아닙니다. 지금 크리스천들에게 이런 근본적인 질문을 하게 되면 그들을 매우 곤란하게 만듭니다. 그들이 그 문제의 원인이기 때문입니다. 만약 오늘날 입으로 자기가 크리스천이라고 시인하는 세계의 기독교인들이 어떤 혁명이니, 정치적 개혁의 방법을 쓰지 않고, 현정부하에서 시행되고 있는 하나님의 경제법을 그대로 실천하려고만 하면 세계의 빈곤 문제는 해결될 수 있을 것입니다. 나는 오늘날 크리스천들이 성경적인 경제법을 연구하지 않는 이유가 혹 성경적으로 시도했다가는 현재보다도 더 가난하게 되지는 않을까 하는 두려움을 잠재의식 속에 가지고 있기 때문이라고 생각합니다.

오늘날 크리스천들이 고린도후서 12장의 '성령의 교통하심'을 코이노니아라는 말 대신 '감화, 감동'이란 말로 바꾸어 쓰기를 즐겨 하는 이유도 이 잠재적인 두려움 때문이 아닌가 하는 생각이 듭니다. '감화, 감동'이란 말은 뭔가 우리 기분을 좋게 해 주고 우리 양심에 무거운 짐을 안겨 주지 않아서 좋습니다. 이 말은 우리에게 무엇을 요구하지도 않으며, 가난한 사람도 이 말에 위로를 얻어 힘들고 억울해도 이 세상의 모든 불의를 다 수용하도록 만드는 아편의 역할까지 해 줍니다.

그러나 코이노니아가 의미하는 바는 그것이 아닙니다. 코이노니아는 서로의 문제를 해결해 주는 것입니다. 그리고 문제 해결의 시작은 도대체 무엇 때문에 이런 일이 생겼는가를 물음으로써 시작되는 것입니다. 소위 오늘날 현대 문명은 여기에 대해 아주 세련된 대답을 가지고 있습니다. 사람들은 이렇게 말합니다. "당신이 경제학 박사학위를 얻기 전에는 그 원인이 무엇인가를 알려고 기대하지 마십시오. 그리고 경제학 박사도 이 문제를 해결하지 못하는데 우리같이 비전문가가 여기에 대해 모르고 해결하지 못하는 것은 당연한 것입니다. 그러므로 우리는 죄책감을 가질 필요도 없습니다."

그러면 성경은 무엇이라고 이야기합니까? 누구든지 지혜가 부족하고 모자라면 대학원에 가서 박사학위를 따라고 말합니까? 야고보는 "누구든지 지혜가 부족하거든 하나님께 구하라"(약 1:5)라고 말합니다. 우리가 하나님께 지혜를 구하면 다른 사람이 해야 할 것은 말씀해 주시지 않을지 모릅니다. 그러나 나와 우리 크리스천이 해야 할 일은 말씀해 주실 것입니다(요 7:17).

그래서 우리 모두는 이렇게 기도해야 합니다. "이 문제를 위해 내가 할 수 있는 일이 무엇입니까?" 만약 이런 기도를 하는 사람들의 수가 충분하면 우리는 하나님의 응답을 받아 서로 힘을 합쳐 역사하는 힘이 있는 방법을 찾게 될 것입니다. 형제의 기도와 적은 힘이 이런 일을 할 수 있게 되기를 바랍니다. 안녕히 계십시오.

낙태 문제를 어떻게 해결할 수 있을까?

존경하는 대천덕 신부님께.

최근 우리나라 신문들의 기사 내용이 세계 인구가 드디어 50억을 돌파했다는 보도들로 가득 메꾸어진 적이 있습니다. 저는 이것이 매우 놀라운 사실인 것도 알지만 또한 우리나라가 출산을 억제하고 출생률을 내리는 데 성공했다고 자찬하고 있는 사실에 더욱 놀라지 않을 수 없습니다. 출생률이 낮아지긴 했지만 어떤 방법에 의해서 그렇게 되었는지에 대해서는 한마디의 언급도 없었기 때문입니다.

저는 매년 약 1백만 명의 태아들이 낙태 수술대 위에서 살해되고 있다고 들었습니다. 우리 한국의 크리스천들은 이 가공할 사실에 대해서 경종을 울려야 되지 않을까요? 우리가 이런 무죄한 자의 피를 흘리게 하고 있으면서 어떻게 이 나라가 잘되기를 기대할 수 있겠습니까? 신부님! 믿지 아니하는 우리나라 정부에게 이런 우리의 목소리를 전달할 수 있는 방법은 없을까요?

- 이덕숙 올림

사랑하는 덕숙 자매에게.

낙태 문제에 대한 질문을 주셨군요. 대단히 감사합니다. 이것은 매우 심각한 문제입니다. 나는 교회가 이 문제에 대해서 심각하게 고민하고 있지 않는 것이 매우 이상스럽습니다. 나는 우리가 할 수 있는 모든 방법을 다 동원하여 우리 정부가 이 일에 관심을 가지도록 만들어야 한다고 생각합니다. 만약 이 일에 대하여 우리의 영향력이 정부에 미치지 못하면 정부는 다른 인본주의자들이나 유엔(UN)으로부터 오는 인구정책의 영향을 계속 받게 될 것입니다.

나는 아주 오래 전부터 이 문제에 대해서 고민을 해왔습니다. 그래서 박정희 대통령이 살아 있을 때 그에게 직접 편지를 썼더니 매우 정중한 내용의 답장을 보내 왔습니다. 당시 이 낙태법은 국회에 상정되어진 채로 만 일 년을 끌고 있을 때였습니다. 나는 여기에 압력을 가하는 다른 목소리들이 없을 것 같아 계속 전두환 대통령에게 편지를 썼습니다. 그래서 나는 여기 그때 내가 대통령에게 썼던 편지를 동봉합니다.

나는 우리 크리스천들이 이와 같은 방법으로 정부 관리들에게 소리를 질러야 한다고 생각합니다. 다른 사람들이 이와 같은 방법으로 계속 소리를 치면 정부로 하여금 모종의 조치를 취하게끔 할 수 있을지도 모릅니다. 아울러 자매님은 시편 106편 37~38절, 열왕기하 24장 3~4절을 읽어 보도록 하십시오.

- 전두환 대통령에게 보내는 편지 -

전두환 대통령 각하께

저는 고 박정희 대통령 생존시에 이와 똑같은 주제의 편지를 띄웠던 적이 있습니다. 저는 인구 조절문제에 대한 내용을 썼는데 그는 저의 충고를 참작하겠다는 성의 있는 회신을 보내왔습니다. 그 후로 나는 대한민국이 세계보건기구(WHO)나 유엔의 각 기구들로부터 경제적, 심리적 압력을 받아 왔으며 또 그로 인하여 인구 제한을 새롭게 강조하게 되었다는 것도 알고 있습니다.

대통령 각하, 저는 1933년 처음으로 한국에 온 후로 이 나라 백성들이 겪은 온갖 시련과 또한 쌓아 올린 놀라운 업적들을 보아 왔습니다. 그래서 저는 대한민국 국민들을 마음속 깊이 사랑하며 이 나라를 찬양하고 있습니다. 이와 같은 제가 한 사람의 외국인으로서 겸비하게 드리는 충고를 부디 신중하게 받아들여 주시기를 바랍니다.

대통령 각하, 한국에는 사람이 너무 많다고 국민들을 나무라지 마시기 바랍니다. 유엔의 여러 기구에서 일하는 관리들이 한국에는 인구가 너무 많다고 말하더라도 한국인들은 그렇게 들을 필요가 없습니다. 인구라는 말은 매우 적절치 못한 말입니다. 그 말은 사람은 고작 하는 일이 먹는 것밖에 없다는 말입니다. 그러나 사실은 결코 그렇지 않습니다. 한국 사람은 입(口)뿐만 아니라 '두뇌'도 가지고 있고 '마음'도 지니고 있습니다. 그리고 위대한 일도 해내고 있는 두 개의 손과 두 개의 발도 가지고 있습니다.

한국이 경지 면적당으로 따질 때 가장 인구밀도가 높다는 사실은 저도 잘 알고 있습니다. 그러나 그러함에도 불구하고 대한민국에는 굶어 죽는 사람이 없는 것도 사실이며 이것은 전 세계에서 자랑스런 일로 지적되어야 할 사항입니다. 어떤 나라들은 한국보다 훨씬 덜 조밀한데도 기근이 온 땅에 퍼져 있는 나라도 있습니다. 왜 그렇습니까? 불공평한 토지법 때문입니다.

그러나 한국은 1950년 4월 토지법을 개혁하여 공산주의와 맞서 이길 수 있는 초석을 놓았고 또 계속 부흥, 발전할 수 있는 기틀도 마련

했습니다. 그리고 또 한국에는 도시의 높은 생활수준을 동경하여 시골 농부들이 버리고 떠난 수백만 헥타르의 땅도 남아 있습니다. 이 땅도 얼마든지 농지로 개간하여 쓸 수 있는 땅입니다. 그러므로 사실인즉 한국은 인구문제가 그렇게 심각한 나라가 아니라는 것입니다. 사람의 숫자가 많은 것은 사실이지만 한국 사람은 세계에서 가장 머리 좋고 재주가 뛰어난 민족 중의 하나입니다. 우리가 자원이 풍부해야 한다고 하지만 이런 인적 자원보다 더 좋은 자원이 어디 있겠습니까? 그러므로 한국의 인구가 문제라고는 말할 수 없습니다. 대통령 각하, 부디 각하의 백성들을 '문젯거리'라고 나무라지 마시기 바랍니다.

'사람'이 나라의 자원이라면 이 자원이 가장 효과적으로 사용되는 방법은 무엇이겠습니까? 많은 사람들을 인적 자원이 필요한 지역으로 나가도록 권장하는 방법일 것입니다. 제가 한번은 레바논을 방문하여 누군가에게 그곳의 인구가 얼마나 되는가를 물었더니 그는 조금의 주저 없이 4백만이라고 대답했습니다. 그러나 실상 레바논의 인구 중 2백만은 해외에 거주하는 사람들입니다. 한국인이 해외에 거주하게 되면 그곳에서도 놀라운 기여를 할 뿐 아니라 모국에 대해서도 문화적으로나 경제적으로 크게 이바지할 것입니다.

기능과 지능에서 뛰어나고, 그런 인재들의 기동력을 제한시키지 않는 나라는 산업이 발전할 수 있습니다. 대한민국의 산업상의 발전은 현대 세계적 기적 중의 하나입니다. 한국의 산업이 앞으로도 계속 발전되어 나가려면 토지 투기를 방지하는 보다 엄격한 방법, 예를 들어 토지세를 매우 올리는 방법을 쓰지 않으면 안될 것입니다. 왜냐하면 토지 투기는 산업발전에 쓰여져야 할 자본을 사장시켜 제조, 건설 분야의 생산성을 떨어뜨리게 합니다. 그 대신 자금은 비생산 분야에 투자되어 결국 파괴적인 부동산 투기 붐이 일어나게 될 것입니다.

물론 각하께서는 이런 상황들을 잘 알고 계시며 또 부동산 투기를 막고 산업화를 촉진시킬 수 있는 활발한 정책이 시행되도록 하고 계신다는 것도 알고 있습니다. 그러나 각하, 저는 이왕 말이 나온 김에 토지세를 올리는 것만큼 간단하면서도 효과적인 방법이 없다고 감히 말씀드리고 싶습니다.

이 방법은 홍콩과 타이완, 미국의 피츠버그 주, 그리고 다른 여러 지역에서 아주 성공적으로 시행되어 효과를 보고 있습니다. 그리고 싱가포르나 홍콩은 경작면적이 전혀 없으면서도 제조업 및 자유무역을 통하여 그 엄청난 인구의 부양 문제를 무난히 해결해 나가고 있는데 이것도 우리가 주목해 볼 필요가 있습니다.

인구 문제와 관련하여 약 30년 동안 과학자들에게 알려져 온 또 하나의 사실이 있습니다. 이것이 알려진 지 30년이나 되면서도 여전히 덮어지고 있는 것은 이것이 이 세상을 더럽히고 있는 불의를 극적으로 보여 주고 있다는 이유 때문입니다.

제가 말씀드리고자 하는 것은 고단백 식이요법이란 것인데 이것이 우리에게 '자연 산아제한(form of natural birth control)'의 방법이 된다는 것입니다. 이 사실은 1962년 카스트로(Josue de Castro)라는 의사가 〈기아의 지리학〉(The Geography of Hunger)이란 책을 파리, 런던, 보스톤에서 출판해 냄으로써 알려진 사실입니다

사람들의 생활 수준이 높아질수록 단백질의 섭취율이 높고, 단백질의 섭취율이 높을수록 자녀의 출생률이 낮아진다는 것입니다. 반면 전분이나 탄수화물 음식에 대한 의존도가 높은 사람들은 자녀의 수가 많아진다는 것입니다. 그러므로 많은 자녀를 가지는 사람들은 그들이 불의(injustice)의 희생자가 되었다는 것을 의미합니다(가난하기 때문에 탄수화물 음식을 섭취할 수밖에 없고 그 가난은 사회의 불의 때문이란

뜻 – 역자 주). 사람들이 고단백 음식을 섭취할 수 있도록 봉급을 인상해 주기보다는 생긴 아기를 죽여버리는 것이 쉽다고 생각하는 것입니다. 그러나 세상에서 이것보다 더 추악한 불의는 없을 것입니다.

그리고 각하, 권력이나 돈을 가졌다고 무자비하게 사람들을 이용해 먹는 남자들로 인하여 기를 능력도 없는 여인들의 몸에서 어린이는 태어나고 있습니다. 그러나 이 같은 비극적인 사실도 이런 긍정적인 일로 인하여 상쇄되어질 수가 있습니다. 즉 아기를 몹시 갖고 싶어하나 가지지 못하는 가정들이 많다는 것입니다. 사회사업 기관들이 이런 어린이들이 입양되도록 하는 일은 그렇게 어렵지 않거니와 정부도 더욱 힘써 이런 일을 할 수 있을 것입니다. 또 낳은 아기들을 국내 혹은 해외로 입양시킨 미혼모들을 돕기 위해 그들에게 보모나 다른 일자리를 마련해 줄 수도 있을 것입니다.

그리고 이제 다른 부정적인 면에 대하여 말씀드려 보겠습니다. 지금 소위 국제적인 보건기구라는 기관들이 그저 상상적인 근거에만 의지하여 한국이 인구과잉상태라고 비난하고 있습니다. 그러면서 그들은 낙태를 보편화된 인구 조절 방법인 것처럼 옹호하고 있습니다. 그러나 이것은 실제하지도 않는 문제에 대한 매우 비윤리적인 해결책에 지나지 않습니다. 대통령 각하, 이렇게 말한다고 저를 한낱 맹목적 신앙을 가진 선교사로만 취급하지 말아 주시기 바랍니다. 저는 각하께서 크리스천이 아니라는 사실을 알고 있고 따라서 기독교적인 원칙에만 입각하여 각하와 이 나라의 지도자들에게 제 주장을 펼 권리가 없다는 것도 알고 있습니다. 그래서 저는 불교나 샤머니즘, 그리고 유교, 더 나아가 과학적인 관점에서도 이 문제에 대해 폭넓게 말씀드려 보고 싶습니다.

불교는 모든 생물이 다 신성하다고 봅니다. 그래서 그것의 피를 흘리는 것, 아니 하찮은 곤충의 피를 흘리게 하는 것도 그릇된 것이라고 봅니다. 그런데 하물며 사람이야 어떻겠습니까? 어린아이는 어머니에게 속한 것처럼 아버지에게도 속해 있으며 그는 또 어머니의 태(胎)에 찾아온 손님인 것입니다. 불교 신자들이 그들에게 찾아온 손님을 살해했다는 말을 들어보지 못하셨을 것입니다. 불교는 자비, 특히 의지할 데 없는 자들에 대해 자비를 베풀 것을 가르칩니다.

샤머니즘은 살해된 아이의 영혼은 원귀(怨鬼)가 되어 돌아다니다가 자기를 살해한 자에게 찾아가 재난과 정신병을 일으키게 한다고 말합니다. 최근의 신문보도에 의하면 정신병자들을 돌봐 주는 수용시설이 절대 부족하다고 합니다. 그러므로 살해되는 아이들의 수가 적으면 적을수록 정신병을 앓는 사람들의 수가 적어질 것도 분명한 사실입니다.

유교는 자식을 망하게 함은 곧 집안을 망하게 하는 것이라 가르칩니다. 그러므로 부모가 자식을 경멸하면서 그 자식이 자신에게 자식 노릇해 주기를 바라는 것은 있을 수가 없을 것입니다. 만약 부모들이 아무 힘이 없는 어린아이라고 해서 무가치하게 여겨 버리면, 그들이 늙어 힘이 없어지면 그들 역시 자녀들로부터 귀찮은 존재로 여겨져 어디론가 보내지는 신세가 되고 말 것입니다.

중국은 공산화가 된 지 33년이 지났지만 남아(男兒)선호 경향은 여전하다고 합니다. 따라서 정부의 가족계획 법령 때문에 태어나서 죽게 되는 것은 대부분이 여아였습니다. 이로 인하여 어떤 지역에서는 남자 대 여자의 비율이 9대 1이 넘는 지역도 있다고 합니다. 이런 현상은 결국 윤리의 몰락과 사회적 혼돈상태만을 초래하고 말 것입니다.

일반과학은 모든 자연법칙이 상호의존적 통일성 안에 있다고 가르칩니다. 따라서 그중의 어떤 것을 인위적으로 조작하면 자연의 균형이 깨어져서 결국 돌이킬 수 없는 재난을 초래케 된다고 합니다. 몇 년 전

브라질 정부가 단백질 피임약제를 밀가루에 섞어 공급했을 때 바로 이런 일이 생겨난 적이 있습니다. 밀가루를 먹은 사람이 재생 불능성 장님(irreversible blind)이 되고 만 것입니다.

심리학 또는 사회학적 발견은 어떤 특정 분야의 피 흘리는 일에 익숙된 민족은 그 영역이 점점 넓혀져 간다고 말합니다. 태아가 죽는 일이 별로 거리끼지 않을 정도의 여성은 그녀의 남편이나 부모가 죽는 일에도 그러할 것이며 나아가 정치적 청부살인도 서슴지 아니할 것입니다.

각하, 저는 지금까지 타종교적 관점에서만 이 문제를 말씀드렸습니다. 이제 저는 기독교적 관점에서 이 문제를 생각해 보고 저의 부족한 충고를 마치겠습니다. 성경은 무죄한 자의 피를 흘리게 함은 땅을 더럽히며 하나님은 피를 흘리게 하는 자의 손에서 그 땅을 취하여 다른 사람에게 주시겠다고 하셨습니다. 그리고 그 무죄한 자의 피를 흘리는 자에게 반드시 보응하시리라고 하셨습니다.

만약 이것이 사실이라면 낙태를 행하거나 그것이 옳다고 하는 자들이야말로 김일성을 돕고 이익되게 하는 자들일 것입니다. 각하, 이런 점에서 우리 크리스천은 잘못되어도 한참 잘못되었음을 시인합니다. 감히 얼굴을 들 수 없을 지경입니다. 믿는다는 우리가 수억의 돈을 횡령하는가 하면 무죄한 아이를 죽이는 것을 옳다 하기도 하고 때로는 간음을 하고 때론 하나님의 집을 강도의 굴혈로 만들기도 합니다. 그래서 선지자들을 통하여 우리가 회개치 않으면 축복이 옮기어져 그것이 김일성을 돕게 될지도 모른다는 경고를 듣기도 하지만 이제는 회개할 체면도 잃었습니다. 우리는 참으로 욕심이 가득하고 교만하여 회개를 멀리하는 자들입니다. 각하, 이런 우리들의 잘못을 제발 본으로 삼지 말아 주시기 바랍니다. 우리들의 모습이 이럴지라도 각하께서는 정의와 평화와 고상함과 그리고 번영의 틀 속에서 이 나라를 이끌어 가시기 바랍니다. 저는 각하께서 기도를 하시는지는 모르겠으나 혹시 기도를 하신다면 우리 크리스천들을 위해 기도해 주십시오. 대통령 각하, 안녕히 계십시오.

산골짜기에서 온 편지

예수님은 석가에게서 배운 적이 있는가?

존경하는 대천덕 신부님께.

여름 수련회 시즌이 끝났으니 이젠 예수원 식구들도 좀 쉬어가며 기도할 수 있겠군요. 저는 신부님께서 그렇게 많은 손님들을 맞이하시면서 어떻게 개인 기도 시간을 마련하시며 또 성경 연구까지 하시는지 매우 궁금합니다. 지난 방학 때 우리 일행에게 베풀어 주신 호의는 정말 감사했습니다.

신부님은 강의시간 중 불교와 기독교 사이에 어떤 공통된 기반들이 있다고 잠깐 언급하셨습니다. 그런데 신부님도 아시겠지만 요즘 시중에는 예수님이 부처의 제자였다고 주장하는 책이 여러 권 나돌고 있습니다. 그래서 저는 여기에 그것을 주제로 한 잡지 한 권을 동봉합니다. 신부님의 의견을 듣고 싶습니다. 예수님이 인도를 방문하여 불교를 공부했다는 기록이 있다는 말이 사실인지요? 우리 친구들이 여기에 대해 물어오면 무어라 대답해 주면 좋을까요?

— 정칠문 올림

사랑하는 칠문 형제에게.

우리를 위해 기도해 주시니 감사를 드립니다. 그러나 단지 복을 비는 애매모호한 기도는 하지 않으셔도 좋습니다. 차라리 우리가 인내심을 가지도록 기도해 주시면 좋겠습니다. 그래서 방문하는 손님들에게 항상 친절하며 서로에게 사랑을 베풀며, 또한 서로를 잘 이해하고 뿐만 아니라 우리 모두가 맡은 사역을 잘 감당하며, 더 나아가서 에베소서 4장 12~16절의 말씀처럼 예수원의 모든 식구들이 그리스도의 몸을 세워나갈 수 있도록 기도해 주시기 바랍니다.

당신의 불교에 대한 질문은 대단히 흥미롭다고 생각합니다. 나는 불교의 역사가 얼마나 오래 되었는지 몹시 궁금해 했습니다. 당신이 보낸 그 잡지에는 불교의 전문 용어가 너무 많아 쉽게 이해할 수 없었습니다. 어쨌든 예수가 인도를 방문했다고 주장하는 책이 있습니다. 그와 같은 주장은 이미 수백년 전부터 있어 왔습니다.

그러나 나는 그 책의 원래 명칭이 무엇일까를 생각해 보던 차에 '도마의 복음(The Gospel Thomas)' - 아마 예수의 어린 시절에 대해서 기록하고 있는 - 외에는 어떤 다른 이름을 찾아 낼 수가 없었습니다. 이 책의 연대는 그리스도 이후 불과 백 년 내지 이백 년밖에 되지 않습니다. 그러나 그 책은 우리가 전혀 믿을 수 없는 내용으로 가득 차 있습니다. 사실 이와 같은 종류의 책들이 수세기 동안 유포되어져 왔습니다. 그러나 그 책에 담겨 있는 내용의 그릇된 철학 때문에 그리스도인들은 그 책을 파기시켜 버리고 말았습니다. 이 '도마 복음'이란 책은 주로 영지주의(靈知主義/Gnosticism)의 영향을 받은 책인데 이 영지주의가 불교의 사상체계와 유사한 점이 많이 있습니다.

이 사상에 관해서는 성경 요한일서 2장 18~24절과 4장 1~3절에 언급되어 있습니다. 영지주의자들은 하나님으로부터 은밀한 계시를 받음으로써 스스로 특별한 지식을 소유하고 있다고 믿었습니다. 그들은 "물질은 악한 것이니 선하신 하나님이 물질 세계를 창조할 수 없을 것이다. 따라서 하나님의 아들이신 그리스도가 육신을 입고 오실 수가 없다."라고 가르쳤습니다. 그러니 이들에 의하면 예수는 그리스도일 수가 없었습니다. 그리스도가 진짜 육신을 입고 이 세상에 오신 것이 아니라 단지 육신을 입은 모습으로 나타났다는 것입니다(가현설).

바울은 '육(flesh)'이라는 말을 유대적인 의미(개별원리, 다시 말하면 개인주의, 이기주의)로 사용한 반면에 영지주의자들은 인간의 육신을 악으로 간주해 버렸습니다. 이와 같은 사상은 원시 헬라, 페르시아, 그리고 인도 사상에 기초한 독특한 인도-유럽의 사상이 되었습니다. 영지주의와 불교는 둘 다 이와 같은 사상적 배경으로부터 성장했습니다.

예수님이 유년시절과 청년시절에 갈릴리와 유대땅을 벗어나서 어디론가 여행을 했으며 누구에게서 배워 영향을 받았다는 증거는 전혀 찾아볼 수 없습니다. 4복음서와 예수님 자신의 증언이 시사하는 바는 그가 대가족이라 할 수 있는 그의 식구들을 부양하기 위해 가졌던 목수의 직업으로부터 약간의 영향을 받았으며 또 구약성경으로부터 더 큰 영향을 받았다는 것입니다. 사실 예수님은 구약성경에 대해 정통해 있었습니다. 예수님은 자주 '기록되었으되'라고 말씀하셨습니다. 이것은 그가 구약성경을 잘 알고 있었고 선지자들의 말이었다는 것을 인정하는 말입니다.

그러므로 사실 예수님은 석가보다 2세기 전에 살았던 이사야의 제자였고, 석가보다 4세기 전에 살았던 솔로몬의 제자였으며 또한 석가보다 9세기 전에 살았던 모세의 제자였다는 말입니다. 석가는 구약의 마지막 선지자들이 활동하고 있을 때 살았던 인물이었습니다.

그런데 석가모니에 대해서 말할 때 우리는 그가 솔로몬의 제자였다고 말할 수 있습니다. 왜냐하면 석가는 솔로몬보다 4백 년 후의 사람인데 그가 가르친 불교에서 나타나는 종교적인 분위기 때문입니다. 솔로몬 시대에는 사실상 그 주위에 큰 나라가 없었던 시절이었습니다. 그런데 성경은 온 천하 열국이 솔로몬의 지혜를 듣기 위해 솔로몬의 궁으로 왔다고 말합니다(왕상 10:23~24; 대하 9:23). 이것으로 미루어 볼 때 솔로몬이 인도의 종교에 영향을 미친 것은 거의 확실하다고 볼 수 있습니다(인도-유럽형의 이원론에 영향을 미친 것은 말할 것도 없고). 말년의 솔로몬은 모든 신들을 동시에 숭배하고자 애썼습니다. 그는 그의 이방 후처들이 각자 자기의 신들을 섬기도록 허락했습니다(왕상 11:8).

많은 신들이 존재하며 그 신들을 동시에 섬길 수 있다는 생각이 바로 불교의 기본사상입니다. 이와 같은 사상이 솔로몬 시대 이후에 인도에서 완전히 뿌리를 내렸습니다. 이것은 적어도 부분적으로 솔로몬의 영향으로 말미암았다고 볼 수 있습니다. 또한 불교사상이 "헛되고 헛되니 모든 것이 헛되도다."로 시작하는 솔로몬이 쓴 '전도서'에 의해서 영향을 받은 것이 틀림없습니다. 이와 같은 사상은 불교의 중요한 주제가 되었습니다.

그러나 성경은 이 사상을 하나님이 없이 행하려는 인간의 노력과 인간의 사회제도에 적용하는 반면에 영지주의, 인도-유럽사상의 영향 아래 있는 불교는 이 사상을 물질 세계 전체에 적용시키려고 합니다(실제적으로 동남아시아에서 가르쳤던 소승불교와 중국, 한국, 일본에서 가르쳤던 대승불교 사이에는 중요한 차이점이 있습니다. 대승불교는 석가 자신의 가르침을 상당히 수정했습니다. 대승불교는 기독교가 발전한 이후에 생겼습니다).

사도 바울은 사도행전 14장 17절과 17장 20~30절에서 "하나님은 우리에게 자신을 증거하지 않은 것이 아니다."라고 말씀하고 있습니다. 우리는 모든 나라에서 바벨탑 이후로 뿔뿔이 흩어진 모든 족속에게 하나님이 그들에게 계시해 주신 진리의 흔적들과 자연계시(자연의 관찰)에 근거한 통찰력을 찾아볼 수 있습니다. 또 모든 나라마다 죄의 회개에 대한 강조가 있음을 볼 수 있고 모든 종교마다 죄의 문제를 인식하고 있음을 볼 수 있습니다. 베드로는 우리에게 하나님은 각 나라 중 하나님을 경외하며 의를 행하는 사람을 받으신다(행 10:35)고 말했습니다.

그러므로 우리는 기독교와 불교 사이에 몇 가지 중요 사항에 관한 공통점을 발견할 수 있다고 말할 수 있습니다. 그 첫째 공통점은 '우리는 우리 자신을 비워야 한다'는 빌립보서 2장 5~8절 말씀에서 찾아볼 수 있습니다.

불교는 항상 공(空)의 의미를 깊이 인식해 왔습니다. 유명한 '색즉시공 공즉시색(色卽是空 空卽是色)'이라는 말에서 우리는 솔로몬과 바울의 통찰력을 찾을 수 있습니다. 만약 우리가 솔로몬과 같이 '색'(혹은 아름다움, 의미, 영광)이라고 일컫는 세계(세상)가 비어 있다는 것을 깨닫는다면 우리는 진리의 반을 깨우친 셈입니다. 만약 우리가 바울이 말한 대로 우리 자신을 비울 수 있다면 우리는 진정한 '색'을 발견할 수 있을 것입니다(빌 2:8~12). 성경은 보통 영광(glory)이라는 말을 사용하는 반면에 불교는 '색'이라는 말을 사용합니다. 하지만 이 '색'이라는 것은 욕심과 정욕을 포함하고 있습니다(요일 2:15~17).

기독교와 불교가 만날 수 있는 또 하나의 접촉점은 '세상(cosmos)'이라는 말입니다. 이 세상이란 말은 신약성경에서 말하는 모든 피조된 세계를 말할 수도 있고 아니면 모든 인간의 질서를, 혹은 타락한 인간사회의 질서를, 아니면 조직화된 종교의 질서를 가리킬 수도 있습니다. 요한복음 3장 16절에서 이 단어가 사용되었는데 이 말은 불교에서 사용하는 그것과 동질의 것입니다. 그들이 말하는 것처럼 우리 하나님은 온 세상(우주)의 자연과 사람을 모두 그의 사랑 안에 품으십니다.

시편 기자와 다른 선지자들처럼 예수님도 이 자연을 사랑하고 계심이 분명히 보여지고 있습니다. 그런데 이 세상을 떠나 홀로 조용한 산에서 수도하는 불교적인 생각이 예수님에게서도 보여지고 있습니다. 예수님은 광야에서 혹은 한적한 장소에서 홀로 하나님과 보내는 시간을 가지셨는가 하면 그의 제자들을 데리고 무리를 떠나 조용한 장소에서 따로 보내시기도 하셨습니다. 그러나 사실상 불교인이 세상이나 도시를 기피하고자 하는 생각과 예수님의 그것과는 상당한 차이가 있습니다.

성경에 보면 다윗이 예루살렘 성을 취하기 전까지 하나님께서 '도시(city)'라는 곳에 대하여 긍정적인 말을 사용하신 적이 한번도 없습니다. 하나님은 인간의 첫 번째 도시가 살인자에 의해 세워졌다고 말씀합니다. 또 하나님은 아브라함을 부르신 다음 살고 있는 도성을 떠나 유목 생활을 하도록 하셨습니다. 하나님은 당신의 백성들을 '바로'를 위해 짓고 있던 도성에서 나오도록 하셨습니다.

그런데 이 하나님께서 바로 예루살렘이란 도성(도시)에 그의 이름을 두시겠다고 하셨습니다. 그리고 이 예루살렘 성은 하늘로부터 땅에 내려와 만물의 마지막 성취가 이루어지는 곳이며, 이 성은 우리가 이전에 볼 수 없었던 가장 큰 도시라고 말합니다. 그런데 이상한 것은 바로 이 도시에 생명수와 생명나무가 있다고 말합니다. 이런 점만 두고 보면 자연에 대한 불교와 기독교의 연관성이 전혀 없다고는 볼 수 없을 것입니다.

그러나 차이점은 바로 이것입니다. 불교는 도시(세상)를 포기해 버리지만 하나님은 도시를 구속하신다는 사실입니다. 이 하나님의 구속을 거부하는 사람들이 바벨론 도성으로 상징되고 있습니다(계 18, 19장). 그리고 그의 구속을 받아들이는 사람들은 하나님이 친히 다스리시는 새 예루살렘에 허락되어진다고 말합니다. 불교는 구원(해탈)을 얻기 위해서 도시를 떠나라고 말합니다. 그러나 기독교는 바로 그곳에 복음이 전파되어 새롭게 회복되어져야 한다고 가르칩니다. 하나님은 모든 만물을 지으시되 선하게 지으신 창조주이십니다(창 1:31). 이 선한 하나님의 질서 속에 죄와 무질서를 끌어들인 쪽은 사람입니다. 그러나 하나님은 죄로 인해 파괴된 이 세상을 또한 구속하시는 것입니다(롬 8:20~21).

그리고 또 하나의 차이점은 이것입니다. 즉 불교는 영혼만의 불멸성(육체는 악하니까 사라지고)을 가르친다는 것입니다. 바울은 바로 이것이 인도-유럽적 사고의 핵심(영혼은 선하고 육체는 악하다고 보는 극단적 이원론)이라는 것을 매우 잘 알고 있었습니다. 그는 그의 전 생애 동안 육체와 영혼의 일체(the unity of soul and body)에 입각한 가르침을 펴왔으며 하나님의 계속적인 섭리 없이는 육체를 떠나 영혼이 따로 존재할 수 없다고 가르쳐 왔습니다. 철학자로서 그리고 바리새인으로서 그는 이렇게 이해하며 주장했습니다. 만약 인간의 영혼이 육체의 죽음 이후에 따로 존재하려면 육신의 부활이 있어야 한다는 것입니다. 즉 죽었던 몸이 어떤 형태로 생명을 받아 일으켜져야 한다는 것입니다. 예수님이 바로 그러셨습니다. 예수님은 다섯 군데의 상처가 나 있는 바로 그 육신으로 돌아오셔서 수백 명의 제자들로 하여금 보고 만지게 하셨습니다. 이것이 바로 바울 복음의 핵심입니다. 이에 관해서는 고린도전서 15장에 상세히 설명하고 있습니다.

또한 불교는 죄에 대한 용서를 가르치되 기도에 대한 응답으로써, 또는 경건한 삶을 살았다는 행위에 대한 보상으로써 죄의 용서를 말합니다. 그러나 기독교에서는 말씀이 육신이 되신 하나님의 아들의 피 흘림이 없이는 감히 죄의 용서를 거론할 수 없다고 가르칩니다. 그리고 이 죄사함이 이루어지면 하나님의 의롭다 하심이 우리에게 덧입혀진다는 것입니다. 우리는 결코 우리 스스로의 노력과 행위로는 의(righteousness)를 성취할 수 없다는 것입니다. 만약 우리가 우리의 노력으로 의에 도달해 보려고 하면 솔로몬이 말한 것처럼 '헛되고 헛되도다'를 연발하지 않을 수 없는 것입니다

하나님은 자신을 비워 인간이 되셔서 모든 슬픔과 고통을 짊어지시고 우리와 함께 사셨으며 십자가에 죽으시고 다시 살아나셔서 승천하셨습니다. 이 하나님이 우리에게 그의 영을 부어 주셨습니다. 그리하여 우리로 하여금 산도 바다도 아닌 우리의 삶의 현장에서 우리의 문제를 해결하도록 하셨습니다. 또 성령을 통하여 우리에게 초자연적인 능력을 주셔서 예수님이 사셨던 대로 비폭력, 희생적 사랑, 창조적인 삶을 살도록 하십니다. 그분은 지금 곧 우리 자신을 비울 수 있는 능력을 제공하십니다. 또한 '회귀', '합일'이란 모호한 개념이 아니라 아주 실제적인 영광의 약속을 주고 계신 것입니다. 안녕히 계십시오.

사회 문제에 대한 크리스천의 올바른 자세는?

존경하는 대천덕 신부님께.

신부님, 안녕하십니까? 얼마 전 제가 그곳을 방문하였을 때 이틀씩이나 더 묵어갈 수 있도록 친절을 베풀어 주신 데 대해 감사드립니다. 예수원의 형제, 자매들이 그 많은 손님들을 어떻게 다 감당해 내는지 저로서는 도무지 이해가 되지 않았습니다.

제가 드리고 싶은 질문은 지금까지 제가 이야기한 내용과는 다른 주제에 관한 것입니다. 신부님은 우리나라의 경제적인 상황을 호전시키고 또 하나님의 경제법을 실천할 수 있는 방법으로 토지세 제도가 있다는 것과 또 그것이 실시되어야 한다고 여러 번 말씀하신 적이 있습니다. 그런데 해방신학 또는 민중신학을 하는 사람들은 사회활동을 통해서 우리가 얼마든지 이 땅에 하나님의 나라를 건설할 수 있다고 보는 듯 합니다.

이에 반해 교회의 목사님들은 그리스도의 재림만이 하나님의 나라를 임하게 할 수 있다고 주장합니다. 또 그런가 하면 제 친구 하나가 있는데 그는 우리가 세상을 개혁하면 그것이 우리를 통해 역사하는 그리스도요, 천국을 임하게 하는 일이라고 말합니다. 여기에 대해 신부님은 어떻게 생각하시는지요? 사회 문제를 해결하기 위해 애쓰는 일과 그리스도의 재림과는 어떤 관계가 있는지요? 신부님의 설명을 듣고 싶습니다.

— 홍찬국 올림

사랑하는 찬국 형제에게.

잠시나마 형제와 함께 있었던 시간은 우리에게 큰 즐거움이었습니다. 또 형제가 이틀 연장 신청서를 내었을 때 갑자기 손님들이 줄게 되어 형제의 청원을 기꺼이 받을 수 있게 된 것도 즐거운 일이었습니다. 우리는 히브리서 13장 2절에 나오는 주님의 권면의 말씀을 애써 기억하고자 노력합니다. "손님 대접하기를 잊지 말라 이로써 부지 중에 천사들을 대접한 이들이 있었느니라." 때때로 우리는 너무 많은 손님들이 오기 때문에 어쩔 줄 몰라 할 때가 많습니다. 그러나 그때마다 주님이 그 일을 감당하도록 도와 주시는 듯합니다.

나는 가끔 이런 생각도 해봅니다. '만약 예수원에 더 많은 손님들이 오지 않았더라면 지금보다 더 좋은 일을 할 수 있었겠는가' 하고 말입니다. 그래서 나는 주님께서 우리에게 그 일도 주시지 않았나 생각합니다. 그리고 내가 진정으로 즐거워하는 일은 많은 사람들이 이곳에서 예수 이름으로 두세 사람이 모이면 그 안에 주님이 함께 하신다는 사실을 직접 확인하고 간다는 사실입니다. 물론 우리 중에는 이 일로 마음이 편한 사람도, 편치 못한 사람도 있습니다. 그러나 그것에 관계 없이 우리는 주님께서 손님들을 대접해 주고 계심을 보고 있는 것입니다.

그래서 우리는 이렇게 결론을 내릴 수밖에 없습니다. 손님을 받는 일이 우리의 애초의 계획이 아니었을지라도 지금 주님께서는 우리에게 그 일을 하기를 원하신다고 말입니다. 이런 말씀이 있지 않습니까? "인간은 계획하나 하나님은 그 일을 이루신다."

이제 형제의 질문 중, 사회활동에 대한 문제를 생각해 보도록 합시다. 최근 우리들은 요한계시록을 읽고 있는데 여기에 그려지고 있는 그림들은 하나님의 법을 거부하고 회개하기를 싫어하며 한결같이 하나님을 증오하고 있는 내용들입니다. 또 우리들은 디모데후서, 베드로후서, 유다서 등의 말씀 중에서 말세에 타락하는 일들이 현저할 것이라는 말씀도 보고 있습니다. 이것으로 보아 어떤 종류의 사회활동도 성공을 거두기에는 부정적이라는 사실을 알 수 있습니다.

그렇다고 우리는 사회활동이 필요 없다고 생각해서는 안됩니다. 많은 사람들은 사회활동을 믿든지 성경의 예언을 믿든지 둘 중에 하나를 선택해야 한다고 생각하는 것 같습니다. 그러나 그런 딜레마는 '이것 아니면 저것'(either or)이라는 서구식 사고방식의 산물이라고 생각합니다. 따라서 한국 사람들은 그것 때문에 혼동을 일으킬 필요는 없다고 생각합니다. 우리가 다 알고 있는 것처럼 모든 문제들은 그것들의 양면성을 가지고 있습니다. 그래서 그 양면들을 잘 합치면 중용의 도를 구할 수 있습니다.

성경에는 사회정의를 위해 일한다는 것이 얼마나 중요한가 하는 것을 보여 주는 말씀들이 많이 있습니다. 또 그런가 하면 그런 사회정의를 위한 활동이 성공을 거둘 수 없다고 말해 주는 곳도 많이 있습니다. 그렇다면 중용을 찾아야 할텐데 그 중용이란 무엇일까요? 또 성공을 거둘 확률이 없는 일을 위해 노력한다는 것이 무슨 의미가 있을까요?

가장 간결한 답변은 십자가입니다. 예수님은 그의 사역이 인간의 관점으로는 실패로 끝날 것을 아셨습니다. 그는 자신이 세상을 이길 수 없음을 깨달으셨습니다. 그러면서도 그는 "담대하라 내가 세상을 이기었노라"(요 16:33)라고 말씀하셨습니다. 우리는 분명히 알고 있습니다. 십자가는 실패가 아니라 승리란 것을.

그러나 불행하게도 대부분의 그리스도인들은 십자가를 바라보고는 이렇게 말합니다. "사탄은 패했고 나는 구원받게 되었다." 그들의 생각은 여기서 머물고 맙니다. 그러나 주님은 말씀하십니다. "누구든지 자기 십자가를 지지 아니하고는 내 제자가 될 수 없느니라." 우리의 십자가란 무엇입니까? 우리 역시, 의를 위해 핍박을 감수하면서, 기꺼이 패할 각오를 하고, 소망 없는 싸움인 줄 알면서도, 사탄을 패하게 하기 위해 싸우는 일인 것입니다. 우리는 우리가 승리할 것인지 패할 것인지 물을 필요가 없습니다. 우리는 다만 결과는 하나님의 손에 맡기고 그의 나라와 의를 구하는 일에 계속 진력해 나가면 되는 것입니다.

그러면 하나님의 나라와 하나님의 의를 구하는 것이 무엇을 의미하는지를 생각해볼 차례입니다. 어떤 크리스천들은 이것을 '복음전파, '해외선교', '교회개척' 등의 일에 국한시키려 합니다. 또 다른 어떤 사람들은 그것이 사회 정의를 위한 투쟁, 인권을 탄압하는 정부에 대한 항거 등의 차원 쪽에서 보려 합니다. 그러면 어느 것이 옳은 관점입니까? 반복되는 얘기이지만 한쪽 만을 강조할 수 없다는 것입니다. 어느 쪽이 옳으냐 하는 것은 한국식이 아니라 서양식 질문입니다. 한국식 질문은 두 가지를 합쳐 어떻게 성경적 중용지도를 찾느냐 하는 것입니다.

그러면 두 가지를 어떻게 동시에 할 수 있을까요? 먼저 이점부터 생각해 볼 필요가 있습니다. 복음전파 없는 사회활동은 무의미하다는 것입니다. 그것은 사회를 망하게 하는 인본주의적 기반을 더욱 다져 주기만 할 따름이라는 것입니다. 또 사회활동 없는 복음전파 역시 겉치레에 불과하다는 것입니다. 그것은 주님의 표현을 빌면 외식에 해당합니다. 외식이란 말은 희랍어로 무대 위에 선 배우를 뜻합니다. 그는 단지 공연을 위해 있는 사람이며 그의 연기는 그의 실제적 삶과는 아무 상관이 없습니다. 이처럼 가난한 자를 돌아보지 못하는 교회는 단지 무대 위의 연기자에 불과하다는 것입니다.

교회는 가난한 자들을 위한 기쁜 소식을 가져야만 합니다. 예수님은 아버지께서 나를 보내신 것처럼 나도 너희를 보낸다고 말씀하셨습니다(요 20:21). 그러면 아버지께서 아들이신 예수님을 보내시면서 주신 사명이 무엇입니까? 성령은 무슨 사명을 감당케 하시려고 그에게 세례를 베푸셨습니까? 예수님으로부터 직접 그 선언을 들어보도록 합시다. "주의 성령이 내게 임하셨으니 이는 가난한 자에게 복음을 전하게 하시려고 내게 기름을 부으시고 나를 보내사 포로된 자에게 자유를 눈먼 자에게 다시 보게 함을 전파하며 눌린 자를 자유케 하고 주의 은혜의(자발적인) 해(year)를 전파하게 하려 하심이라"(눅 4:18~19).

물론 이 말씀은 먼저 영적으로 풀어야 하는 것이 옳은 순서입니다. 사람은 마음이 가난해져야 복음을 들을 수 있고 따라서 우리는 마음이 가난한 자들에게 복음을 전해야 합니다. 또 우리는 죄와 사탄에게 포로된 자들을 자유케 하고 영적인 소경의 눈을 뜨게 하고 영적인 희년을 선포해야 합니다.

그러나 우리는 문자적 해석 없는 성경의 영적 해석이 얼마나 위험한가 하는 사실도 알아야 합니다. 예수님은 사역 당시에 실제로 배고픈 자들을 먹이셨고, 병자들을 고치셨으며, 사회정의의 요구에 응해 주셨습니다. 만약 예수님과 제자들이 한 일들이 순전히 영적인 것들이었더라면 당시의 실력자들, 즉 사두개인, 바리새인, 서기관, 로마 군인들은 예수님을 위험 인물로 보지 않았을 것입니다. 그러나 그들은 모두 예수님을 죽이기 위해 한패가 되었습니다. 이것은 그들이 예수님과 그 하시는 일로부터 위협을 느꼈기 때문입니다.

또 예수님이 한 일들이 모두 눈에 보이지 않는 영적 일들이었다면 예수님은 자신을 유대인의 왕으로 선포하지도 말았어야 했을 것입니다. 그러나 예수님은 나귀를 타고 예루살렘으로 입성하실 때 무리들이

"주의 이름으로 오시는 왕이여."라고 외쳤을 때 그 말을 정당한 것으로 받아들이셨습니다. 바리새인들이 이 말을 듣고 그렇게 외치는 제자들을 꾸짖으라고 예수님께 요청했을 때 주님은 "만일 이 사람들이 잠잠하면 돌들이 소리지르리라"(눅 19:40)라고 말씀하셨습니다.

사도 요한은 그의 서신에서 이렇게 말합니다. "누가 이 세상 재물을 가지고 형제의 궁핍함을 보고도 도와 줄 마음을 막으면 하나님의 사랑이 어찌 그 속에 거할까 보냐"(요일 3:17). 또 누구든지 보이지 않는 형제를 사랑치 못하면 보이는 하나님을 사랑할 수 없다고 말합니다. 야고보도 똑같은 말을 하고 있습니다. 그는 헐벗고 굶주리는 형제를 보고도 실제적 도움을 주지 못하면 그의 믿음이 죽은 송장과 같다고 말합니다(갈 5:6). 또 고린도전서 13장에서는 산을 옮길 만한 믿음이 있으면서 사랑이 없으면 그 믿음이 아무것도 아니라고 지적합니다.

만약 우리가 실제적 문제에는 전혀 도움을 주지 못하면서 가난한 자들에게 복음을 전하려 한다면 무슨 일이 생길까요? 그들은 우리가 자기들을 사랑하고 있지 않다는 사실을 알 것이며 따라서 공허한 이름뿐인 하나님으로부터 등을 돌려 버리고 말 것입니다. 우리는 매일같이 하나님의 나라가 임하기를 기도하면서도 임하도록 만드는 구체적인 일은 하지 않고 있습니다. 주님은 하나님의 나라를 그저 수동적인 자세로 기다리라고만 하지 않으셨습니다. 그는 우리가 그의 나라를 '구해야(seek)' 한다고 말씀하십니다. 그러므로 우리는 우리 능력으로 사회 정의를 가져올 수 있는 일이면 무엇이든 해봐야 합니다.

만약 우리 크리스천들이 법을 만들 수 있는 힘이 있다거나 모든 국회의원, 그 밖의 높은 관직에 있다면 하나님이 국가를 위해 부여해 주신 율법을 연구해야 합니다. 그러한 법은 구약성경에 나와 있습니다. 어떤 크리스천은 그런 법이 더 이상 우리 시대와 국가에 적용될 수 없다고 생각합니다. 그러나 그것은 사실이 아닙니다. 구약성경의 사회, 경제법은 지금도 가장 실제적인 법이며 따라서 신자, 비신자가 함께 어울려 사는 일반 국가에서도 여전히 적용될 수 있는 공의로운 법입니다.

주님은 율법과 선지자를 폐하러 온 것이 아니라 이루기 위해 오셨다고 말씀하셨습니다. 그러므로 그러한 구약의 율법은 여전히 우리 크리스천이 지켜야 할 의무로 부과되어 있는 것입니다. 주님은 우리를 보내셨기에 우리도 주님이 행하신 바를 그대로 행해야 할 의무가 있습니다. 그러므로 기회가 있으면 그러한 법들을 적용하려고 노력해야 합니다. 우리는 또 유명한 크리스천 경제학자인 헨리 조지가 그랬던 것처럼 율법의 문자적 성취가 아닌 율법의 정신을 살려 실천할 수 있는 방법도 모색해 볼 수 있습니다. 성령이 오신 이유 중의 하나는 이런 일을 이루도록 하기 위함일 것입니다.

그러면 굶는 자들을 먹이는 것으로 모든 문제는 끝이 나는 것일까요? 물론 그렇지 않습니다. 우리는 가난한 자들을 먹이고 입힐 뿐 아니라 때로는 의술과 주택을 공급함으로써 긴급 상황에 대처할 수 있도록 해야 합니다. 그러나 그것으로 끝내서도 안 됩니다. 왜냐하면 그렇게 함으로써 그들은 영원히 의존적 존재로 전락해 버릴 것이며 그것은 그들의 인격을 손상시키는 일이 되어 버리기 때문입니다. 우리는 그들의 문제를 그들 스스로 해결할 수 있도록 도와 주며 또 궁극적으로는 그들도 남을 도울 수 있도록 해 주어야 합니다(고후 8:14).

이것을 위해서는 그들이 땅을 소유하도록 해 주어야 하는데 이를 위해 교회가 할 수 있는 방법은 여러 가지가 있습니다. 우리는 말할 수 있는 자유가 있는 한 계속 압력을 가해 성경적 토지법이 제정되도록 노력해야 합니다.

이렇게 함으로써 가난한 자들은 그들의 두 눈으로 우리들의 순수한 사랑과 진심을 보게 될 것이며 또 하나님은 당신을 사랑하시어 독생자를 보내셨으며 지금도 교제하기를 원하신다고 말하는 우리의 전도의 말을 그대로 믿게 될 것입니다. 그리고 그분이 마지막 만국을 심판하실 자리에서는 우리에게 이렇게 말씀하실 것입니다. "내가 주릴 때에 너희가 먹을 것을 주었고…벗었을 때에 옷을 입혔고 옥에 갇혔을 때에 와서 보았느니라…여기 내 형제 중에 지극히 작은 자 하나에게 한 것이 곧 내게 한 것이니라"(마 25:31~40).

그러면 우리가 이런 일들을 실천에 옮김으로 이 땅 위에 하나님의 나라가 임하게 할 수 있을까요? 그럴 수 없습니다. 우리는 결국 실패할 수밖에 없습니다. 세상은 죄를 인정하지 않을 뿐 아니라 우리가 보여 주는 하나님의 사랑을 싫어합니다. 그래서 결국 우리를 십자가에 못 박으려 할 것입니다. 하나님의 법과 성령의 지혜와 거듭난 심령이 배제된 인간들만의 선한 사업은 세상의 문제를 더욱 복잡하게 만들 뿐입니다.

그러한 노력이 결국 어떻게 끝나는지에 대해서는 말세에 대해 예언하는 성경 말씀이 잘 말해 주고 있습니다. 그러므로 주님이 인격적으로 다시 재림하실 때 모든 문제는 바로 잡혀지게 될 것입니다. 그러나 그때 주님은 우리의 수고를 다 알아 주시며 우리가 한 일에 대해서 일일이 감사의 말을 해 주실 것입니다. 왜냐하면 주 안에서 우리의 수고가 결코 헛되이 돌아가지 않기 때문입니다(고전 15:58). 안녕히 계십시오.

인간의 가장 기본적인 권리

친애하는 대천덕 신부님께.

토지가치세 제도에 대한 당신의 또 한번의 편지는 잘 받아 보았습니다. 이럴 줄 알았으면 지난번 편지 때 좀더 상세히 내 생각을 밝혔더라면 더 도움이 되었을 텐데요.

먼저, 나는 구약에 나오는 윤리적 가르침을 다룰 때는 특별히 성경적 윤리와 기독교적 윤리를 잘 구분하는 일이 중요하다고 믿습니다. 물론 기독교 윤리라고 해서 특별히 다른 것이 아니라 그것 역시 성경에서 출발하는 것입니다. 그러나 그것은 단순한 율법의 재인용 그 이상의 무엇이라는 것입니다. 그 율법이 적용되고 필요되었던 세상은 지금과는 매우 다른 상황입니다. 기독교 윤리는 우리가 하나님을 잘 이해하는 데 기초를 두어야 합니다. 다시 말하면 성경적 계시들, 즉 하나님, 인간, 세상에 대한 계시들을 전체적으로 사색해 보고 이것들이 오늘날 우리에게 무엇을 의미하는지 잘 생각하고 적용하도록 해야 한다는 것입니다.

레위기 25장에 인용되는 희년에 관한 율법은 최근 매우 큰 관심을 받고 있습니다. 그러나 그것은 애초부터 성취 불가능한 법이었습니다. 그리고 이스라엘 백성들이 역사상 한 번이라도 이 법을 실천하였는가에 대해서는 의심의 여지가 많습니다. 그러나 소유 개념에 대해서는 매우 중요한 질문이 제기되어야 하고 우리 생각은 바로 이런 수준에서 이루어지는 것이 필요하다고 봅니다.

그러므로 이 문제는 레위기 율법에 순종키 위해 단순히 주님께 기도하는 그 이상의 복잡한 문제를 안고 있다는 점입니다. 건강하십시오.

— 영국 요크(York)주 주교 존 에버(John Ebor)

존경하는 존 에버 주교님께.

1987년 12월 2일에 보내 주신 편지는 잘 받았고 친절하신 서신에 깊은 감사를 드립니다. 제가 이렇게 오랜 시간의 간격을 두고 답신을 드리는 까닭은 제 자신이 이 문제에 대한 시각을 이곳 한국의 형제들과 나누어 보는 일이 필요하다고 느꼈기 때문입니다. 토지 문제는 이제 이 나라의 가장 절실한 문제가 되었습니다.

저는 최근 이 문제를 다루기 위한 패널토의에 참가해 달라는 정부 측의 요청을 받고 회의에 참석한 적이 있습니다. 그 토의 모임은 서울에서 가장 큰 회의실에서 열렸는데 오전 10시에 시작하여 오후 6시까지 계속되었습니다. 이 나라의 기독교인들은 이 문제에 대하여 아주 민감한 반응을 보이고 있으며 또 그들의 대표인 국회의원들에게 무엇을 말해 주어야 할지를 알고 싶어 합니다. 이 나라의 국회의원들 역시 약 30%가 기독교인이며 따라서 같은 관심을 가지고 있습니다.

주교님께서 말씀하신 내용들은 신학적인 접근이 다소 전통적인 것이어서 저의 생각들을 좀더 말씀드릴 필요가 있을 것 같습니다(사실 저도 주교님과 같은 전통의 신학적 훈련을 받았습니다).

주교님은 아마 저의 작은 졸저(拙著) 〈토지와 성경적 경제학〉(Land and Biblical Economics)을 읽어 보시지 못한 것 같습니다. 이 책은 몇 해 전 〈토지와 자유〉라는 제목으로 서울에서 출판되었습니다. 이 책에서 제가 시도하려 했던 것은 주교님께서 말씀하신 바로 그 일, 즉 성경적 계시들을 총체적으로 사색해 보려고 한 일입니다. 저는 이 일을 통해 주님께서 '은혜의 해'를 선포하러 오셨다고 했을 때 그것이 무엇을 의미하는지에 대한 질문에 대부분의 지면을 할애했습니다.

누가복음 4장 19절에서 '은혜의 해(the year of grace of Lord)'로 번역된 헬라어 'δεκτos'에는 '자발적(voluntary)'이란 뜻이 포함되어 있다는 것을 주교님께서도 잘 아시리라 믿습니다. 그리고 레위기 1장에서는 이 단어가 바로 '자발적(voluntary)'이란 뜻으로만 쓰여지고 있습니다(칠십인역 참조). 즉 자원하는 마음, 자발적인 태도로 바쳐지지 아니하는 제사는 열납되어지지 않는다는 것입니다. 그리고 이런 자발적인 희생(제사)은 사도행전 2장과 4장에서 성령을 받은 후 자원하여 물건을 함께 통용하기를 즐거워했던 초기 공동체에 의해 성취되고 있습니다.

그러나 문제는 로마 정부가 기독교를 공식적으로 인정하고 난 후부터 생겨날 수밖에 없는 질문입니다. 즉 "기독교인은 어느 법을 따라야만 하는가?" 하는 것입니다. 잘 아시다시피 하나의 국가(정부)는 '자발적 의지'에 따라 움직여지지가 않습니다(A nation can not operate on voluntarism). 국가는 법을 만들고 강제성을 띠는 법에 따라 움직여집니다. 이런 점에서 구약의 윤리적인 법(강제성이 아닌)들이 실제로 실천되어질 수 있을까 하는 의문이 제기되어질 수 있을 것입니다.

저는 신학교에 다닐 때 레위기 법들이 실천되어진 적이 없었고 또 결코 그럴 가능성이 없을 것으로 배웠습니다. 저는 이 논리를 당연한 사실인 것으로 받아들여 오랫동안 지냈습니다. 그러다가 저는 어느 세속 언론사로부터 이 방면에 연구를 좀 해달라는 부탁을 받게 되었습니다. 저는 고등학교 시절부터 여기에 관심을 가지고 있었으므로 즐거운 마음으로 이 연구를 시작할 수 있었습니다. 연구 결과 제가 발견한 것은 참으로 놀라운 사실이었습니다. 즉 희년 제도가 북왕국의 오므리, 아합 때까지, 남왕국은 히스기야 통치 때까지 지켜져 왔다는 사실입니다.

이 구약법을 바꾸어 버린 인물은 이스라엘의 오므리, 유대의 므낫세였습니다. 그들은 하나님의 법 대신에 지주 제도를 탄생시킨 바알법을 도입했습니다. 이 제도는 아합의 장인인 '엣바알'에 의하여 확장되고 오므리의 동맹국인 북아프리카에까지 보급되어 결국 카르타고 제국의 기초가 되었습니다. 나중 카르타고는 로마와 싸움이 붙게 되는데 카르타고는 졌지만 바알법은 승리를 거두었습니다. 왜냐하면 로마가 그 제도를 도입했기 때문입니다(물론 바알법이란 이름으로 한 것은 아닙니다). 이것으로 해서 "아구스도는 '벽돌' 로마에 '대리석' 유산을 남겼다."(Augustus found Rome brick and left it marble)는 말이 생기기도 했습니다. 돈 많은 지주들이 가난한 농부들을 농노(農奴)로 전락케 한 다음 본래 자유농사꾼인 이태리 반도의 농민들을 착취해서 모은 돈으로 로마의 여기저기에 대리석 궁궐들을 세웠기 때문입니다.

히포의 어거스틴은 레위기 법이 자발성의 기초에 있다는 사실을 들었고 또 이것을 지키도록 계속 외쳤을 테지만 교회는 이미 받아들인 이교적 제도를 고치지 못했습니다. 결국 이 일로 인해 '모든 땅은 알라(Allah)에게 속하였다.'는 슬로건과 함께 이슬람교가 일어나게 되었습니다. 무려 12개의 나라가 이때 회교국으로 돌아섰으나 교회는 여전히 무엇이 잘못되었는지를 모르고 있었습니다.

이런 시나리오가 금세기에도 되풀이 되었습니다. '레오 톨스토이 공(Count Leo Tolstoy)'은 그의 인생 후반기를 러시아에서 토지가치세 제도를 도입되도록 하는 일에 보냈습니다. 그는 토지가치세 제도야말로 레위기적 율법 정신을 실질적으로 적용할 수 있는 제도이므로 러시아 정부가 이것을 받아들여야 한다고 설득했습니다. 그러나 쌓아 올린 힘과 부를 조금이라도 손해 볼 수 없다는 힘 있는 자들의 거부로 그의 노력은 실패로 돌아가고 말았습니다. 볼셰비키파들도 권력을 잡으려는 욕심으로 그 제도를 거부했습니다.

따라서 오늘날 우리는 7세기의 역사가 되풀이 되는 현실을 보고 있습니다. 나라마다 공산주의로 넘어가고 있습니다. 땅을 가진 지주들의 탐욕이 토지가치세 제도를 거부하므로 토지개혁을 약소화시켰기 때문입니다. 대한민국이 공산주의자들의 침략에 견딜 수 있었던 것은 전쟁 발발 2개월 전 토지개혁을 단행하여 전 인구의 85%인 농민들의 마음을 살 수 있었기 때문입니다. 반면 베트남은 미군의 대대적인 지원에도 불구하고 같은 류의 전쟁에서 지고 말았습니다. 힘 있는 자들의 탐욕스런 거부가 어떤 종류의 토지개혁도 허락치 않았기 때문입니다.

오늘날 한국에서 시골 땅은 그렇게 큰 문제가 되지 않습니다. 치솟아 오르는 도시 땅값이 무주택자, 빈민촌, 실업, 인구 밀집 현상을 만들어 내고 있습니다. 저는 미국은 말할 것도 없고 영국도 같은 지경에 있다고 봅니다. 그러나 오늘날 최소한의 수준이나마, 토지가치세 제도와 같이 성경적 방법을 채택하여 실시하기만 하면 조금이라도 효력을 볼 수 있다는 사실이 드러나고 있습니다. 물론 이것도 정부 차원의 계획된 사업에 의해서가 아니라 자발성의 원리에 의해서 이루어지고 있습니다.

뉴 사우스 웨일스(New South Wales)나 오스트레일리아가 그 한 예이고 미국의 피츠버그시(市)가 또 다른 한 예라고 볼 수 있습니다. 지금 피츠버그시의 예는 많은 다른 인접도시들에게 본이 되어 이 방법을 따르게 하도록 만들고 있으며 필라델피아시에서도 이 방법을 채택하고자 하는 강한 움직임이 있습니다.

이런 경우들을 놓고 볼 때 – 홍콩, 앨버타, 캐나다, 뉴질랜드에서도 볼 수 있는 예이지만 – 저는 토지가치세 제도의 시행이 주교님께서 말씀하신 바로 그 '정치적 가능성의 영역 안에서' 거론되고 채택될 수 있는 방법이 될 수 있다고 봅니다.

주교님께서는 약 1백 년 전 영국과 영국교회 안에서 바로 이런 정책을 퍼뜨리고자 스튜어트 헤드람(Stewart Headlam)에 의해 설립된 '길드(공동체)'가 있었다는 사실을 모르시는지요? 지금은 그 조직이 소멸되었는지 아니면 프로그램을 바꾸었는지 잘 모르겠습니다. 잘 아시다시피 저는 제 인생의 대부분을 극동에서 보냈습니다.

하여튼 저는 몇 년 전, 그 길드에서 〈내 이웃의 이정표〉(My Neighbor's Landmark)란 제목으로 출판된 한 권의 책을 읽어 보았습니다. 거기에는 사회 정의에 관계된 성경적 가르침들이 탁월하게 그려져 있었고 또 토지소유권에 대한 문제도 그런 관점에서 다루어져 있었습니다. 제가 보기에 그 책의 문제점은 내용을 성경의 권위를 인정치 않는 자유주의 독자들에게만 일방적으로 전달하려고 했다는 점입니다. 책의 내용들은 전적으로 성경적이며 또 현대의 실정에 유효한 것들입니다. 그러나 그 속에서 내용을 전달하기 위해 사용되는 어휘들이, 예를 들자면 '모세의 율법'을 '유대전통'으로 쓴다든지, 또 일반적으로 '성경'이라는 말을 쓰기를 회피함으로 권위를 상실하고 있다는 점입니다.

이런 문제 때문에 복음주의자들은 그 책을 기피하였을 것이며 자유주의자들은 읽었어도 상관치 아니했을 것이 분명합니다. 그래서 나는 지금 그 책을 다시 출판하면 좋겠다는 생각을 해봅니다. '유대전통에 의하면'이라는 말 대신에 빌리 그래함이 좋아하는 표현인 '성경이 말하기를(the bible says…)'이라는 말로 바꾸기만 하면 될 테니까 말입니다.

이런 사고의 경향은 진실로 제 개인의 것이기도 하며 또한 대부분의 한국 기독교인들의 것이기도 합니다. 만약 성경이 하나님의 말씀인 것이 분명하다면 거기서 말하는 율법 역시 적용과 실천이 가능한 법인 것을 믿습니다. 만약 그것이 그렇지 않다면 하나님이 너무 노쇠하셔서

3천 년 전의 일밖에 모르셨다는 결론이 나옵니다.

저는 이 문제에 대해, 사회주의, 마르크스주의 연구에 잠시 몰두한 기간을 제외하고 나면, 약 50여 년 간을 조심스럽게 연구해 왔습니다. 그 결과 제가 얻은 결론은 실업, 인플레이션, 무주택, 부동산 및 그 밖의 투기 문제, 풍요 속의 기아 등등의 제반 문제에 대한 해결책은 3천 400년 전 성경 속에 제시된 방법보다 더 좋은 방법이 없다는 것입니다.

그 방법이란 간단한 것입니다. 즉 다른 사람이 토지를 사용하려면 사용료(또는 세금)를 내라는 것입니다. 이와 함께 제시되는 또 한 가지 원리는 인간의 가장 기본적인 권리는 토지에 대한 권리라는 것입니다. 따라서 살 집을 짓거나, 가게를 운영하고 곡식을 재배하여 생계를 유지할 수 있는 땅이 없으면 누군가에 의해 또는 어떤 제도에 의해 땅을 빼앗기고 만다는 것입니다. 그러므로 모든 사람들로 하여금 국가의 보호를 받는 대신 스스로 생계를 유지하도록 제도를 바꾸어 주는 일은 우리 그리스도인들의 의무라고 생각합니다.

우리는 노예제도하에서도 노예들이 먹을 것, 입을 것, 집뿐만 아니라 건강과 퇴직금까지 제공받았다는 사실을 잊고 있습니다. 그래서인지는 몰라도 우리는 벌써 우리의 정부에게 옛날 노예 주인들이 했던 일을 다시 하도록 맡기고 있습니다. 그러나 옛날 노예 주인들은 노예들에게 일거리라도 주었지만 요즘의 노예들은 일할 권리마저도 보장받지 못하고 있습니다. 그들은 사회의 짐이요, 차라리 죽는 게 낫지만, 그래도 죽일 수는 없으니 무슨 기발한 방법이 생기기까지 사회가 돌봐 주도록 하자, 이런 식의 취급을 받고 있습니다.

오늘날 많은 크리스천들이 이것이 마치 복지국가인 것처럼 무분별하게 인정하려 드는데 저는 이런 식의 복지국가, 사회보장 개념은 심리적으로는 파멸을 초래시키고 경제적으로도 득이 없는 제도라고 믿습니다. 이것보다는 차라리 노예제도가 낫다고 봅니다.

존경하는 주교님, 저는 영국 상원은 곧 지주들의 집이란 사실을 잘 알고 있습니다. 그러므로 그들이 주교님의 말씀을 들을 가능성은 톨스토이 공이 러시아 지주들 앞에서 26년 동안 외쳤을 때, 그 지주들이 들었을 가능성보다 희박하다고 봅니다. 그러나 그런 영국은 물론이거니와 미국, 러시아, 한국이 그로 인하여 치루어야 할 대가는 매우 크다고 봅니다. 첫째는 심한 경제공황, 둘째는 극심한 실직현상, 그리고 마지막으로는 3차대전과 같은 무서운 전쟁이 있을지도 모릅니다.

존경하는 존 에버 주교님, 저는 반성기간이 1백 년 정도면 충분하다고 생각합니다. 그 동안 우리는 많은 사람들로부터 성경적 원리들이 적용되어져야 한다는 말을 들어 왔습니다. 미국의 유명한 경제학자 헨리 조지 이후로 스튜어트 헤드람, 톨스토이, 손일선(孫逸仙) 등이 그런 구체적인 제안들을 해왔습니다.

저는 지금 우리가 행동에 옮길 때라고 믿습니다. 저는 말하지 않고 죽는 것보다 톨스토이가 그랬던 것처럼, 차라리 귀머거리 앞에서 외치다 죽는 길을 택하고 싶습니다. 왜냐하면 하나님의 말씀은 정치적으로는 더 이상 현실 타협적이 되어서는 안 되기 때문입니다. 저는 엘리야, 이사야, 예레미야, 그리고 예수님의 말씀이 과연 타협적이었던가를 다시 한번 생각해 보고 싶습니다. 그들도 외쳤지만 성공은 거두지 못했습니다. 실용 가능성의 여부를 떠나 우리는 과연 그들의 뒤를 따라 가려고 하고 있는가를 다시 한번 살펴볼 필요가 있다고 봅니다. "아버지께서 나를 보내신 것처럼 나도 너희를 보내노라." 주님의 말씀입니다. 안녕히 계십시오.

무엇이 구원의 확신을 위한 체험인가?

산골짜기에서 온 편지

지혜로운 시어머니상(像)

존경하는 대천덕 신부님께.

성경에는(창세기, 에베소서) 남자가 부모를 떠나 그 아내와 연합하여 둘이 한 몸을 이루라고 가르칩니다. 신부님도 아시겠지만 이것은 성경과 유교 전통 사이에서 가장 심하게 마찰을 일으키고 있는 부분입니다. 저는 과부라서 아들과 함께 살 수밖에 없는 처지입니다. 그런데 제가 제 자식과 며느리 사이에서 하나의 문젯거리가 된다는 것입니다.

저는 여러 가지 사정이 있기 때문에 양로원으로 가고 싶지 않습니다. 또 그렇다고 제가 따로 집을 얻어 살 수도 없는 형편입니다. 만약 제 아들이 다른 직업을 가졌더라면 문제는 덜 미묘해지겠는데 제 아들은 목사입니다. 우리들은 모범을 보여야만 하는 입장에 있습니다. 나와 며느리 사이의 긴장 관계를 아는 사람은 알고 있습니다.

그래서 저는 우선 며느리와 아들 사이의 관계를 개선시키기 위해 내가 할 수 있는 일이 무엇인지를 알고 싶습니다. 저는 그들이 진정으로 행복하고 하나 되어 하나님이 쓰시는 일꾼들이 되기를 원합니다. 두 번째로 저는 장기적인 면에서 제 역할이 무엇인지 알고 싶습니다. 교회 생활 속에서 제가 있어야 할 위치와 일이란 무엇일까요? 그리고 또 한 가지, 손주들에게 제가 어떤 관계가 되어야 할까요? 손주들에게 할머니로서 할 수 있는 역할이 있다면 말씀해 주시기 바랍니다.

- 배은숙 올림

사랑하는 배은숙 할머니께.

할머니, 주신 편지에 감사드립니다. 범상한 문제이긴 하지만 문제의 핵심을 정확한 눈으로 보고 계시니 참 감사하군요. 아들이 매우 어렸을 때 남편을 잃을 경우 특별히 어머니와 아들의 관계는 가까워질 수밖에 없고 또 그 가까운 관계가 장차 며느리와의 사이에 어떤 문제로 대두될 것인가 하는 사실을 모르게 만들 수 있는 것입니다. 사실 그러한 상황 속에서 아들과 어머니는 아내요 며느리인 한 여자를 의도적으로 소외시키려고 하지 않습니다. 그러나 그들이 나누는 일상적인 대화가 자기들 사이에서는 일상적이고 보편적일 것일지라도 새로 들어온 아내와 며느리에게는 전혀 그렇지 않을 수가 있는 것입니다. 그럴 경우 그녀는 소외감을 느낄 것입니다.

좀더 근본 문제를 생각해 봅시다. 아들은 어머니에게 무엇을 물어보고 조언을 구하는 일이 버릇처럼 되었습니다. 적절한 조언을 해 줄 때마다 그는 어머니를 현명한 여인으로 보고 계속 어머니의 충고나 의견을 들으려고 할 것입니다. 만약 아들이 매번 그런 식으로 어머니에게 묻곤 한다면 그의 아내는 심한 소외감은 물론 불신감마저 들게 될 것입니다.

제 경우에는 어머니께서 목회 초창기에는 저와 함께 계셨는데 제가 결혼하게 되자 하나님께서 어머니에게 다른 할 일을 주셨습니다. 그래서 어머니와 제 아내가 한 가정에서 다투는 일이 없었습니다. 저는 그래서 곤란한 지경에 이르는 환경으로부터 구제받은 셈입니다. 그러나 그럼에도 하나님께서 목사로 하여금 그의 어머니와 함께 살도록 하셨다면 그것은 하나님의 계획의 일부일 것이라는 생각입니다. 그렇다면 문제는 그 하나님의 계획이 어떻게 역사해 나갈 것인가를 이해하는 일입니다.

먼저 저는 할머니의 세 번째 질문부터 대답해 보도록 하겠습니다. 하나님은 우리 사람들을 대가족적 형태 속에서 살도록 허락하셨다는 사실입니다. 오늘날 정상이라고 보여지는 핵가족 형태는 하나님의 시각으로 보면 결코 정상적이라 볼 수 없는 것입니다. 어린이들에게는 할아버지, 할머니가 계셔야 합니다. 어린이들에게 문화적 가치를 전수시켜 줄 수 있는 분은 바로 조부모님들입니다. 부모들은 아이들을 훈련시키고 부양합니다. 그러나 그들은 아이들에게 지나간 전통문화나 가치들을 전수시켜 줄 수 있는 시간이나 성숙한 경험을 갖고 있지 못합니다. 여기에 비해 조부모님들은 상대적으로 시간이 많은 편이므로 아이들과 놀아 줄 수 있고 또 이야기나 그 자신들이 지니고 있는 전통문화를 가르칠 수 있는 것입니다.

특별히 그 집이 기독교 집안이라면 아이들과 나누어야 할 두 가지 문화가 있습니다. 하나는 성경과 교파와 교회사를 통해 전해 내려오는 문화입니다. 많은 경우에 그들은 책들을 통해서 세계 교회의 동향을 알게 될 것이고 그들은 그것들을 식탁에서나 그 밖의 시간에 모든 가족들과 나눌 수 있을 것입니다. 그리고 또 다른 한 문화는 민족적인 것입니다. 한국 문화 속에는 훌륭한 가치가 많이 담겨 있습니다. 그러나 이러한 것들을 성경적 시각에서 평가하고 전수시킬 수 있는 여유를 가진 분들이 바로 조부모님들인 것입니다. 부모님들은 하루하루의 일과 때문에 그런 일들을 감당할 수가 없습니다.

이것은 또한 조부모님들이 훌륭한 주일학교 교사들을 양성해 내어야 한다는 말이기도 합니다. 만약 주일학교 교사의 한 사람이 목사의 어머니가 된다면 그녀는 주일학교 교장을 무시하거나 또는 특권을 누리는 일이 없도록 특별한 주의를 기울여야 합니다. 그리고 그녀는 주일학교의 일을 다른 교사들의 뒤에서 그의 아들과 거론하지 않도록 주의해야 합니다. 가정에 들어오면 그녀는 주일학교에 대해서는 전혀 모르는 듯이 행동해야 합니다.

만약 꼭 이야기를 해야 한다고 생각하면 먼저 그 문제는 며느리와 상의한 뒤 며느리에게 맡기는 것이 좋습니다. 그렇지 않으면 쓸데 없이 큰 오해가 일어날 수도 있습니다. 또 그것이 주일학교나 다른 부서에서 열심히 일하는 사람들의 사기를 꺾거나 목사님의 어머니가 일을 어렵게 만든다고 불평케 할 수도 있습니다. 그러면 그들은 일을 하기 싫다고 그만둘 수도 있을 것입니다.

이와 같이 문제들을 당신의 아들보다는 며느리와 함께 상의하는 것이, 제가 느끼기에 고민하고 있는 문제들을 해결할 수 있는 방법의 하나가 아닌가 합니다. 만약 며느리가 그녀의 시어머니가 자신을 존중하고 의사를 인정해 주며 또 자신과 남편 위에 군림하려 한다는 인상을 받지 않으면, 할머니의 가장 친한 친구가 될 수 있을 것입니다.

다시 말하면 할머니는 며느리의 경쟁 상대가 아니라 동맹국이 되어야 합니다. 할머니의 아들과 며느리 사이에 무슨 형태의 긴장 관계가 있을 때 할머니는 항상 며느리의 편이 되셔야 합니다. 나는 어느 편에도 서지 않고 공평한 위치에 서겠다고도 하지 마십시오. 그럴 때는 아들에 대해서 사시안(斜視眼)을 뜨고 보셔도 좋습니다. 항상 내가 아들을 잘못 키워서 그러니 용서하라고 며느리에게 말씀하십시오.

그러나 할머니는 번번이 며느리의 편을 드시지 않아도 될 것입니다. 그들(며느리와 아들)이 곧 "남자가 부모를 떠나 그 아내와 한 몸을 이루라."는 말씀의 뜻을 알게 될 것이기 때문입니다. 할머니의 태도로 인하여 며느리는 곧 안도감을 되찾고 따라서 객관적인 입장에서 자신의 잘못을 발견할 줄 알며 또 그것을 시인할 것입니다.

할머니께서는 혹시 먼저 며느리에게 무엇이 잘못됐다고 지적하신

적은 없으신지요? 그런 말은 성령님께서 하시도록 맡기시기 바랍니다. 만약 성령님이 하시는 일을 할머니가 대신 하려고 하신다면 성령님은 "그래, 네가 하려므나. 나는 빠지겠다."라고 하실 것입니다. 만약 성령님이 우리의 삶에서 떠나시면 일은 급속히 뒤죽박죽으로 변하고 말 것입니다.

그리고 할머니의 아들이 계속 무엇을 묻거나 조언을 구하려 하면 옛날 그에게 하셨던 습관을 깨어 버리시기 바랍니다. 그 대신 그에게 부인과 대화하도록 이렇게 말씀하십시오. "나한테 좋은 의견이 없으니 사모와 의논하는 것이 좋겠구나!" 이렇게 말씀하시면 할머니는 사실상 더 강력한 의견을 가지시게 됩니다. 그것 때문에 할머니는 혹 거짓말을 하고 있다는 생각마저 들지 모릅니다. 그러나 할머니의 그런 의견은 아들을 위한 것이라기보다 할머니의 기도를 위한 것입니다. 물론 그런 방법은 너무 우회적인 것처럼 보일 수 있습니다. 그러나 두 여인이 같은 집에서 한 남자와 동거하면서 충돌을 피할 수 있는 방법은 그것이 유일한 길입니다.

물론 아들은 본래 할머니의 육체였습니다. 그러나 이제는 더 이상 아닙니다. 그는 이제 며느리와 한 육체입니다. 따라서 할머니가 관계되시는 일에 관한 한 대화의 통로도 '아들을 통해서 며느리에게로'가 아니라 '며느리를 통해서 아들에게로' 통해야 합니다. 만약 할머니와 며느리, 두 분이 너무 친한 나머지 아들이 "두 여인이 짝꿍이 되어 나를 소외시킨다."라고 불평하면 그때는 웃고 즐거워하시기 바랍니다. 할머니는 가정에서 가장 어려운 문제 하나를 해결하셨기 때문입니다.

그때부터 집안의 모든 식구들이 하나님의 음성을 듣게 될 것이고 주님은 할머니의 집안이 시어머니 또는 며느리의 왕국이 아니라 하나님의 '식민 통치국(colony of God's kingdom)'이 되게 하실 것입니다.

그러므로 온 식구가 함께 그분의 뜻을 구하고 함께 그것을 행하십시오. 모든 주위 사람들이 당신의 집을 기독교 집안의 모델로 여길 것입니다.

이제 남아 있는 다른 질문에 대해서 생각해 보도록 하겠습니다. 장기적 측면에서 할머니의 역할과 교회 내에서의 위치가 무엇인가 하는 것입니다. 우선 저는 가정의 아이들이 지워 주는 부담을 할머니께서 맡아 주시는 방법이 있다고 생각합니다. 그리고 며느리가 무슨 일에 대해서 할머니께 고마워하는지 살펴 보시고 그것을 며느리에게 해 주도록 노력하시기 바랍니다. 그리고 가정이 결코 할머니의 집이 아니라고 생각하시기 바랍니다. 이들이 결혼하자마자 아들의 가정은 곧 며느리의 가정이 되는 것이며 할머니는 그때부터 방문객이 되시는 것입니다.

하지만 할머니께서는 며느리를 섬기시므로 그 가정에서 가장 고귀한 구성원이 되실 수 있습니다. 한국의 전통의식에서 가르치고 있는 역할을 거꾸로 뒤집어 생각하시면 좋습니다. 성경은 자주 으뜸된 자가 먼저 섬겨야 한다고 가르치지 않습니까? 할머니께서 며느리의 위치에 서서 며느리를 섬기시므로 빌립보서 2장 5절의 말씀을 성취하실 수 있습니다. "너희 안에 이 마음을 품으라 곧 그리스도 예수의 마음이니." 물론 이 일은 말도 되지 않는 소리입니다. 그러나 세상적 기준으로 보면 예수님의 모든 가르침 자체가 말도 되지 않는 소리입니다. 선생으로서 그는 먼저 제자들로부터 발 씻김을 받으셔야 했습니다. 그러나 그는 먼저 제자들의 발을 씻기셨습니다. 그러시면서 그는 제자들에게 같은 일을 행하라고 하셨습니다. 세상적 기준으로는 며느리가 먼저 할머니의 발을 씻겨야 합니다. 그러나 주님은 할머니께서 먼저 며느리의 발을 씻기라고 요구하시는 것입니다.

저는 할머니께서 가정의 좋은 조력자로서의 위치에 계시면, 바깥 활동에도 참여하실 수 있는 기회가 생길 것이라고 확신합니다. 그리고 만일 아들과 며느리가 모든 가정 일, 자녀 문제 등에 대한 책임을 할머니에게 미루고, 그리고 교회를 가정 위에 두려 하면, 그때 할머니께서는 그들에게 항의를 하시기 바랍니다. 그러나 그때도 지혜롭고 사랑하는 마음으로 하셔야 합니다. 그들에게 핵심, 즉 교회가 그리스도의 몸인 것이 사실이지만 가정 또한 그리스도의 몸의 하나인 것을 인지시키도록 하시기 바랍니다.

만약 그들이 가정을 등한시하면 몸의 하나는 우상화하는 반면에 다른 하나에는 상처를 가하는 격이 되고 마는 것입니다. 몸의 머리이신 주님께서는 어떤 조직이나 기구(organization)가 아닌 것입니다. 그러므로 그들에게 아이들과 더 많은 시간을 보내도록 만드시고 할머니 또한 가사일로부터 좀 자유로웠으면 좋겠다고 말씀하시고, 교회 일도 좀 하시기 바랍니다. 물론 목사의 어머니로서보다는 한 평신도 여성으로서 하시면 좋겠지요.

할머니, 이제 저는 편지를 끝맺을까 합니다. 제가 말씀드리고자 하는 바는, 할머니는 며느리와 겨루는 분이 아니시라는 것이며 또한 며느리로 인하여 한 여성으로서의 고유한 기능과 역할이 박탈되어서는 안 된다는 것입니다. 그렇게 될 가능성이 생기면 의도적으로라도 피하셔도 좋습니다. 또 간접적으로는 시간을 내어 달라고 하여 다른 교회 일에도 참여하시기 바랍니다. 무슨 일을 해야 할까는 할머니의 달란트, 관심, 경험을 고려하여 택하시면 좋겠지요.

이것은 제 개인적인 생각입니다만, 목사님(아들)이 여자 성도 가정의 심방을 좀 줄이시면서 반면 남자 성도 심방을 좀더 많이 하시면 어떨까 합니다. 그러면 할머니께서 부르심의 한 부분을 그런 쪽에서 사용하실 수 있을 테니까 말입니다. 할머니께서 여성도들을 심방하며 기도, 위로, 교훈해 주신다면 하나님께서 그런 사역을 귀하고 능력 있게 사용해 주실 것입니다. 또 할머니는 남편과 자녀들에 대한 기독여성의 자세 등에 대한 강의도 하실 수 있지 않겠습니까? 안녕히 계십시오.

예배를 드리는 중요한 이유

도시 근로자인 제가 우리 회사에 신우회가 있다는 것을 말씀드리는 일은 얼마나 신나는 일인지 모릅니다. 우리는 몇 시간 근무를 하고 나면 정기적으로 예배 모임을 갖는데 늘 새로운 은혜를 받곤 합니다. 우리 신우회 회원들은 초교파적으로 모인 사람들임에도 불구하고 교단적 차이는 없습니다. 여러 교파에서 다 모였지만 우리는 그 점을 오히려 좋게 생각하고 있습니다. 물론 가톨릭 신자들은 그들 나름대로의 신우회를 갖고 있습니다.

그러나 제가 우리 신우회 모임에 대하여 자부심을 갖고 있는 것이 사실이지만 또한 뭔가 아쉬운 점도 있지 않나 해서 이 글을 드리는 것입니다. 우리는 모일 때마다 예배를 드리며 또 그 예배에는 찬송, 성경봉독, 특송, 기도, 설교 등 다른 예배 프로그램에 있는 것들은 다 들어 있습니다. 이런 순서들은 참으로 귀하다고 생각되며 또 이런 것들을 통하여 참으로 귀한 것들도 깨닫게 됩니다. 나뿐만 아니라 다른 동료들도 같은 크리스천인 것을 알게 되고 또 크리스천으로서의 같은 행동강령도 갖도록 해 줍니다.

그러나 신부님, 이런 것들이 우리 신우회가 추구해야 할 목표의 전부라고 생각하시는지요? 아니면 하나님께서는 보다 뜻 깊은 목적을 우리 신우회가 지니도록 바라시는지요? 지금 저의 친구들도 여기에 대해 문제의식을 느끼고 있는 중입니다. 신부님의 의견을 듣고 싶습니다.

- 최고범 올림

사랑하는 고범 형제에게.

보내 주신 편지 고맙습니다. 말씀하신 대로 산골짜기의 가을 색깔은 다 사라지고 말았습니다. 그러나 한창일 때의 그것의 아름다움이란 이루 말할 수가 없었습니다. 맑은 공기, 수려한 경치가 있는 이런 산골짜기에서 살게 된 특권을 어찌 다 감사할 수 있을까요? 이런 환경 속에서는 더욱 쉽게 하나님을 창조주로 깨달을 수가 있겠지요. 그러나 역시 인간은 인간인지라 성령의 역사가 없는 한 자기 생각에 빠져 하나님을 곧 잊어 버리게 될 것입니다.

그래서 루이스(C.S. Lewis)는 어떤 책에서 다음과 같이 말한 적이 있었죠. 성령의 역사가 없는 사람들에게는 천국 가는 것도 고생이고 차라리 지옥 가기를 더 좋아한다고 말입니다. 그러므로 성령께서 우리 영혼의 수신 안테나를 바로잡아 주셔야 그의 솜씨의 아름다움을 있는 그대로 느끼고 즐길 수 있는 것이지요. 내가 늘 경탄해 마지 않는 것 중의 하나는 하나님의 창조에 대해 가졌던 시편 기자들의 그 예민한 감수성입니다. 그들은 오늘날 우리와 같은 방식으로 성령을 받지 않았으면서도 기가 막히게 창조세계의 아름다움을 그려냈습니다. 이것을 생각하면 성령충만을 받았다고 하는 우리 크리스천들이 구약시대의 사람들보다 훨씬 둔한 감수성을 가지고 있다는 것은 슬픈 사실이 아닐 수 없습니다.

이제 형제가 말한 신우회 문제를 생각해 보기로 합시다. 나는 각 회사마다 신우회 운동이 어떻게 시작되었는지 잘 모릅니다. 그러나 그것은 매우 가치 있는 모임이라고 생각합니다. 나는 언젠가는 회사 내의 모든 크리스천들이 신구교를 막론하고 다 한자리에 모일 수 있게 되기를 바랍니다. 성경은 그 어느 곳에서도 형제를 대하여 교만한 자세를 가져도 좋다고 말하지 않습니다. 지금, 세계의 다른 곳에서는 이런 경항들이 조금씩 고개를 숙이고 있는데 특별히 성령의 역사가 왕성한 곳에서 더욱 그러합니다. 그런데 유독 한국에서만은 이 방면에 조금의 진전도 없다는 것입니다.

우리가 서로를 용납하고 하나가 될 때 그것은 그것 자체가 이미 하나의 증거의 방법이 됩니다. 회사 내의 크리스천들이 더욱 친밀한 교제를 가져야 할 이유는 비단 여기에만 있는 것은 아닙니다. 만약 찬양하며 기도하고 설교 듣는 일이 예배의 전부라면 예배에 몇 명이 모이는가 하는 문제는 그렇게 중요하지 않을 것입니다. 물론 많이 모이면 교만에 빠질 수 있는 유혹도 있지만 사기 진작에 도움이 될 것입니다.

내가 보기에 예배를 드리는 더 중요한 이유는 그리스도의 마음을 구하는 데 있습니다. 우리는 하나님의 관심이 우리를 이 땅에서 끌어내어 천국으로 인도하는 일에만 있고 우리가 이 땅에서 무엇을 해야 하는지에 대한 관심은 없는 것으로 착각해서는 안됩니다. 사실 그리스도께서는 하나님의 나라가 임하도록 기도하라고 당부하셨습니다. 그는 우리가 천국으로 들어가도록 기도하라고 하시지 않고 천국이 우리에게 임하도록 기도하라고 가르치셨습니다.

우리는 주기도문을 외울 때마다 이 기도를 드리는 것입니다. 그러나 우리가 부르는 찬송가와 듣게 되는 설교의 대부분은 이 땅의 일을 별로 상관할 바 못되고 어쨌든 천국으로 가고 있다는 것이 중요하다고 보는 것 같습니다.

그러나 주님이 가르치신 기도를 보십시오. 분명히 우리의 생각에서 진일보하고 있습니다. 우리는 하나님의 뜻이 이루어지도록 기도해야 합니다. 하나님의 뜻이 이 땅에 이루어져야 한다면 하나님은 그 일을 위해 누구를 사용하시겠습니까? 불신자들이 그 일을 하려 할까요? 그러면 신자들은 천국 입장권만 손에 넣고 있으면 된다는 말입니까? 내가 성경을 읽을 때는 전혀 그런 느낌을 받을 수가 없습니다. 전체 성경의 절반 이상을 차지하는 구약성경에서는 상당한 부분을 이 땅에서의 현실적인 문제에 대해 언급하고 있습니다.

예수님은 율법과 선지자(구약성경을 말함)를 폐하러 오신 것이 아니라 이루기 위해 오셨다고 단호하게 말씀하셨습니다. 예수님은 말씀대로 그 자신을 희생양으로 드림으로써 구약의 제사법을 완성하셨습니다. 예수님은 또 성령을 보내 주심으로써 예레미야와 에스겔에서 나타나는 새 언약을 성취하셨습니다. 새 언약의 성취로서 오신 성령께서는 우리에게 순종하는 마음과 하나님의 인도를 받을 수 있는 역량을 주셨습니다.

그러나 형제는 그리스도께서 구약의 경제 혹은 정치적 법에 대한 성취를 이루셨다고 보여지는 말씀을 보셨나요? 저도 보지 못했습니다. 과거 토지와 경제에 관한 하나님의 법을 파괴하며 살아온 나라들은 이제 파멸의 증상이 점점 뚜렷하게 나타나고 있습니다. 그리고 20세기 말에 접어든 오늘날에는 전 세계를 파멸의 위기로 몰아 넣고 있습니다. 그들이 전쟁과 생태적 파괴를 일삼아왔기 때문입니다. 그로 인해 수백만이 기아로 죽어가고 있기도 합니다. 나는 인류 역사의 그 어느 시대보다도 현대에서 더 많은 기아자들이 속출할 것이라고 확신합니다. 그리고 그 이유가 점점 도를 더해가는 편리 추구와 그에 따른 기술 발달이라고 믿습니다. 사람들이 편리와 기술을 그 어느 때보다도 더 악을 위해 쓸 수 있기 때문입니다.

옛날에는 사람들이 하나님의 법을 어기더라도 그들의 힘이 제한되어 있었기 때문에 끼칠 수 있는 파괴의 범위도 상대적으로 좁았습니다. 그러나 기능과 능력이 극대화된 오늘날은 사정이 다릅니다. 인간이 악해지겠다고 마음만 먹으면 그 파괴의 정도가 가공하리만큼 클 수 있습니다. 그 결과로 오늘날 이 지구상에는 2~3일 사이에 히로시마의 원자폭탄으로 죽은 사람들의 숫자만큼이나 많은 사람들이 기아나 혹은 영양실조로 죽어가고 있습니다.

하나님은 여기에 대해 전혀 관심이 없으실까요? 또 이 문제에 대한 어떠한 뜻도 가지고 계시지 않을까요? 우리가 하나님의 뜻이 이루어지도록 기도할 때, 그것과 이 문제는 아무 관련이 없는 것일까요? 우리가 이 끔찍한 문제에 대하여 전혀 무관심하다면, 어떻게 하나님은 사랑이심을 이 세상 사람들에게 보여 줄 수 있을까요?

대부분의 크리스천들은 이 문제 앞에서 고작 허우적거리거나 아니면 생각조차 포기하는 모습입니다. 그러나 흘러온 역사의 뒷면에서 우리는 길을 찾을 수 있습니다. 지난 3~4백 년 동안 우리 기독교 신앙은 하나님과 우리 사이의 문제를 자기 개인이 알아서 해야 할 일(private matter)로 보아왔다는 것입니다. 그렇다면 한 개인으로서의 내가 어떻게 이런 가공할 문제들에 접근할 수 있겠습니까? 한 개인에 불과한 내가 무슨 방법으로 나의 조국의 장래에 영향을 끼칠 수 있겠습니까? 방법이 있습니다. 내가 선지자로 부름을 받아서 지붕 위에서 이렇게 외치는 것입니다. "여호와께서 이렇게 말씀하셨다." 그 외에 무슨 방법이 있겠습니까?

나는 바로 이런 모습 속에서 신우회의 구체적 역할을 찾을 수 있다고 봅니다. 복음성가 중에 이런 가사가 있습니다. "한 손(one hand)으로는 아무것도 할 수 없지만, 두 손으로는 조금밖에 할 수 없지만, 한 손, 한 손, 한 손, 한 손으로는 세계를 바꿀 수 있지요."

형제의 신우회 모임 안에서 성경공부 그룹, 토론 그룹, 인도함을 받는 기도회 등의 모임을 시작해 보십시오. 하나님께서 그런 모임들을 통하여 이 땅에 이루어질 하나님의 뜻이 무엇이며 구체적인 실천사항들이 무엇인가에 대해서 가르쳐 주실 것입니다. 그리고 각 그룹들이 무슨 역할을 맡을 수 있을 것인가에 대해서도 말씀해 주실 것입니다. 또한 하나님께서는 그 그룹들이 더 작게 퍼져나가 결국은 한 개인이 세상에서 그물망처럼 퍼져 살도록 인도하실 것입니다.

이제 그 그물망 하나하나가 얽히고설킨 문제에 접근할 수 있습니다. 가난의 문제가 그중의 하나이고 청소년 범죄, 가정 파괴 그리고 다른 일단의 문제들도 다 시도의 대상들입니다. 하나님은 모든 문제에 대해 해결책을 알고 계십니다. 하나님은 이교도들이나 무신론자가 생각하듯 아무것도 모르는 바보스런 신이 아닙니다. 하나님은 그 문제에 걸맞는 해결방법이 무엇인지 알고 계십니다. 그러나 하나님은 그런 문제들을 해결하는 데에 먼저 우리들이 사용되기를 원하십니다. 하나님의 지극히 단순한 수준에서 지극히 간단한 방법으로 일이 시작되면 계속 우리의 한 걸음 한 걸음을 인도하셔서 사회와 국가와 세계에까지도 변화를 가져올 수 있도록 하실 것입니다.

그러나 중요한 것은 말씀을 듣고 순종하는 일입니다. "예, 듣고 순종해야죠." 사람들은 그렇게 대답할 것입니다. 그러면 우리가 듣고 행할 수 있도록 누가 우리에게 이야기해 줄까요? 고범 형제, 바로 여기에서 신약과 구약의 차이를 볼 수 있습니다. 구약시대에는 하나님께서 당신의 백성들에게 말씀하시기 위해 선지자들을 직접 보내셨습니다. 그러나 지금은 성령을 보내셨습니다. 우리가 예수의 이름으로 모이면 바로 그곳에 그리스도께서는 성령으로 오십니다. 그리고 우리를 통하여 하시고자 하는 일들을 말씀해 주십니다. 그러므로 선지자들을 찾으려고 하지 마십시오. 그냥 신우회 회원들끼리 계속 모이십시오. 그리고 기도하고 함께 토론도 하며 그리스도의 마음을 구하십시오.

성령께서는 우리를 모든 진리 가운데로 인도하시고자 보내심을 받은 분이십니다. '모든 진리' 그렇습니다. 모든 진리입니다. 이 말은 무슨 뜻입니까? 모든 문제에 대한 해답을 가지고 있다는 뜻입니다. 그러면 어떻게 해답을 얻을 수 있습니까? 인도함을 받아야 합니다. 그분은 한 번에 한 걸음씩 우리를 인도하십니다. 만약 우리가 그분의 뒤를 따라가기를 배우기만 하면 결국 우리가 도달하는 장소에서 우리는 경탄을 금치 못할 것입니다. 선지자가 되어 외치시고 또 인도함 속에서 행하십시오. 하나님께서 형제가 소속된 신우회원 모두를 다 그렇게 사용해 주시기를 기도합니다.

산골짜기에서 온 편지

십일조는 어떻게 쓰여져야 합니까?

존경하는 대천덕 신부님께.

신부님, 안녕하십니까? 주님께서 예수원에 계신 형제, 자매님들을 귀하게 사용해 주시기를 기원합니다.

저는 오늘 십일조의 유익한 사용과 가난한 자들에 대한 교회의 책임에 대해 여쭙고 싶습니다. 저를 비롯한 대부분의 한국 교회 성도들은 현재 우리가 개교회를 위해 쓰고 있는 재정을 줄이는 대신 가난한 자의 구제를 위해 써야 한다고 믿고 있습니다. 이렇게 하기 위해서는 필요한 것까지도 없이 지낼 수 있는 믿음이 있어야겠지요.

이러한 문제에 대해서 성경이 가르치고 있는 바를 신부님은 어떻게 해석하시는지요? 신부님의 답변을 듣고 싶습니다.

- 박제봉 올림

사랑하는 제봉 형제에게.

편지 주셔서 감사합니다. 우리를 위해 기도해 주시니 또한 감사합니다. 혹자는 "기도야말로 가장 확실한 전투이고 나머지는 승리를 다지기만 할 뿐이다."라고 말합니다. 또 다른 말로, 추수하는 작업을 빼고 곡식을 생산하는 데 들어가는 것은 기도뿐이라고 하는 사람도 있습니다. 그러므로 기도 없이는 어떤 결실도 있을 수 없을 것입니다.

제기한 질문, 십일조에 대해 가르치는 성경 말씀 중 하나는 신명기 26장 12절인데 이 구절은 자주 간과되어지는 말씀이기도 합니다. 이 계명의 여러 측면들에 대한 각기 다른 의견들이 있습니다만 적어도 한 가지 사실만은 분명합니다. 즉 십일조의 3분의 1은 가난한 자들, 레위인, 고아, 과부들을 위해 쓰여지도록 의도되었다는 것입니다. 나는 레위인들이 왜 가난한 자들의 그룹에 속하게 되었는지에 대해서는 거론하고 싶지 않습니다. 다만 레위인들에게 돌아가는 몫을 제외한 나머지 십일조는 반드시 가난한 자들을 위해 비축되어져야 한다는 사실을 강조하고 싶습니다.

형제도 아시다시피 신약성경이 우리에게 가르치는 바는 율법을 문자적으로 지킬 필요는 없다는 것입니다. 우리는 율법을 완성하도록 해야 하며 율법의 정신을 지켜야 한다고 말합니다. 레위기와 신명기는 가난한 자, 무의탁자들에 대하여 상당한 관심을 보여 줍니다. 이런 관심은 모든 선지자들의 목소리를 통해서 시종 들려오는 메아리이기도 합니다.

우리가 사도행전을 보면 초대 교회에서도 똑같은 관심을 가졌다는 사실을 알 수 있습니다. 우리는 그들이 연보를 거두어 목회비나 교회 유지를 위해 썼다는 기록은 볼 수 없습니다. 단지 가난한 자를 위해 연보를 사용했다는 사실을 알 수 있습니다. 이것은 바울 서신에서도 마찬가지입니다. 바울은 그의 편지에서 연보에 대하여 상당한 지면을 할애하면서도 다른 이야기는 하지 않고 다만 구제 문제만을 거론하고 있음을 볼 수 있습니다.

그런데 오늘날 우리 교회가 당면한 실제 문제는 구제를 할 것인가, 말 것인가의 문제가 아니라 방법과 한계(어느 정도까지)의 문제가 아닌가 합니다. 이 문제는 심각할 정도라고 생각합니다. 요즘 해방신학을 믿는 교회들은 정부로 하여금 가난한 자들을 돌보도록 설득해야 하고, 교회의 힘(재정)을 바로 그 일을 위해 써야 한다고 믿는 것 같습니다. 만약 그것이 교회의 할 일이라면 십일조를 그런 목적으로 쓴다는 것은 당연한 일입니다. 그러나 나는 그런 일이 교회의 임무라고 가르치는 성경 말씀을 어느 곳에서도 찾을 수 없습니다.

성경은 정부가 책임져야 할 일은 가난한 자들의 '권리를 보호하는' 일이며, 가난한 자의 권리를 보장해 주는 출발은 땅을 가지도록 해 주는 일에서 시작한다고 가르칩니다. 고아와 과부들은 땅을 가질 권리가 있는 사람들입니다. 물론 그들은 땅을 경작할 능력은 없지만 땅을 빌려 주어 사용료는 받을 수 있습니다. 물론 그 사용료가 부당하게 매겨질 수가 있고 재판관들이 그들의 권리를 보호해 주지 못할 경우도 있습니다. 이들은 당분간은 땅이 없는 레위인 그리고 나그네와 같은 범주에 속하게 될 것입니다. 그러나 그들은 도움을 받을 수 있습니다. 이들은 마을의 장로들에 의하여, 그 마을의 십일조를 통하여 도움을 받을 수 있게 됩니다.

가난한 자들을 거론할 때 제일 먼저 꼽혀지는 사람들은 기아 선상에 있는 사람들입니다. 오늘날 매 3일마다 굶주려 죽는 사람들의 숫자를 합치면 히로시마에 원자폭탄이 떨어졌을 때의 그것(12만5천 명)과 거의 맞먹는다는 통계입니다. 이것은 엄청난 숫자입니다. 이것을 연 통계로 계산하면 그 숫자는 정신을 아득하게 할 정도입니다.

이 사실을 알고 사람들은 금방 이렇게 말할 것입니다. "십일조를 사용한들 무슨 수를 써볼 것인가?" 그러나 결코 그렇지 않습니다. 오늘날 지구상에 있는 그리스도인들의 수입을 계산해 보면 십일조만으로도 기아문제를 쉽게 해결할 수 있다는 사실을 알게 될 것입니다. 그러므로 기아문제는 책임을 제대로 감당치 못하는 전 세계 크리스천들의 실수 때문이며 그것은 정말로 큰 충격입니다.

굶는 사람 다음으로 꼽을 수 있는 가난한 사람은 무주택자들입니다. 오늘날 소위 크리스천 입법자라는 사람들까지도 하나님이 허락하신 토지 소유 권리를 법으로 제정하기를 거부합니다. 이로 인해 해마다 수백만의 사람들이 굶어 죽어갈 뿐 아니라 무주택자들의 숫자도 점점 증가하고 있습니다. 나는 얼마 전 미국인 교회의 어느 장로님과 이야기를 나눈 바 있습니다. 그는 재작년 그의 교회에서 집 없는 사람들을 위한 숙박소를 제공하기로 했는데 첫 해에는 하룻밤 평균 6명이 그 시설을 이용했다고 합니다. 그런데 다음 해에는 이용객들의 숫자가 24명에 이르렀다는 것입니다.

내가 미국에서 목회하던 시절만 해도 이런 일은 거의 볼 수 없었습니다. 그러나 오늘날은 이런 일이 점점 늘어가고 있습니다. 요즘은 직업 없는 무주택자들뿐만 아니라 일자리가 있는 사람들조차도 집세 낼 여유가 없는 관계로 차 속, 지하철 역 또는 뚝방에서 지내야 하는 사람들이 많다고 합니다. 이것이 바로 미국이라는 나라입니다. 인도를 여행하는 사람들이면 누구나 길거리에서 먹고 자는 사람들의 엄청난 숫자를 보고는 놀랍니다. 그런데 지금 미국이 바로 인도를 닮아가고 있습니다. 아마 한국도 미국을 따라갈지도 모릅니다. 왜냐하면 한국은 하나님을 그 중심에서 잃어 버린 미국으로부터 경제지도를 받고 있기 때문입니다.

집 없는 사람들에 대한 성경의 가르침은 너무도 분명합니다. 이사야 58장 7절을 보십시오. 하나님을 기쁘시게 하는 금식은 유리하는(집 없는) 빈민을 집으로 들이는 일이라고 말합니다. 성경은 어떤 곳에서도 우리에게 고아원이나 양로원을 세우라고 가르치지 않습니다.

만약 우리 모두가 집 없는 사람들을 책임지려고만 한다면 그들의 숫자는 우리 크리스천 가정의 숫자 중 3분의 1을 넘지 않을 것입니다. 여기에 대한 신명기와 이사야서의 가르침을 한번 종합해 보십시오. 우리는 십일조가 집은 있으되 먹고살 만한 수입이 없는 자들을 돕는 데 사용되어야 한다는 결론을 얻을 수 있는 것입니다.

집 없는 자 다음의 가난한 자는 수족이 절단된 불구자라고 볼 수 있습니다. 얼마 전까지 우리는 이런 불구자들을 한데 모아 함께 살도록 해 주며 결국에는 자생능력이 생길 때까지 지원을 해 왔습니다. 그러나 해외에서 공부하고 돌아온 사회사업가들이 이렇게 주장했습니다. 즉 불구자들도 의수, 의족을 끼워 훈련을 시킨 다음 정상인들과 대등하게 겨루도록 내보내야 한다는 것입니다. 그러나 다른 나라에서는 그런 방식이 얼마나 실효를 거두고 있는지 모르지만 이 나라에서는 그렇지 못한 실정입니다. 많은 불구자들이 종내에는 의수, 의족을 내던져 버리고는 가장 실속 있는 기술, 즉 빌어먹는 일로 되돌아가 버렸습니다.

십일조로 구제사업을 할 경우 돈을 건네 주는 이런 격언이 있지 않습니까? "가장 원시적 구제는 배고픈 자에게 고기를 안겨 주는 것이고, 그것보다 나은 구제는 고기 잡는 기술을 가르쳐 주는 일이고, 그보다 더 나은 방법은 그물을 주어서 스스로 잡을 수 있도록 하는 일이고, 더 나은 마지막 구제는 그가 그물을 던질 수 있도록 자리를 확보해 주는 일이다."

성경은 이것을 의를 행하는 길이라고 말합니다. 그런데 성경은 땅(토지)이 우리가 그물을 던질 수 있는 '자리'라고 말합니다. 우리의 구제가 참다운 구제가 되려면 기술과 도구를 가지도록 하는 것도 중요하지만 그 도구를 사용할 수 있는 자리(땅)를 확보해 주는 것도 중요한 일임을 알아야 할 것입니다.

이런 일을 생각하면 우리는 토지가치세 제도 도입을 위한 투쟁을 더욱 벌여야 할 책임감을 느낍니다. 현재의 조세제도로는 쓸 만한 땅을 놀려도 제재할 방도가 없습니다. 그러나 이 토지가치세 제도를 도입하면 이런 일이 억제되도록 할 수 있습니다. 벼를 심으면 수많은 사람들이 먹고살 수 있는 땅을 투기의 목적으로 버려 둔다는 것이 얼마나 가난한 사람을 억울케 하는 일인지 모릅니다.

우리는 또 어떤 크리스천이 빈 땅을 가지고 있는지 알아 내어서 그것을 이용하기를 원하는 사람들(수족을 못 쓰는 사람들)에게 알선해 주는 일을 시도해 볼 수 있습니다. 물론 그런 빈 땅을 누가 가졌는지 찾아 낸다는 것은 쉽지 않습니다. 참다운 구제를 실천하기 위해 시도해 볼 만한 또 다른 일은 그들이 일할 수 있는 일터나, 그들이 만든 제품의 판로를 알아봐 주는 일입니다.

집 없는 사람들에 대해 언급할 때 특별히 덧붙여 말씀드리고 싶은 사항이 하나 있습니다. 즉 여인들의 임신 문제와 관계된 사항입니다. 결혼한 여인들 가운데는 임신이 된 것을 알고 난 뒤에 그 아이를 낳으면 부양할 능력이 없다고 생각하는 경우가 많이 있습니다.

이럴 때 남편과 아내가 합의를 본 끝에 해결하고자 하는 방법이 무엇입니까? 불신 가정의 부부들이 생각할 수 있는 가장 자연스러운 방법이 바로 아이를 자궁 속에서 살해한 뒤 송장을 제거하는 일입니다.

물론 이 일을 할 때 그들은 점잖은 말로 '수술받는다'라고 하지만 사실 그것은 살해입니다. 그러므로 우리 교회는 이런 사람들에게 아이는 하나님의 선물인 것을 주지시켜 주어야 합니다. 그리고 하나님의 축복으로 태어난 그 아이를 그들이 부양할 수 있도록 교회의 형제, 자매들이 도와 줄 수 있어야 합니다.

이보다 좀더 난처한 상황이 바로 폭력, 또는 유혹에 빠져 추행을 당한 뒤 원치 않는 임신을 한 경우입니다. 이런 경우의 여인들은 아이가 태어난 뒤 그 부양 책임을 맡아 줄 가정을 찾기 전, 당장 자신들이 갈 곳이 없습니다. 그들이 갈 곳을 찾지 못하면 아이를 죽이는 것 이외의 다른 선택을 할 길이 없습니다. 그러므로 이런 경우의 아이들을 좋은 기독교 가정으로 입양시켜 주는 문제뿐 아니라 그들에게 처소를 마련해 주는 일은 굶는 자들을 위한 구제 이상으로 어렵고 까다로운 우리들의 책임입니다.

이런 구제를 하기 위해서는 십일조의 사용도 필요하겠지만 적극적이고 생명력 있는 사랑의 실천이 더 요구된다고 하겠습니다. 그런데 오늘날 극히 적은 소수의 사람들만이 이런 문제에 관심을 가지고 행하고 있을 뿐입니다. 이런 일의 범위는 너무나도 광대합니다. 그러나 성령에 의한 믿음의 확신과 그리스도의 뜨거운 사랑의 심장을 가진 이들은 오늘도 이런 하나님의 자녀를 - 아이들은 물론이고 그들의 어머니들까지 - 알곡으로 추수하는 일을 위해 열심히 노력하고 있습니다. 그들의 믿음의 비전이 알곡들을 추수하고 있는 것입니다.

성령께서 형제와 형제 교회의 모든 성도들을 인도하시며, 참된 구제를 행하는 교회가 되도록 축복하시기를 기원합니다.

산골짜기에서 온 편지

무엇이 구원의 확신을 위한 체험인가?

대천덕 신부님께.

　제가 조언을 구하고자 하는 문제는 저의 영적 생활에 관한 것입니다. 저는 거의 십 년간을 목회해 왔는데 요즘에 와서는 내가 과연 설교할 자격이 있는가를 의심해 보고 있습니다. 특별히 저는 저의 삶이 죄로부터 완전히 구별되지 못할 때 더 회의감을 느끼곤 합니다. 저는 제가 구원의 확신이나 또는 모종의 체험이 없기 때문이 아닐까 하는 생각도 해봅니다.

　저의 사정이 이럴진대 저는 사임을 하는 편이 좋을까요? 그것이 불가하다면 저에게 필요되는 구원의 체험 또는 확신을 얻는 방법은 없겠는지요? 저는 이 문제를 위해 많은 기도를 해왔고 또 여러 기도원을 다녀오기도 했습니다. 그러나 웬일인지 많은 사람들이 말하는 그런 종류의 체험은 저에게 오지 않는군요. 지금 현재로선 사임하는 일 외에 더 나은 방법이 제겐 없는 것 같습니다. 그렇다고 제가 생계의 수단으로 목회를 해 왔던 것은 아닙니다. 생계에 관한 한 저는 할 것이 많았던 사람입니다.

　저는 지금도 많은 장애자들을 훈련시켜 자립토록 하는 일에 몸담고 있습니다. 말하자면 저는 장애자 목회를 하고 있는 것이지요. 제가 이 사역에 몸담게 된 것도 하나님이 저를 부르셨다고 믿었기 때문입니다. 하지만 저는 다른 사람들이 그들의 부르심에 대한 체험을 이야기할 때 그것을 듣고 있으면 또 다시 저의 자질에 의심이 일곤 합니다. 신부님 조언을 듣고 싶습니다.

　　　　　　　　　　　　　　　　　　- 김장수 목사 올림

존경하는 김 목사님께.

주신 편지와 솔직한 심정의 말씀에 감사를 드립니다. 목사님은 자신을 위해서가 아니라 주님을 위해 일해 오셨습니다. 그렇기에 목사님은 주님의 영광을 구해 오셨던 것이지 자신의 영광을 구했던 것이 아닙니다. 바로 여기에 목사님의 구원에 대한 확신의 증거가 있는 것입니다. 왜냐하면 오직 성령으로 거듭난 자라야 하나님의 뜻과 영광을 구할 수가 있기 때문입니다.

목사님은 사실 오늘날 한국 교회의 가장 심각한 문제의 하나를 건드리고 계신 것입니다. 옛날 우리의 조상들이 살았던 환경은 완전히 이교적이었고 따라서 그들의 삶 자체가 바로 죄였습니다. 그런 환경 속에서 예수를 믿었던 사람들이 가졌던 구원의 체험과 예수를 믿는 가정에서 태어나 기독교적 양육을 받고 자라다가 회심한 사람들이 갖는 구원의 체험이 반드시 같을 수는 없는 것입니다. 또 무디와 샘키(Samkey)가 부흥집회를 인도할 당시 주님 앞에 나온 사람들은 좌절과 죄로 찌든 환경에 있었던 사람들입니다.

따라서 그런 환경 속의 사람들에게 있었던 체험이 그런 종류의 죄에 빠져 보지 못했던 사람들에게도 나타나야 한다고 보는 것은 옳지 못한 생각입니다. 더 구체적으로 말씀드려 보겠습니다. 그리스도인의 가정에서 자라난 사람들에게 있어 가장 큰 위험은 교만, 자기 만족, 냉랭함, 자기 중심주의입니다. 하나님 앞에서는 이런 것들이 간음이나 강탈 또는 술 취함보다 더 무서운 죄들일 수 있습니다. 바로 그와 같은 죄는 예수님 당시의 바리새인들이 빠졌던 죄의 특징이기도 합니다.

그런데 '거듭남(구원의 체험)'이란 말의 뜻이 적어도 신학적으로는 두 부류의 사람들에게 같은 의미일 수 있습니다. 그러나 그것의 심리적 의미는 두 부류의 사람들에게 전혀 다른 것으로 나타날 수 있다는 것입니다. 술이나 도박, 정욕의 포로였던 사람이 믿게 되면 그는 급작스런 자유를 얻을 수가 있으며 따라서 그는 자신의 거듭나는 순간을 분명하게 지적할 수가 있습니다. 회심을 기점으로 그의 이전 생활과 이후의 생활 사이에는 분명한 차이가 있게 되는 것입니다. 거기에 이어서 그에게는 무한한 심리(감정)적 해방이 따라 오게 될 것이며 그는 나중 이 경험을 간증으로 이야기할 것입니다. 그때 그가 그의 체험을 다분히 감정의 측면에서 생각하고 말할 것은 너무나 당연한 논리입니다.

그러나 처음부터 그리스도인의 가정에서 자라온 사람의 경우는 전혀 다를 수가 있습니다. 그는 어릴 때부터 품위 있는 삶을 살며 또한 배웁니다. 그는 자신이 품위가 있다는 사실을 모를 수가 있습니다. 그는 부모의 영향 때문에, 또는 다른 주일학교 아이들과 같이 말하고 점잖게 행동해야 한다는 생각 때문에 그렇게 될 수 있습니다. 또 그는 최후 심판 때 하나님의 진노가 무섭다는 것을 귀가 따갑도록 들어, 죄짓는 것이 두려워서 그렇게 되어질 수 있습니다. 그러나 성경은 죄짓지 않는 이유가 단지 두려움 때문이라면 그도 역시 불과 유황으로 타는 못에 참예하게 될 것이라고 말합니다(계 21:8). 그러므로 그런 자들도 거듭날 필요가 있는 사람들입니다. 경건한 신학자요 산헤드린 회원이었던 니고데모가 바로 그런 인물이었습니다.

그와 같은 사람들이 예수님을 영접한다고 해봅시다. 물론 그들도 성령님의 오심을 갑자기 알게 되고, 이제는 두려움에서가 아니라 경외함으로 하나님을 섬기고자 하는 마음이 생길 것입니다. 이것을 성경은 경건의 시작이라 부르며 여기에서부터 아가페의 사랑으로 발전해 가는 것입니다. 그러나 분명히 알아야 할 것은 경외심과 아가페는 주관적인 감정 현상이 아니라는 것입니다. 그것은 '객관적' 사랑입니다. 그러므로 누구든지 자신을 미워하거나 부당하게 대하는 사람들에게 미움 대신 사랑을 줄 수 있고 복수 대신 그들의 구원을 위해 기도해 줄 수만 있다면 그는 성령의 확실한 증거, 즉 구원의 체험을 갖고 있는 것입니다.

또 어떤 사람의 경우를 생각해 봅시다. 그는 자신의 생애 내내 '하나님은 사랑이심'을 들어 왔고 성경적 양육을 받아 왔습니다. 그는 그런 가르침들을 거부할 아무런 이유를 찾지 못했고, 하나님만을 섬겨야 한다는 이외의 생각은 가져본 적이 없습니다. 그는 성령님이 언제 그의 삶 속에 찾아 왔는지, 회심이 언제 이루어졌는지를 전혀 지적할 수 없을 것입니다. 만약 그런 사람이 자신의 구원에 대하여 의심이 생긴다면 그는 당당하게 성경의 말씀들을 인용할 수 있습니다. 성경에는 '누구든지…', '…하는 자마다'로 시작되는 말들이 많이 있습니다.

참고로 다음 말씀을 찾아보시기 바랍니다(마 18:4; 눅 14:27, 12:8; 요 3:16, 11:25~26; 행 2:21; 롬 9:33, 10:11, 13; 요일 5:1). 이 중 제일 마지막 말씀은 우리가 거듭났는가, 다시 말하면 하나님과 성령으로부터 났는가, 아닌가를 확증하는 방법이 예수님을 향한 우리의 태도에 있다고 말합니다. 만약 예수님에 대한 당신의 태도가 성경 말씀이 말하는 그대로라면 당신은 하나님으로부터 났다는 확증을 가지고 계신 셈입니다.

당신은 어떤 느낌(feeling)이나 감정변화(emotional moving, 감동)가 있어야 한다고 생각할 필요는 없습니다. 한국 교회가 한글로 성경을 번역할 때 저지른 가장 불행한 실수의 하나는 감화, 감동이란 단어를 사용한 것입니다. 원전에서는 다른 뜻으로 사용된 단어를 그렇게 번역한 것입니다. 성경은 우리에게 어떤 특정한 감정상의 경험이나 달라진 태도가 있어야 한다고 말하지는 않습니다. 예수님은 "그의 열매로 그들을 알리라"(마 7:20)라고 말씀하십니다. 만약 당신이 구원에 관한 예수님의 말씀들을 모두 조사해 보면 첫째는 성령에 대해서(마 7:11; 눅 11:13) 둘째는 성령의 열매에 대해서 말씀하신다는 것을 알 수 있을 것입니다. 그리고 더 나아가서는 누가 얼마나 많은 능력을 가졌고, 누가 얼마나 선지자로, 능력 행하는 자로, 병 고치는 자로, 또는 귀신 쫓는 자로 쓰임받았든지 간에 성령을 받지 못하고 사랑과 오래참음과 충성과 온유와 절제의 열매를 맺지 못하면 그는 천국을 유업으로 받지 못하게 된다는 경고의 말씀까지 볼 수 있습니다. 다시 한번 요약해서 말씀드리면 구원의 확신은 어떤 감정상의 체험에서 얻을 수 있는 것이 아니라 하나님의 약속의 말씀으로부터 얻을 수 있다는 것입니다.

두 번째로 우리 자신의 태도를 통해서 알 수 있습니다. 나는 하나님의 뜻을 행하는 일에 자신을 헌신하려고 하는가? 설령 실패하고 넘어졌을지라도 다시 일어나 용서를 구하고 그 일에 자신을 드릴 수 있는 태도, 이것은 무엇보다도 나은 객관적 증거일 수가 있다는 것입니다. 그것은 우리가 물과 성령으로 거듭난 증거일 뿐 아니라 성령이 우리 속에서 역사하신다는 증거이기도 한 것입니다.

목사님의 질문에는 두 가지의 문제가 더 제기될 수 있습니다. 하나는 성령 안에서 자라가는 것과 더 많은 열매를 맺는 문제이며 또 하나는 능력의 문제입니다. 시편 1편에는 성령 안에서 자라는 일과 열매 맺는 것에 대한 교훈이 나오는데 하나님의 율법을 묵상하는 일이 바로 그 길이라고 말합니다.

목사님은 성경을 읽으실 때 설교 본문을 위해 읽지 마시기 바랍니다. 그냥 하나님이 목사님께 보낸 개인적인 편지로, 그분이 누구이며 어떻게 역사하시는지를 알고자 하는 마음으로 읽으시기 바랍니다. 읽으시되 한 구절을 계속 다른 것들과 비교하면서 전체적으로 보시기 바랍니다. 한 구절에 지나치게 매달려서 그것을 기초로 무슨 신학이라도 도출해 내려는 작업은 매우 위험한 일입니다. 하나의 구절은 다른 것들과의 비교 속에서 해석되어야 옳고 안전한 해석이 나올 수 있습니다. 이것은 제가 목사님께 구원에 관한 문제들을 설명하기 위해 성경 구절을 나열하면서 사용한 방법이기도 합니다.

목사님은 구원에 대한 '체험'을 이야기하실 때 바울이 고린도후서 11장과 12장에서 말하는 그런 류의 체험을 염두에 두셨을 줄 압니다. 그런데 사실상 성경에서의 '구원'이라는 단어는 여러 가지 다른 의미를 가진다는 사실입니다. 그것은 본래 지금 우리가 만들어 사용하고 있는 바대로의 신학적 전문용어가 아니었습니다. 그것은 어떤 문제이고 간에 문제에 대한 해결을 말할 때 쓰는 단어입니다.

이야기가 잠시 빗나갔던 것을 용서하시기 바랍니다. 제가 말씀드리려 했던 것은 성령 안에서 자라가는 일이나 성령의 열매를 맺는 일은 말씀을 묵상하는 것으로 시작되며 말씀을 실천함으로 이루어진다는 것입니다. 시편 100편 99절과 100절을 보시기 바랍니다. 그것은 또한 다른 그리스도인과의 교제를 통해서도 이루어짐을 말합니다. 그러나 꼭 잊지 말아야 할 것은 바로 이 점입니다. 우리를 진리 가운데로 인도하시는 교사는 오직 한 분, 즉 성령님만이 계신다는 것입니다(요 16:13). 말씀을 묵상할 때 그분은 우리가 무엇을 해야 할 것인지를 보여 주십니다. 그리고 그의 뜻을 행할 때는 우리를 더욱 강해지게 하시며 또 행함을 통하여(시행착오까지 포함하며) 실제적인 경험을 쌓도록 하십니다.

그런데 요즘의 한국 교인들은 목사님들을 몸(공동체)으로부터 너무 떨어져 서도록 하는 경향 때문에 목사님들은 심한 교제결핍 현상을 보이곤 합니다. 그러므로 목사님은 겸손한 자세로 성도들과 가까이 계시면서 잘 배우고 잘 가르치시기를 바랍니다. 디모데전서 3장 2절에 감독의 자질로 가르치기를 잘하는 것을 들고 있는데 이것은 분명 오역인 줄 압니다. 그것은 헬라 원어로 잘 가르치고 잘 배운다는 뜻의 '가르칠 만하며'입니다. 바울 당대의 역사가 필로(Philo)도 그런 뜻으로 이 단어를 쓰고 있습니다. 또 목사님은 성경을 읽으실 때 성령님의 인도하심을 받으시기 바랍니다(요 7:17, 16:13; 약 1:5~8). 그분은 시냇가에 심겨진 나무에게 있어 물과 같으신 분이십니다. 물은 땅 속의 영양분을 용해시켜 나무가 자라도록 해 줍니다. 그러므로 나무 속의 수액은 영양분이 합쳐진 수분입니다. 성령님은 성령을 통하여 우리 속에 영양분이 차게 한 뒤 우리로 하여금 열매를 맺도록 하십니다.

그리고 목사님의 부족함에 대해서는 그리 걱정하지 마시기 바랍니다. 만약 주님께서 목사님을 사역자로 부르셨다면 목사님이 무엇을 필요로 하든 그것을 주실 것입니다. 고린도후서 12장 9절을 보시기 바랍니다. 목사님은 능력과 은사를 요구할 권리를 가지고 계십니다. 이것은 사도행전 1장과 2장, 그리고 고린도전서 12장에서도 약속된 말씀입니다. 누가복음 11장 13절, 요한일서 5장 14절부터 15절까지에도 동일한 약속을 볼 수 있습니다. 이런 약속들을 붙잡고 권리를 주장해 보십시오. 주님께서 성령을 주셨음을 감사하시면서 계속 사역에 임해 보십시오. 그러면 목사님은 때때로 성령의 인도하심을 따라 지식의 말씀, 지혜의 말씀, 또는 예언(대언)의 말씀 들을 이야기하실 수 있을 것입니다. 물론 목사님은 그런 것들을 말씀하시면서도 느낌으로는 조금도 이상하다는 생각을 못하실 것이며 그것에 대한 의식조차도 갖지 못할 수도 있습니다.

예언에 대해서 좀더 말씀드리자면, 한글 성경에는 잘못 번역되어진 단어입니다. 그것이 정확하게 번역되어진 곳은 출애굽기 7장 1절, 2절과 에스겔 37장뿐입니다. 그곳에서 볼 수 있는 것처럼 예언은 대언이라는 말로 바뀌어야 하는 것이 옳습니다.

기도의 능력을 구하시려면(기도하지 아니하면 목사님의 목회는 파멸에 이르고 말 것입니다) 목사님은 마음과 영으로 기도하실 필요가 있습니다. 저는 목사님이 마음을 다해 기도하신다는 것을 알고 있습니다. 그러나 혹 영으로 기도하는 일을 시작하지 못하셨다면 성령님은 그것에 대해 가르쳐 주시기를 원하십니다. 다음의 말씀들을 붙잡고 주님 앞에 꾸준히 권리를 주장해 보시기 바랍니다(고전 12:7, 14:14~15; 롬 8:26~27; 유 1:20). 이런 말씀들은 명령형으로 서술되어 있지만 저는 이것들을 약속으로 봅니다. 모든 명령은 그 명령을 성취하기 위한 능력의 약속이기 때문입니다.

만일 목사님이 영으로 기도하기를 구해오셨다면 하나님께서 기도를 들으셨다고 믿으십시오. 그리고 그분의 뜻에 따라 목사님의 입술과 혀를 주님께 맡기시고 주님께서 그것들을 주관케 하십시오. 이상한 소리가 나더라도 놀라지 마십시오. 아무도 그 소리를 듣지 못할 테니까요. 고린도전서 14장 10절을 보십시오. 오직 하나님만이 그 뜻을 알고 계십니다(롬 8:27). 만약 목사님이 그 뜻을 알기 위해서 영으로 기도하면 하나님은 마음속에 지각을 주심으로 그것도 알게 해 주실 것입니다. 이것은 목사님 자신을 든든히 세우는 일에 매우 귀중한 건축자료와 같은 것입니다(고전 14:4; 유 1:20도 헬라어로는 같은 말입니다).

아무쪼록 목사님과 하시는 사역 위에 하나님의 크신 능력이 임하시기를 기도하겠습니다. 안녕히 계십시오.

농촌에서도 문화생활은 가능한가?

존경하는 대천덕 신부님께.

지금쯤의 예수원 경관은 말할 수 없을 만큼 아름답겠지요? 휴가를 내어 한번 방문해 보고 싶은 생각이 간절합니다. 그러나 저는 도시를 떠나 아예 강원도와 같은 시골로 가서 살고 싶은 생각이 더 간절합니다. 그런데 문제는 저와 같은 남자가 그런 농촌으로 가서 살 경우 결혼을 할 수 없다는 것입니다. 처녀들은 농촌의 일반적인 생활방식, 그리고 생활의 불편함을 싫어합니다. 그들이 싫어하는 것은 이외에도 많지만 특히 자녀교육에 대한 문제 때문에 시골을 싫어합니다. 그들은 '그런 시골에서 어떻게 아이들을 교육시킬 수 있는가.'라고 생각합니다.

그들이 꺼리는 것은 물론 이것뿐만은 아닙니다. 그들은 장시간 농사일을 해야 한다는 점과, 그럼에도 불구하고 일정치 못한 수입이 불만인 것 같습니다. 그리고 제가 보기에도 솔직히 농촌에는 어려움이 많습니다. 대부분의 사람들이 농가 부채를 안고 있는 것 같으며 또 그들은 농사일에 많은 시간을 보내야만 합니다. 그렇다면 농촌 사회가 문화적 행사나 활동을 개최한다 하더라도 언제 그들이 그러한 것들에 참여하거나 즐길 여유가 있겠습니까?

신부님은 농민들이 이런 여유를 즐길 수 있는 보상을 포기하면서 고되기만 한 농촌 삶을 살아야 한다고 생각하십니까? 저는 농민들이야말로 인간의 삶에 가장 기본적인 역할을 수행하는 사람들이라고 생각합니다. 그렇다면 그들이야말로 가장 의미 있는 삶을 살아야 하지 않을까요?

— 나동주 올림

사랑하는 동주 형제에게.

보내 주신 편지와 제기해 주신 농촌문제에 대한 말씀에 감사를 드립니다. 우리는 지금까지 이곳 예수원과 '하사미'란 마을에서 바로 형제가 제기한 질문들에 대한 답을 실제로 보여 주고자 노력해 왔습니다. 그런데 두 가지 사정 때문에 우리의 계획이 지연되곤 했습니다.

하나는 예수원에 살려고 오시는 분들의 농촌생활에 대한 관심 부족 때문이었습니다. 이곳에 오는 사람들의 거의 대부분은 도시 사람들입니다. 두 번째 어려움은 예기치 않게 찾아오는 손님들이 너무 많아 그들에게 많은 시간을 빼앗기게 되는 문제 때문입니다. 그들에게 신경을 쓰다 보니 막상 나가야 할 일터에는 이르지도 못하고 따라서 의도한 만큼의 일의 진척도 이루지 못한 것입니다.

또 형제가 제기한 문제에 대해 관심을 가지고 있는 농촌 청년들이 있긴 한데, 그들은 그들대로 너무 바빠 예수원으로 올 짬조차 얻지 못하고 있습니다. 방문도 하지 못하니 우리가 시도하고 있는 새로운 영농 방법에 함께 참여하며 실험할 수 있는 기회를 갖기란 더욱 어려웠습니다. 그러나 금년에는 사상 처음으로 형제가 제기한 문제에 관심을 가진 농촌 형제자매들이 이곳에 왔습니다. 그리고 함께 생각을 나누었습니다. 그때 우리들은 그 문제에 대해 관심도 있는 탐구 및 실험(research)을 해보자고 굳게 다짐했습니다.

물론 그런 문제를 위해 무슨 연구나 실험이 필요하냐고 물을 것입니다. 그들은 농촌을 알며, 농촌에서 살아가는 방법을 알고 있지 않느냐고 물을 것입니다. 그러나 거기에 대한 나의 대답은 "모른다."입니다. 어떻게 그럴 수 있느냐구요? 나는 일종의 우상숭배가 거기에 개입되기 때문에 그럴 수 있다고 봅니다.

무슨 뜻인가 하면, 성경은 우리가 삶에 접근하는 태도에는 두 가지 다른 면들이 있다고 분명히 말합니다. 첫 번째의 것은 탐욕적 접근인데 성경은 이것이 명백한 우상숭배라고 말합니다(골 3:5). 두 번째의 접근은 마태복음 6장에서 주님이 말씀하신 바 있는 태도입니다. 주님은 의식주 문제는 물론 교육, 문화적인 문제에 대해서도 염려하지 말라고 하십니다. 그런 것들은 이방인의 우상숭배자들이나 구하는 것이라고 말씀하십니다. 그러므로 진정한 크리스천이라면 하나님의 나라와 의를 먼저 구하려고 해야 할 것이며 또한 그런 사람들에게 주님은 다른 모든 것들까지 허락해 주실 것입니다.

그런데 내가 보기에 크리스천이라고 하는 사람들의 대부분이 그렇게 하지 못하더라는 것입니다. 그들은 생활력이 강해야 된다고 하면서 먹을 것, 입을 것, 살 집(문화적인 것 포함)부터 먼저 구한다는 것입니다. 그러면서도 그들은 그 사실을 의식조차도 못합니다. 그러나 그들은 어디까지나 하나님의 말씀에 불순종하는 것이며 따라서 우상숭배자이지 크리스천은 아닌 것입니다. 반면 사람들은 우리와 같이 필요를 하나님께 맡기고 하나님의 뜻을 먼저 구하면 그것을 신비주의라고 부릅니다. 우리를 세상물정도 모르는 사람으로 보는 것이지요. 그러나 우리가 비실제적이고 신비주의자라면 모든 교역자들도 다 그러할 것입니다.

우리가 이곳 하사미에 와서 공동생활을 영위하는 한 가지 이유는 과연 우리가 말씀대로 살아가는 것이 가능한가 하는 것을 알기 위함이었습니다. 그로부터 24년이 지난 지금, 나와 나의 아내가 확신한 것은 마태복음 6장 33절이야말로 우리가 살아갈 수 있는 단 하나의 방법이란 것을 알게 되었다는 것입니다.

우리는 처음 16명의 식구들과 공동생활을 시작했습니다. 그런데 지금은 그 숫자가 80명입니다. 우리는 그동안 세상 물질적인 것은 항상 차선의 고려 대상으로 삼아 왔습니다. 그럼에도 불구하고 우리는 한번도 집, 의복, 먹을 것 없이 살아본 적이 없습니다. 문화적인 욕구에 대해서는 얼마든지 자유할 수 있었습니다. 또 지금 우리들의 자녀들은 형제나 다른 사람들이 요구하는 수준만큼의 교육을 받고 있습니다. 비록 그들이 분교(하장 초등학교 하사미 분교)에 다니고 있지만 말입니다. 지금 우리 예수원에는 이런 교육기관에서 교육을 받고 있는 7명의 자녀들이 있습니다.

지금까지 내가 하고자 한 이야기는 하나님이 시골에서 사는 것을 허락하셨다면, 그런 뜻을 가진 사람들을 위해 좋은 계획도 준비하고 계신다는 것입니다. 우리의 경우를 예로 들자면 우리는 지금까지 그런 좋은 계획들을 몸소 체험하고 있습니다. 그래서 나는 지금, 비록 불신자들일지라도, 그들에게 적용될 수 있는 동일한 원리들을 몇 가지 예로 말씀드리고자 합니다.

오늘날 많은 사람들이 대도시가 얼마나 악한(wicked)가를 깨닫고는 시골로 되돌아 오는 것이 현명하다고 믿고 있습니다. 이 사람들은 그들이 비록 하나님을 모르긴 해도, 하나님의 뜻을 알고 있다는 관점에서는, 하나님의 뜻 안에 있다고 볼 수 있습니다. 이것은 일종의 자연법칙과도 관계가 있습니다. 만유인력의 법칙과도 같이 모든 자연법칙은 하나님의 법입니다. 따라서 이 법은 신자, 불신자 모두에게 공히 적용되는 법입니다.

그런데 이 땅에 살고 있는 사람들에게 미치는 가장 일차적인 하나님의 법은 모든 소산이 땅으로부터 나온다는 것입니다. 그래서 땅만 가지고 있으면 경제공황, 나아가 전쟁이나 난리 속에서도 생존이 가능하다는 것입니다. 이것은 도시에 살고 있는 사람에게는 불가능한 일입니다. 만약 형제가 얼마간의 땅을 가지고 있으면 형제와 형제의 식구들은 1천여 세대까지도 생존이 가능할 수 있습니다. 물론 그것은 하나님의 자연법(natural law)에 따라 경작을 해야 한다는 전제하에 그렇다는 것입니다.

반면 대부분의 도시 사람들은 땅을 소유하고 있지 못합니다. 따라서 그들은 땅을 소유하고 있는 지주들, 모든 기업가(재벌)들에게 목이 매여 있는 사람들입니다. 그렇지만 지주들은 항상 그들에게 일거리나 다른 생존의 수단은 보장해 주지 못합니다. 경제가 호황기에 있으면 직업도 많지만 불황기에는 그렇지 못합니다. 지하철이나 길거리에서 낮잠을 자야 하는 사람들이 많아집니다. 지금 우리는 미국에서 바로 이런 일들을 보고 있습니다. 이것 때문에 미국에서는 '농촌(땅)으로 돌아가자'는 운동이 일어나고 있습니다. 이와 아울러 농촌 생활을 다룬 책들이 수없이 쏟아져 나오기도 합니다.

이러한 책들 중 일본의 미생물학자였던 사람이 쓴 책이 있습니다. 그는 오랫동안 동경에서 살다가 싫증이 났던 사람이었습니다. 그가 시골에 와서 오랜 기간의 실험을 거친 끝에 소위 자연농법이란 영농기술을 찾아냈습니다. 지금 그는 하루 6시간 만을 일하고도 12시간 일하는 이웃의 소득과 비슷한 수입을 올린다고 보고하고 있습니다. 그는 손님 접대를 하고 차를 마시며 나아가 집필생활, 여행까지 즐긴다고 말하고 있습니다. 우리 형제 중의 한 사람이 작년에 잠시 그를 찾아본 적이 있는데 금년에도 그를 방문할 계획을 갖고 있습니다. 그런데 알아보았더니 그는 지금 인도에 여행 중이었습니다.

이외의 다른 영농기술 가운데는 유기농법(organic farming)이란 것이 있습니다. 여기에 관한 책으로는 〈40세기의 농부들〉(farmers of forty centuries)이란 것이 있습니다. 이 책에서는 고대 한국, 중국, 그리고 일본의 농업으로부터 무엇을 배울 수 있는가에 대해서 말해 주고 있습니다. 지금 미국 펜실베이니아주의 랭커스트 군에는 일단의 애머쉬 크리스천들이 살고 있는데 이들이 바로 유기농법으로 농사를 짓고 있습니다. 그런데 이 지역의 에이커당 평균 소출량은 관개시설이 된 땅을 제외하면 미국 전역에서 최대라고 합니다. 이들은 또 혼합 퇴비가 남아돌아 수출할 정도라고 합니다.

지금까지 말한 것들은 개인이 자연 또는 유기농법으로 농사를 지으면 소출을 늘릴 수 있고 또 부유한 삶도 살 수 있다는 것을 이야기했습니다. 그러나 농촌의 삶을 좀더 의미 있게 해 주는 방법 중에는 여러 사람이 공동으로 시도하는 방법도 있습니다.

그중의 하나가 '토지공동관리 제도(Community Land Trust)'입니다. 이것은 땅은 공동으로 소유하되 그 땅을 사용함에 있어서는 개인이 마음대로 할 수 있고 농사짓기를 원하는 한 후손에게 사용권을 이양하는 일이 가능한 제도를 말합니다. 그러나 토지를 팔거나 저당 잡히는 것은 허락되지 않습니다. 만일 한 가정에서 농사짓기를 원치 아니하면 토지공동관리 재단에서는 그 땅의 사용권을 다른 사람에게 넘겨 줍니다.

이외의 집단식 영농방법으로는 '두레마을', 이스라엘의 '모샤브', '키부츠' 등의 형태가 있습니다. 이렇게 집단적으로 농사를 짓는 사회의 사람들은 도시 근로자들과 같은 노동시간을 일하고도(하루 8시간, 일주일에 6일) 얼마든지 문화생활을 즐길 수 있습니다. 노동기간이 이 정도라면 신앙, 문화 활동에 충분한 시간을 할애할 수 있습니다. 이런 집단 농장 사회에서는 공립학교보다 나은 학교를 가지고 있어 질 높은 기독교 교육까지 실시할 수 있습니다.

오늘날 소위 현대적 농사짓기가 보여 주는 가장 큰 허구는 농사를 돈벌이의 수단으로 보려고 하는 것입니다. 이런 생각은 벌써부터 그

역효과가 나타나고 있습니다. 현대식으로 농사를 지어왔던 사람들이 빚더미에 올라 앉아 그들의 땅을 재벌 회사들에게 넘겨 주고 있습니다. 재벌 회사들은 운수업, 창고업 그 밖의 각종 도매, 소매업을 통해 이익을 볼 수 있기 때문에 손해를 보면서도 땅을 사들이는 것입니다.

　이렇게 사들여져 지어지는 소위 기계화 농업은 땅을 점점 죽도록 하고 있으니 통탄할 노릇이 아니겠습니까? 기계와 화학비료를 써서 농사를 지으니 단시간에 많은 소출을 얻고 또 돈을 벌지는 모르나 장기적으로는 농민과 땅을 동시에 죽게 만드는 것입니다. 지금 미국 사람들은 그들의 음식 속에 미네랄 성분이 결핍되어져 결국 자신들의 건강이 피해를 입고 있다는 사실을 발견하고 있습니다.

　나는 외국어 실력이 뛰어난 젊은 크리스천들이 좋은 외국의 책들을 번역, 소개하도록 하나님이 부르시고 계신다고 믿습니다. 이러한 농촌에 대한 지식들, 유익한 농법이 이 땅에서 실험되어져 우리의 농촌 실정에 맞게 정착되기만 하면 기대되는 결과는 무엇이겠습니까? 도시 사람들이 시골생활에 샘이 나서 모두 시골로 이사하려고 할 것입니다. 하나님께서 형제의 계획을 살펴 주시기를 기도합니다.

산골짜기에서 온 편지

신경증과 마음의 상처에 대한 치유책은?

존경하는 대천덕 신부님께.

저는 친구의 권유로 교회에 나오게 되었으나 후에 개인적으로 하나님을 만나 거듭나고, 성령세례도 받았습니다. 저는 그것으로 제가 가지고 있는 모든 문제들이 해결되었다고 생각했었습니다. 그러나 의학적으로는 '신경증(노이로제)'으로 진단 내려진 여러 가지 문제들이 아직도 남아 있는 것을 발견했는데, 제 생각에 이것은 제가 기억해 낼 수 없지만 마음속 깊이 간직되어 있는 상처들에 기인할지 모른다고 생각됩니다. 신부님, 제가 그러한 문제들을 어떻게 다루어야 하는지에 대해 조언해 주십시오.

우선 첫째로, 요한복음 7장 17절 말씀은 저에게 해당되지 않는 듯 보입니다. 저는 하나님의 뜻을 행하기 위해 기도해 왔으나 저의 생각과 하나님의 생각을 구별할 수가 없어요. 저는 또 사람들과 얘기하는 것이 어려우며 오직 혼자 있거나 아니면 조용한 곳에 있을 때에야 비로소 마음이 편안합니다. 또 사고가 일어날지 모른다는 두려움이 늘 있고 어떤 것에도 주의를 집중하기가 어렵습니다. 이 집중력의 부족은 또 혼란상태와 밀접히 연결되어 있습니다.

신부님, 제가 기억할 수는 없는, 저의 사고 속에서 잊혀진 상처들이 이런 것들에 책임이 있지 않은지요? 그렇다면 제가 어떻게 그것들을 다루어야 할까요?

— 백과철 올림

사랑하는 과철 형제에게.

형제님의 편지에 감사드리며 또한 형제님이 갖고 있는 문제를 사려 깊고도 매우 객관적으로 서술해 주셔서 더욱 감사합니다.

형제님의 편지를 읽고, 저는 형제님이 이 세상에 태어나기 이전에 받은 상처로 고통받고 있는 듯이 느껴졌습니다. 편지에 형제님의 부모에 대해 전혀 언급은 없었지만, 만일 부모님들 사이에 팽팽한 긴장감이 있었고, 특별히 그것이 충돌과 거친 말들로써 표출되어졌다면 형제님이 어머니의 자궁 안에 아기로 있었더라도 그것에 영향을 받았을 것입니다.

형제님이 느끼는 것의 많은 것들이, 형제의 부모님이 서로를 책망하며 썼던 말들의 각색일 수 있습니다. 어머니의 혈류 속에 있는 아드레날린은 아기의 혈류 속으로 영양분과 함께 들어가며 아기는 신체적으로 그의 신경조직 내에서 그의 어머니가 느끼는 것과 똑같은 노여움과 두려움을 느낍니다. 그러면 몸은 이것을 '위급 상황'으로 기록하고, 그것들의 뜻에는 전혀 상관 없이 모든 말들을 기록합니다(즉 그 말들이 그 자신에게 혹은 다른 사람에게 해당되는 것인지를 헤아려 보지 않습니다).

몇 년이 지난 후 그가 비슷한 말을 듣게 되면, 자율 신경 안에서 자동적으로 '위급 상황' 신호를 받아들입니다. 그러면 몸은 그 스스로 싸우거나 도망치기 위해 아드레날린을 분비합니다. 그러나 이제 삶에서는 싸울 상대도 도망칠 곳도 없으므로 이미 분비된 아드레날린은 사용되지 못하고 맙니다. 이 분비된 아드레날린은 그 사람에게 불안감, 불행감, 노여움, 두려움만을 가져다 주게 됩니다.

때때로 그것은 정반대의 과정으로 나타납니다. 실제의 위급 상황에 있어 아드레날린이 분비되기 시작하지만, 마음속에서는 이미 그 이전에 녹음된 메시지 즉, 부모들이 썼던 온갖 말들이 작용하면서 당신은 당신 자신이 그러한 생각들을 하고 있는 것을 알게 됩니다.

그러나 그것은 전혀 당신 생각이 아닙니다. 그것들은 단지 녹음된 메시지에 불과합니다. 그러므로 우리는 정서적으로 부담을 주는 그러한 모든 생각들을 목록으로 만들어서, 그것이 객관적으로 볼 때 현실과는 아무 관계가 없다는 것을 아는 것이 필요합니다. 우리는 그러한 것들이 우리와 전혀 상관이 없는, 다른 사람들이 쓰는 말로 동일시하고, 녹음된 메시지들이 지워지고, 그런 추한 것들을 말한 사람들을 용서해 달라고 기도할 수 있습니다.

예수님은 예수님의 손과 발을 못 박은 사람들을 위해 "아버지, 그들을 용서하소서. 그들은 그들이 무엇을 하고 있는지 알지 못하나이다." 라고 기도할 수 있었습니다. 상처의 치유를 위해 기도하는 것, 녹음된 메시지를 지우기 위해 기도하는 것 그리고 우리에게 상처를 준 사람들을 용서해 주기 위해서 기도하는 것이 출발점입니다.

형제님, 자신의 강박적인 행동 또한 생각들을 관찰하고, 어떤 종류의 말들이 녹음되었을 것인지 추측하려고 노력하십시오. 예를 든다면, 어머니가 임신했을 때 너무 많이 먹는다고, 형제의 아버지 혹은 시어머니가 꾸짖었다면 형제의 어머니는 그녀 자신을 스스로 변호했을 것입니다. "그러나 나는 항상 배고파요." 하는 말은 임신한 여자는 두 몫의 음식을 섭취해야 한다는 당연한 말로 형제의 뇌 속에 녹음되어졌고, 그것은 배고픔이 아닌 어머니와 시어머니 사이에 빚어진 싸움에서 오는 고통과 긴장감과 연관되어집니다.

어린이가 성장하면서 '배고프다'고 느낄 때마다 긴장 상태가 형성되고 그러면 그는 실제로 그가 필요로 하는 이상의 음식을 먹음으로써 그 녹음된 메시지를 극적으로 표현합니다. 공책을 준비하고, 형제님이 불합리한 행동으로 느끼는 모든 것들의 목록을 적고, 어떤 종류의 말들이 행해졌고 또 어떤 상황들이 있었는지 생각해 보십시오.

그리고 하나님께서 그러한 녹음된 기록들을 지워 주시고 그러한 상처도 치유시켜 주시며, 긴장상태를 만든 사람들도 용서해 주시기를 기도하십시오. 그것이 첫 번째 단계입니다. 형제님은 기억할 필요가 없습니다. 추측만 해 보십시오. 종종 성령님은 형제님에게 그것이 무엇이었는지를 직접적으로 알려 주십니다. 자신들이 무엇을 하는지를 알지 못했던 사람들을 불쌍히 여기게 해달라고 기도하시고, 예수님께 그들을 용서해 달라고 기도하십시오.

두 번째 단계는 형제님이 직접적으로 기억할 수 있는 상처들을 목록으로 만드는 것입니다. 즉 외로움, 형제님이 버림받았다고 생각했던 것, 모욕, 비웃음, 다른 아이 혹은 선생님들로부터 받은 잔인한 비평들을 목록으로 만드십시오. 배신에 대해 생각해 보십시오. 그리고 이 목록들을 하나님 앞에서 소리 내어 읽어 보십시오. 십자가에 매달려 형제님의 고통과 다른 모든 사람의 고통을 스스로 짊어지시고 사악한 행위마저도 함께 짊어진 예수님을 그려 보십시오. 각자가 용서받고, 그의 피로 씻기고, 거듭나서 변화되고, 성령 충만하게 해달라고 기도하십시오. 각자가 성령님의 도우심으로 서로 사랑하고 인내하며 기뻐하고 친절하며 올바르고 선하고 온유하고 충실하며 자제심을 갖게 해달라고 기도하십시오.

형제님이 이런 과정을 모두 마치고 나면 그 목록을 찢어 버리십시오. 형제님에게 노출되어온 모든 억제되지 못하고 불합리한 노여움을 생각하시고 각 사람이 용서받고 치료되도록 기도하세요. 공산주의자들, 일본 사람들, 양반들, 그리고 그 외의 다른 사람들로부터 불공평하게 대우받음으로 상처를 입은 한국인들을 생각해 보십시오. 대대로 전해져 내려온 상처들을 생각해 보시고 우리가 하나님의 계명들(원수를 사랑하라)을 지키면 천대까지 사랑을 보여 주시겠다는 하나님의 약속을 기억하십시오.

일단 우리가 사탄의 힘을 깨뜨리고 예수님의 십자가와 부활의 능력 안에 들어가면, 우리는 새롭고도 적극적인 고리로 연결되어 천대까지 갈 것입니다. 형제의 '믿음의 부족'은 "너는 어느 누구도 믿을 수 없다."는 표현으로 각색되어질 수 있습니다. 요한복음 7장 17절에서 은혜를 받을 수 없다는 것은, 아마도 누군가가 "당신은 너무 어리석어서 아무것도 할 수 없다."는 말에 기인할지 모릅니다.

시어머니들과 남편들은 수세기에 걸쳐 그러한 말을 해왔습니다. 조용한 것이 필요한 것도 아마 당신의 어머니가 조용함을 필요로 하는 것과 "나는 이러한 모든 말을 견딜 수 없어요."(또는 형제의 어머니의 시어머님이 어머니에게 "입을 닥쳐라. 더 이상 어떤 이야기도 듣고 싶지 않다."라고 한 말)에서 오는 각색이 아닌지요. 사고가 일어날지도 모른다는 데서 오는 두려움은 형제님의 어머니가 진짜로 위험한 상황에서 느꼈던 진정한 두려움에서 도움을 받기 위해 울부짖었으나 진지하게 받아들여지지 않은 데서 올 수도 있습니다.

쫓기고 있다는 느낌도 똑같은 것으로 적용될 수 있습니다. 예레미야 17장 9절은 "만물보다 거짓되고 심히 부패한 것은 마음이다."라고 쓰여 있습니다. 그러므로 형제님의 감정을 믿지 마십시오. 만일 형제님이 마음속 깊이 하나님께서 형제님을 사랑하신다는 것을 알면, 감사드리고 찬양드리십시오. 그리고 당신이 느끼는 대로가 아니고 당신이 알고 있는 대로 행동하십시오. 얼마 안 있어, 하나님의 초자연적인 치유의 능력으로 형제님의 느낌들은 바르게 교정될 수 있습니다. 그러나 기다리지는 마십시오. 형제님이 알고 있는 것이 바르도록 행동하십시오. 그러면 우리는 우리가 하는 행위의 사람이 됩니다.

만일 형제님이 선한 사람이 되기 원하면 선한 일들을 하십시오. 용감한 사람이 되고자 하면 용감한 일들을 하십시오. 이것이 바로 성경 골로새서 3장 12~17절에 바울 선생이 우리들에게 성령의 열매로 "옷을 입어라."라고 말씀하고 계신 것입니다. 만일 행복한 사람이 되길 원하면, 미소 짓고 노래를 부르기 시작하십시오. 형제님의 상처와 용서해 준 사람들을 목록으로 만들고 형제님이 가지고 있는 명백한 문제들과 기억할 수 있는 문제들을 다루면서, 형제님은 더욱더 건강해지고, 편안해지며, 평화로울 수 있습니다.

형제님은, 자발적이고도 신중한 행동을 위한 더욱더 많은 힘을 얻는 반면, 무의식적이고 강제적인 행동에는 아주 소량의 힘이 쓰여질 것입니다. 그리고 나면 형제님은 형제님이 가지고 있던 문제들이 사라지는 것을 발견하게 될 것입니다. 형제님이 가지고 있는 많은 문제들을 형제님 스스로 깨끗이 치울 수 있는 만큼 제거해 버리십시오. 그리고 열심히 기도하는 친구에게 도움을 구하십시오. 하나님께서 형제님의 모든 상처들을 치유해 주시고 형제님에게 상처를 준 모든 사람들을 용서할 수 있게 은혜를 베풀어 주시는 등 완전한 본보기를 보여 주실 것입니다.

형제님은 친구 크리스천으로부터 도움을 필요로 할 것입니다. 예수님은 "두세 사람이 내 이름으로 모인 곳에는 나도 그들 중에 있느니라."라고 말씀하셨습니다. 마태복음 18장 21~35절에 용서와 관련해서 말씀하셨는데, 용서라는 것은 매우 무거운 짐으로, 때때로 두 사람이 그 짐을 예수님께 옮겨다 주어야 합니다. 그러나 예수님은 거기 계셔서 두 사람이 같이 기도할 때 치료와 용서를 모두 가져다 주실 것입니다. 때때로 사람들은 이 일을 행함에 있어 많은 진보를 이루나, 곤란에 처하면 좀더 경험 있는 상담자로부터의 도움을 요청해야 합니다.

그러나 저는 과철 형제님이 이러한 곤란에 처하리라고는 생각지 않습니다. 형제님의 편지는, 이미 성령님께서 한 걸음 한 걸음 계속적으로 인도하시므로, 형제님이 가진 문제를 충분히 볼 수 있다는 것을 보여 주고 있기 때문입니다. 기도 친구를 찾는 데 주저하지 마십시오. 형제님의 친구도 또한 사역을 필요로 합니다. 형제님이 다른 사람을 위해 기도함으로써, 형제님 자신이 가지고 있는 문제에서 벗어나고, 형제의 친구가 가지고 있는 문제에도 도움을 줄 수가 있습니다.

이렇게 함으로써 형제님은 형제 자신에서 해방되어 좀더 사랑하고 객관적이며 "빛 가운데로 걷는"(요일 1:5~7) 상황으로 바뀌면서, 성령님께서 형제님에게 더욱더 많은 지혜를 주실 것입니다. 아울러 각각의 모든 문제들을 다룰 수 있도록 해 주십니다(약 1:5~8). 형제님은 매일매일 더욱더 치유함을 받고, 매일매일 생활에서 좀더 통찰력을 갖고 큰 승리를 맛보게 될 것입니다. 꾸준히 그렇게 하십시오. 그러면 곧 형제와 형제님의 기도 친구는 한 팀이 되어서 똑같은 치유함과 자유케 하는 힘을 다른 사람에게 전해 주게 될 것입니다(눅 22:32).

하나님께서 형제님을 크게 쓰시도록 기도합니다.

산골짜기에서 온 편지

하나님의 나라는 예수님의 왕권과 관계가 있습니까?

존경하는 대천덕 신부님께.

신부님, 안녕하십니까? 저는 좀 간단한 질문을 드리고 싶습니다. '하나님의 나라'라는 말이 있는데 여기에 대해 좀더 정확한 뜻을 알고 싶습니다. '하나님의 나라', '천국', '천당'이라는 말 속에는 어떤 차이가 있는지요? 또 '하늘'은 무엇을 의미하는지요? 또 몇 년 전에는 찬송가 가사 중에 천당이라는 말이 모두 천국으로 바뀐 것으로 알고 있습니다. 그리고 '왕국'이란 말도 있습니다. 이것도 같은 말인지요?

우리는 주기도문을 외울 때 '나라이 임하옵시며'라고 기도하며 찬송을 부를 때는 '하늘나라'에 들어간다는 가사를 자주 사용합니다. 그의 나라는 우리가 죽을 때 가는 것인지요? 아니면 그의 나라가 이 땅에 임하는 것이 가능한 일인가요? 이렇게 말씀을 드리고 보니 이것이 간단한 질문이 아니라는 생각이 드는군요. 아니 더 나아가 혼동이 일어나기까지 합니다. 좀 도와 주시기 바랍니다. 안녕히 계십시오.

— 나왕임 올림

사랑하는 왕임 형제에게.

주신 편지 감사드립니다. 형제가 이 말에 혼동을 느끼는 것은 이상한 일이 아니라고 생각됩니다. 물론 혼동되게 하는 원인 중의 하나가 한국어의 다양한 어휘 때문이기는 합니다만, 도대체 나라는 뭐고 왕국은 무엇입니까? '하늘나라'는 곧 '천국'을 뜻하는 말일까요? 그리고 '천국'과 '천당'은 또 같은 말일까요?

여기에 대해 말씀을 드리기 전 나는 내가 속된 말로 한국어 실력에 관한 한 붕붕 뜰 정도는 못 된다는 사실을 말씀드리고 싶습니다. 만약 그런 척 했다가는 곧 추락해서 불길에 휩싸일 것이 뻔할 것이기 때문입니다. 나는 여기에 대해 설명하면서 개역성경본과 그것에 따르는 해석을 하려고 합니다.

먼저 마태복음 3장 2절, "회개하라 천국이 가까웠느니라."는 말씀을 봅시다. 마태가 그의 복음서에서 시종일관 사용하는 말은 '천국(kingdom of heaven)'이란 단어입니다. 그가 다른 표현을 쓴 경우는 6장 33절에서 '그의 나라'라고 쓴 것과 12장 28절에서 '하나님의 나라'라고 한 것이 전부입니다. 그리고 21장 31절에서도 똑같이 '하나님의 나라'라고 쓰고 있는데 여기서는 세리와 창기들도 하나님의 나라로 들어가게 된다고 말하고 있습니다.

반면 마태 이외의 다른 복음서에서는 '천국'이라는 말이 단 한 번도 나타나지 않고 항상 '하나님 나라'라고만 표현됩니다. 여기에 대해 어떤 신학생들은 그 두 표현 사이에는 뭔가 다른 뜻이 의도되어져 있다고 주장하기도 합니다. 그러나 나로서는 어떤 차이점도 발견할 수 없습니다.

마태는 그의 복음서를 그의 동족 유대인들을 위해 기록했는데 유대인들은 '하나님'이란 말을 직접 사용하는 것을 매우 두려워했습니다.

대신 그들은 마치 우리 조상들이 '하나님'이란 말 대신 '천(天)'이라는 말을 사용했듯이 하나님을 하늘(heaven)이라고 쓰기를 좋아한 것뿐입니다. 마태복음 10장 7절과 마가복음 1장 15절은 똑같은 내용을 전달하고 있는데도 한곳은 '천국'으로, 다른 한곳은 '하나님 나라'라고 표현된 이유는 바로 이 때문입니다.

나의 경우를 예로 들자면 나는 중국에서 어린 시절을 보냈기 때문에 한글인 '하나님 나라' 대신 한자인 '천국'이란 말이 더 자연스럽게 느껴집니다. 그렇다고 해서 한자의 '국(國)'이나 한글의 '나라'라는 말이 영어(kingdom)나 헬라어 원문(basileia)의 그것과 동일한 뜻을 가졌다고 생각해서는 안됩니다. 헬라어와 영어에서 말하는 '나라'라는 말의 정확한 뜻은 '왕국(王國)'입니다. 그러므로 '천국'이나 '하나님 나라'라는 말은 '천왕국', '하나님의 왕국'으로 번역되어져야 합니다. 우리는 성경에서 '나라' 또는 '국(國)'이란 말을 발견할 때 그것은 곧 왕이 다스리는 나라임을 알아야 합니다.

우리는 또 '하늘'이라는 말도 많이 보게 됩니다. 하나님이 거하시며, 예수 그리스도께서 그곳으로부터 오셨다가 다시 가셨으며, 우리가 우리의 보물을 쌓을 수 있는 은행이 있는 곳으로 묘사되는 그곳 말입니다. 그런데 이 '하늘'이란 말이 복음서의 '천국', '하나님의 나라'와 같은 개념으로 사용된 곳은 내가 알기로는 아무 데도 없습니다. 하늘은 그저 하늘일 뿐입니다. 이 '하늘'은 때로는 '공중(sky)'을 나타내는 데 쓰이기도 합니다.

바울은 고린도후서 12장 2절에서 셋째 하늘에 대해서 이야기하고 있는데 이것은 하늘나라가 세 단계로 나뉘어져 있다는 뜻이 아닙니다. 당시 사람들은 하늘을 생각할 때 세 가지로 나누어 생각했습니다. 첫 번째 하늘은 기상변화가 일어나고 우리가 숨을 쉬는 공기층을 가리키는 데 사용했습니다. 두 번째 하늘은 태양, 달, 혹성, 그리고 별들이 존재하는 대기권 밖의 천체를 가리킬 때 사용했고, 셋째 하늘은 하나님이 계시고 사도 요한이 성령에 의하여 이끌려 간 곳을 말할 때 사용했습니다.

나는 여기서 사도 요한이 어떻게 천국에 이끌려 갔는지에 대해 잠시 말씀드리겠습니다. 우리말 성경에는 요한이 "성령에 감동하였다."(계 4:2)라고 기록되어 있지만 원문에는 그가 그저 "성령 안에 있었다."(I was in the Spirit)라고만 말합니다. 만약 형제가 큰 빌딩의 낮은 곳에서 높은 곳으로 엘리베이터를 타고 올라가려면, 그 안에 있어야만 합니다. 그것을 두고 우리는 감동되었다느니 뭐니 하지 않습니다. 형제가 엘리베이터 안에 있기만 하면 형제의 감정이 동(動)하였든지 아니하였든지 간에 몸은 이동되어지는 것입니다.

성령께서 우리를 붙잡으시고, 인도하시고 또 우리에게 어떤 생각이나 말씀을 주실 때, 거기에 우리의 감정이 개입되어져야 하는 것은 아닙니다. 우리는 너무나 자주 성령의 일과 성령의 역사를 감정적인 것과 결부시켜 생각하려 하는 때가 많습니다. 감정은 우리의 혼(soul)적인 영역에서 일어나고 없어지는 것이며 따라서 우리의 영이나 하나님의 영이 반드시 상관되어지는 일이 아닌 것입니다. 이야기가 주제와 조금 빗나간 것을 용서하시기 바랍니다.

지금까지 나는 성경에 나오는 용어(用語)들에 대해서는 충분히 설명했다고 생각합니다. 이제 천당이란 말을 생각해 봅시다. 내가 알기로 한국말 성경에는 천당이란 단어가 나오지 않습니다. 이 말은 하늘 또는 천국을 의미하는 한자어에서 빌려온 표현입니다. 그러나 이 말은 성경에서 나오는 천국의 개념과는 다르며 따라서 서로 맞바꾸어 사용하는 것은 신학적 무지(無知)의 소산이라 생각됩니다. 그리고 '하늘'이란 말과 '천당'이란 말은 음절 수가 똑같습니다. 그래서 찬송가에서 바꾸어 불러도 무리가 없기 때문에 바꾸어졌을 것입니다. 이것을 가지고 비성경적이라고 말할 수는 없을 것입니다.

그러면 '천국', '하나님 나라'는 무엇을 말합니까? 나는 내가 중국어에 더 익숙해서 그런지 한국어 성경에서 '그의 나라'에는 '의'자가 붙고 '하나님 나라'에는 그것이 빠지는 이유를 잘 모르겠습니다. 내게 있어 그 '의'자의 효력은 상실되기 때문이 아닌가 합니다. 그래서 이제부터 나는 내가 제일 익숙해 있는 '천국'이란 말을 쓰도록 하겠습니다. 그리고 이 천국은 왕국, 즉 하나님의 왕국인 것을 기억하기 바랍니다. 이것이 천국의 개념을 이해하는 열쇠가 되기 때문입니다.

예수님이 그리스도(기름 부음 받은 자)와 왕으로 영접되는 곳에서 사실상 하나님의 왕국이 이루어지는 것입니다. 그런데 우리는 이 하나님의 왕국을 예수님의 왕국으로 불러도 상관이 없습니다. 왜냐하면 마지막 날에 가서야 비로소 예수님이 왕권을 그의 아버지에게 넘겨 주시기 때문입니다. 고린도전서 15장 24절에서 28절까지가 이 사실을 분명하게 말씀해 주고 있습니다.

그런데 실제로는 성경에서 이 두 왕국 사이의 구분을 발견할 수 없습니다. 성경은 단순히 예수님의 왕국을 하나님의 왕국과 동일시할 따름입니다. 그것은 곧 예수님이 하나님이시요, 그를 영접하는 자는 아버지를 영접하는 자가 되며, 따라서 그들은 자신을 예수님의 왕권하에 두게 되는데 이것은 예수님의 왕권이 아버지의 그것과 같다는 것을 알기 때문입니다.

반면 성령이 왕으로 일컬어지는 경우는 전혀 없습니다. 그는 단지 우리가 어떻게 하면 왕에게 복종하며, 또 복종하는 일이 가능한가를 알려 주시는 분이십니다.

이쯤 되면 형제는 이제 '하나님의 왕국'이란 말이 여러 가지의 것을 의미할 수 있는 그런 말인 것을 알 수 있게 되었을 것입니다. 그러나 그것들의 공통적인 성격은 예수님의 왕권과 관계된다는 것입니다.

하나님의 왕국을 이야기할 때 첫 번째로 생각해 볼 수 있는 것은 우리들의 마음입니다. 우리가 예수님을 영접하여 예수님이 우리 마음에 거하시는 왕이 되시면 나의 마음은 그의 다스림을 받는 왕국이 되는 것입니다. 이것은 죄가 우리 속에서 왕 노릇하는 상황과는 정반대의 것입니다.

하나님의 왕국의 두 번째 것은 마태복음 18장 20절에서 볼 수 있습니다. 예수님은 여기서 우리가 그의 이름으로 두세 사람이 모이면 그들 중에 함께 계시겠다고 약속하십니다. 여기서 '그의 이름으로' 모인다는 것은 그를 그리스도와 왕의 권위를 가진 자로 인정하며 모인다는 뜻입니다.

만약 두세 사람 이상으로 이루어지는 어떤 모임이 예수님을 왕으로 인정하고 그에게 복종할 것을 결심하여 그의 명령을 수행하면 그 모임이 사실상 하나님의 왕국이라는 것입니다. 성경의 많은 비유들이 이런 종류의 내용을 다루고 있습니다.

이것에 대해 잘 설명해 주는 현대의 의학적 발견 하나를 인용하겠습니다. 누에가 고치 안에서 어떻게 나방으로 변해가는가를 과학자들이 발견한 것은 매우 최근의 일입니다. 그들이 발견한 것은 누에의 몸 내부에서 일어나는 변화에 대한 것입니다.

누에의 몸 내부에는 분화되지 않은 세포들이 몇몇 부위에 남아 있는데 이 세포들은 누에가 완전히 자라기까지는 활동(분열)이 정지되어 있다는 것입니다. 그러나 누에가 다 자라게 되면 이 세포들은 그때야 실을 만드는 호르몬을 분비한 후 휴지상태에 들어갔다가 다시 분열을 시작한다고 합니다. 그리고 난 뒤 결국 이 세포들은 서로 합쳐져서 누에 몸을 완전히 빨아들인 다음 서서히 나방의 모습으로 변해간다는 것입니다.

이 사실은 누에가 나방으로 변해가는 것이 아님을 보여 주는 발견입니다. 나방은 이미 누에 속에 세포로 존재하다가 점점 자라 성장한 후 누에와 교체되어진다는 것입니다.

그런데 이것이 바로 우리가 세상을 바꾸어가는 방법입니다. 즉 두세 사람이 예수님 이름으로 모여 조그만 집단을 만들면 그것이 점점 자라 좀더 성숙된 모임이 되고, 그 집단들은 다시 연합하여 세상을 바꾸어가도록 만들어야 한다는 것입니다. 이것은 우리 크리스천의 모임이 세상 나라의 사람들(누에)을 하나님 나라의 사람들(나방)로 변화되도록 해야 한다는 것입니다.

그러나 예수님은 우리에게 그 일이 그렇게 쉽지만은 않을 것이라고 경고하십니다. 왜냐하면 세상 왕국을 소유한 사탄이 쉽게 자기 백성을 포기하려 하지 않기 때문입니다.

하나님 나라의 세 번째의 것은 세계교회(世界敎會)입니다. 이미 전 세계적으로 하나님의 교회라는 누에는 속에서 성장, 연합, 변화의 과정을 거쳐가고 있습니다. 많은 소규모의 그리스도인 집단들이 자라고 연합하여 고도로 조직화되어지고 또 내실화(內實化)되어 가고 있습니다.

사탄의 백성들은 가난한 무명의 사람들이 모여 기도회니 봉사니 한답시고 모이는 모임에 대해 그렇게 관심을 가지지 않습니다. 그러나 교회가 점점 커져 조직과 통솔의 필요성이 생기면 그때부터 사탄은 움직이기 시작하는 것입니다.

사탄은 그의 많은 활동 요원들을 교회에 침투시킨 뒤 그리스도의 종인 것처럼 행동하도록 합니다. 이 요원들은 할 수만 있으면 많은 신실한 성도들을 현혹시켜 교회 내의 여러 지도자 자리를 차지합니다. 그러고 난 뒤 교회를 사탄을 위해 움직여지도록 만드는 것입니다. 이것들이 바로 예수님이 마태복음 13장 24절에서 40절까지에서 말씀하시는 가라지들인 것입니다. 이것이 바로 오늘날 우리 시대에 존재하는 교회의 모습입니다. 교회가 그리스도의 다스림을 받는 하나님의 왕국이면서도 동시에 가라지도 함께 자라고 있기 때문입니다.

이제 이 땅에 있을 수 있는 네 번째의 하나님 나라의 모습을 생각해 봅시다. 이것은 요한계시록 20장 1절에서 10절까지 언급된 천년왕국입니다. 이사야와 에스겔 그리고 스가랴에서 나오는 대부분의 예언들이 바로 이것에 대해 이야기하고 있습니다.

이때 예수님은 그저 왕으로만 군림하시지 않으십니다. 아무도 그를 대적할 수 없게 되고 사탄은 결박당하게 됩니다. 그야말로 완전한 환경 속에서 완벽한 예수님의 통치가 천 년 동안 있게 되는 것입니다.

이 기간의 끝에 사탄은 다시 풀림을 받아 왕이신 예수님을 대적하고 수많은 백성들을 미혹하도록 만듭니다. 성경은 이때 왕이신 예수님을 배반하기로 작정할 사람들의 숫자가 바닷가의 모래만큼 많을 것이라고 말합니다.

이 일 후에야 비로소 세상의 끝, 다시 말하면 하나님과 예수님을 심판주로 모시고 행해지는 마지막 심판이 있게 되고 그 후로 새 하늘과 새 땅이 있게 됩니다. 하나님 나라의 다섯 번째 모습, 즉 영원한 하나님의 나라가 있게 되는 것은 바로 여기서부터입니다.

이때에 예수님은 모든 권세나 왕권을 아버지에게 돌려드리며, 우리가 타락한 후로 이 땅을 떠나 스스로 거처를 하늘에만 펴고 계시던 하나님께서 처소를 이곳으로 옮겨 우리와 함께 거하게 되시는 것입니다.

예수님이 친히 우리의 눈물을 닦아 주시는 것도 바로 이때입니다. 이후로 우리는 새 예루살렘에서 영원히 하나님과 더불어 교제할 수 있게 될 것입니다. 그리고 동시에 그 새 예루살렘은 새 하늘에서부터 새 땅으로 내려오게 될 것입니다.

우리는 지금 새 예루살렘을 건축해 가고 있는 중입니다. 앞으로 그것이 우리에게로 내려오면 우리는 그것이 예수님의 은혜와 성령의 능력으로 하나님의 영광을 위해 지은, 바로 그 도성임을 알아보게 될 것입니다.

우리가 천국 시민으로서 행하는 모든 일은, 그것이 무슨 형태이든지 간에 그곳에서 드러나게 될 것입니다. 영광 중에 나타날 그 나라를 바라보면서 기쁨으로 하나님의 나라를 확장해 가시기 바랍니다.

산골짜기에서 온 편지

심판에 대한 '예언'을 어떻게 보아야 합니까?

존경하는 대천덕 신부님께.

그곳 산골짜기의 일들은 잘 되어 가는지요? 예수원 식구들은 모두 건강하게 잘 계실 줄 믿습니다. 부디 바라기는 예수원이 더욱 더 큰 사랑의 공동체가 되어 방문하는 모든 사람들에게 예수님을 잘 나타내어 주시기를 간구합니다. 지난번 제가 그곳을 방문하였을 때는 참으로 많은 은혜를 받았습니다. 우리들이 그곳에서 주님과 교제하며 또 쉴 수 있도록 하기 위해 부엌에서 밥 짓고, 설거지하며, 청소, 빨래까지 하시는 자매님들에게 특별히 감사드리고 싶습니다. 하나님께서 좀더 나이 드신 아주머니들을 보내 주시기를 기도합니다. 그리하여 젊은 자매님들이 신부님의 설교와 녹음 테이프를 정리하는 일에 더욱 힘쓸 수 있게 되기를 바랍니다. 또한 방도 좀더 늘려 더 많은 종신 회원들을 받아들일 수 있게 되기를 기도합니다.

제가 이번에 신부님께 여쭙고 싶은 것은 신문지상에서와 입을 통해 전해지는 '예언', 즉 큰 전쟁이 임박했으니 모두가 도시로부터 피해야 된다는 난리에 대한 소문입니다. 제가 알기로는 이런 예언이 4년 전에도 있었는데 그때는 전쟁이 곧 있을 것이라고 했습니다. 이런 류의 예언에 대하여 신부님은 어떻게 보시는지요? 이런 류의 예언들이 과연 하나님께로부터 온 것인지 어떻게 알 수 있는지요? 신부님의 답변을 듣고 싶습니다.

― 최숙자 권사

사랑하는 최 권사님께.

이곳 예수원을 위해 잊지 않고 기도해 주시는 권사님의 사랑에 감사를 드립니다. 이곳 예수원의 자매님들이 과로로 인해 매우 지쳐 있는 것은 사실입니다. 그중에 어떤 분들은 건강이 몹시 상해 휴가기간을 연장해야 할 지경입니다. 이런 일들은 우리를 여간 당황하게 하지 않습니다. 왜냐하면 그들은 우리의 식구이며 건강 회복을 위해서 우리와 함께 있어야 하기 때문입니다. 그러나 우리에게는 요양소도, 간이 진료소도 없기 때문에 그들을 할 수 없이 다른 곳으로 보내야 할 입장입니다.

혹 자녀 없이 홀로된 아주머니들에게 우리 예수원은 그야말로 귀한 축복이 될 수 있습니다. 그러나 그런 분들은 공동체에서 여러 사람들과 함께 지내는 일에 다소 어려움이 있을 것이라 생각됩니다. 권사님의 기도처럼 저도 누군가가 하나님의 부르심을 듣고 이곳에 와서 젊은 이들과 함께 겸손한 삶을 살아가실 분이 있을 것이라 믿습니다. 이런 일을 생각해 보면 작년 천국으로 먼저 가신 장 권사님 생각이 참으로 간절합니다.

그러면 이제 권사님이 제기하신 문제의 '예언'에 대해서 생각해 봅시다. 권사님도 아시다시피 이런 예언들이 처음 우리 귀에 들려졌을 때 나는 이것에 대한 바른 분별력을 달라고 기도했습니다. 그랬더니 주님께서는 3일 만에 세 사람을 보내 주셨습니다. 그런데 이 세 사람들은 모두 교회의 지도자로서 문제의 그 예언에서 지적하는 죄에 걸려 넘어진 분들이었습니다(목회자로서 거짓말하고 돈을 밝히고 간음죄를 저지른 자들에 대한 하나님의 심판에 대한 경고 - 역자 주). 이 사람들을 만나고서 나는 예언에서 지적된 내용이 사실이며 그 예언이 하나님께로부터 왔다고 믿었습니다. 나중 여러 교회에서 만약 우리가 충분한 기도를 드린다면 하나님의 심판이 비켜갈 수 있는 것이 가능한가에 대한 토론이 벌어졌습니다. 저는 이 토론이 매우 부질없는 것이라 생각합니다. 왜냐하면 우리는 성경에서 이미 이와 같은 사례들을 보기 때문입니다. 하나님은 아합과 히스기야에게 내리기로 한 심판을 그들이 돌이킬 때 거두셨으며 또 그렇지 않았을 경우 예언대로 심판하셨습니다.

최근의 예언들 중 몇몇 가지는 분명 잘못 받은 예언이거나 아니면 하나님께서 이미 마음을 돌이키신 것으로 생각됩니다. 나는 최근 정부의 고위 관리직에 있는 한 사람이 이런 류의 예언을 듣고 정책을 바꾸었다는 말을 들었습니다. 이런 일도 하나님의 심판을 연기시키는 한 가지 방법이 아닌가 하는 생각도 해봅니다. 그러나 심판이 지연되는 것이라고 분명히 보여질 때 우리는 그것이 회개할 기회를 얻도록 주신 것이지 무사안일을 위한 것이 아님을 알아야 할 것입니다.

나는 또 이런 류의 예언들을 분명히 잘못 받은 분도 있음을 알고 있습니다. 그는 내가 매우 사랑하는 사람 중의 한 사람입니다. 그렇지만 나는 하나님께서 그로 하여금 예언을 잘못 받도록 허락하셨다고 믿습니다. 왜냐하면 우리로 하여금 예언자만을 바라보지 않도록 하기 위함입니다. 우리는 이제 신약의 사람이지 구약의 사람이 아닙니다. 구약의 사람들은 선지자를 통하지 않고는 하나님의 뜻을 알 길이 없었습니다. 그래서 그들은 오늘날 불신자들이 점쟁이를 찾듯 선지자들을 찾았습니다. 그 선지자들 중 어떤 이들은 분명히 하나님의 뜻을 전달하였지만 어떤 이들은 악령으로부터 받은 메시지를 전하기도 했습니다. 그러나 일반 백성들은 어쩔 도리 없이 선지자들을 찾아갈 수밖에 없었습니다.

그러나 새 언약시대에 사는 우리들은 그렇지 않습니다. 우리는 약속의 성령을 받아 누구나 자기에게 향하신 하나님의 뜻을 알 수 있게 되었습니다. 믿는 여자인 경우는 목사나 선지자들에게 물을 것이 아니라 믿는 자기 남편에게 물어야 한다고 말합니다(고전 14:35). 그러나 만약 남편이 믿지 않는 사람이더라도 경건한 마음의 자세로 꼭 필요한 결정 사항을 그에게 물어 보십시오. 그것이 그로 하여금 자신을 점검할 수 있도록 해 주어서 주님을 찾게 될지도 모릅니다.

우리는 또 우리가 받는 깨달음(교훈)에 대해 그것이 과연 하나님으로부터 왔는지 그렇지 않은지를 분명히 알 수 있으며(요 7:17), 또 누구든지 지혜를 구하는 자는 그것을 얻을 수 있다고 합니다(약 1:5~8). 그렇다고 해서 나는 당신의 지혜가 솔로몬의 그것처럼 승하게 된다고 생각하는 것은 아닙니다. 예수님 자신과 신약성경이 말하고 있는 것은 사람이 하나님의 뜻을 행하려고만 하면 하나님의 뜻을 알 수가 있으며 또 우리 자신과 우리가 책임지고 있는 사람들(우리의 자녀들)을 위해 현명한 결정을 할 수 있는 것입니다.

또 이제 우리는 전쟁에 대비해서 도시를 떠나 시골로 가야 하는가에 대한 예언을 생각해 보아야 하겠습니다. 전쟁이 나면 도시일수록 좋지 않다는 것은 상식으로도 알 수 있는 사실입니다. 또 성경은 도시 생활이 전시 때뿐만 아니라 항상 어느 때고 간에 좋지 않다고 말합니다. 왜냐하면 탐욕, 부패, 불의, 유혹으로 가득 차 있는 곳이 도시이기 때문입니다. 따라서 시골로 가 살 수 있는 땅이 있는 사람은 시골 이주 문제를 깊이 한번 생각해 보시면 좋을 것입니다. 한국은 시골 의사, 시골 선생님뿐 아니라 시골 농부, 시골 목회자를 더욱더 필요로 하는 나라입니다. 지금 한국에는 도시에서의 편안한 삶을 찾아 떠난 관계로 놀고 있는 시골 옥토가 많이 있는 편입니다.

또 요사이 비교적 적은 노동시간으로 알찬 곡식을 거두는 방법을 다루는 책들이 많이 나오고 있습니다. 시골 사람들이 이런 농법으로 농사를 지을 수 있도록 우리가 그들을 도와야 할 것입니다. 왜냐하면 오늘날의 기계화와 화학비료에 의존하는 농사는 농민들에게 빚만 지우게 할 뿐 아니라 땅만 못 쓰게 만들기 때문입니다.

그러나 한편으로 예레미야가 그랬던 것처럼 도시에서 살라고 부르심을 받은 사람도 있습니다. 그러나 그들의 삶은 아무 데도 피할 데가 없는 사람들과 고난을 함께 나누는 삶입니다. 그들은 특히 전쟁 발발시에는 목숨을 걸고 신앙을 지켜야 하는 사람들입니다. 그때 주님은 이렇게 말씀하실 것입니다. "떠나지 말라. 여기서 고난을 받아라. 이것이 너의 십자가이니라."

예수님은 친구를 위해 목숨을 내어 주는 사랑보다 더 큰 사랑이 없다고 말씀하십니다. 만약 우리가 도시에 머물러야 한다면 그것은 주님의 명령이기 때문이지 내가 도시생활을 선호하는 까닭이어서는 안 된다는 것입니다. 또 우리가 시골로 가야 한다면 그것 역시 주님이 말씀하셨기 때문이지 도시 생활에 대한 공포증 때문이어서는 안 된다는 것입니다. 크리스천의 행동 기준은 공포로부터의 해방, 편리 추구가 아니라 하나님의 명령이기 때문입니다.

그리고 우리가 시골로 떠나든지, 도시에 머무르든지 간에 우리 모두가 진심으로 기도해야 할 것이 있는데 국가와 정부와, 정당과 목회자와 북한에 대한 것이 그것입니다. 우리가 기도해서 우리나라가 통일이 되고 안 되고는 우리가 문제 삼을 것이 못됩니다. 다만 하나님은 우리 기도를 헛되이 사용하시지 않으신다는 것입니다. 기도는 우리가 하지만 하나님은 우리 기도를 당신의 계획에 맞추어 사용하시며 종국에는 그의 나라와 의를 세우는 일에 가장 유익이 되도록 응답하신다는 것입니다.

의에 대한 문제를 거론함에 있어 우리는 우리가 드리는 기도에 무엇이 가장 핵심이 되어야 하는가를 생각해야 합니다. 하나님의 의를 실현하기 위해 가장 먼저 갖추어야 할 조건은 하나님의 백성들이 그들의 불의를 회개하는 일입니다. 시편 81편 13~14절을 보십시오. 전쟁에서 대적자의 세력을 꺾게 하는 하나님의 능력을 기대하려면 우리가 먼저 회개해야 한다고 말씀하십니다.

이스라엘과 유다 백성들이 이방인들과의 전쟁에서 자주 착각한 것도 바로 이 문제였습니다. 그들은 이방인들이 무신론자 내지는 우상숭배자들이었기 때문에 그들과 전쟁이 붙으면 하나님은 무조건 자기들 편이 되어 주시리라고 생각한 것입니다. 그러나 하나님이 거듭거듭 그들에게 경고하시는 말씀이 무엇입니까? 하나님의 이름을 헛되이 부르는 그들부터 심판하시겠다는 것입니다. 즉 하나님을 믿는 척 하면서도 실상은 불신자들보다 더 악한 그들을 하나님은 더 미워하신다는 것입니다. 하나님은 그의 백성들의 죄부터 먼저 심판하시고 난 후 이방인들의 죄를 심판하시겠다고 말씀하십니다. 그러나 이스라엘 백성들로서는 이 사실을 매우 이해하기가 힘들었습니다. 그래서 선지자들이 이 사실을 그대로 알렸을 때 백성들은 그들을 심하게 핍박했습니다.

그러나 성경과 기독교회사를 읽어 보는 사람은 누구나 하나님은 그의 백성들의 죄부터 먼저 심판하신다는 사실을 알 수 있습니다. 하나님은 북아프리카에 있던 교회를 멸하신 다음 그곳에 이슬람이 발흥토록 하셨습니다. 교회가 당신의 말씀에 순종하기를 거부했기 때문입니다. 그리고 하나님은 러시아와 동구권에서도 똑같은 이유로 인하여 동일한 심판을 행하셨습니다. 우리가 의를 행하기를 거부하고, 정치와 경제 그리고 매일의 삶 속에서 그의 이름에 합당한 영광을 돌리지 않는다면 하나님은 동일한 심판을 우리에게도 행하실 것입니다.

그리고 또 한 가지 기억해야 할 것이 있습니다. 여호와의 선지자들은 백성들을 대신하여 죄를 회개했다는 사실입니다. 그들은 "나는 죄를 범치 않았나이다."라고 하지 않았습니다. 그들은 말하기를 "하나님이여, 우리가 범죄하였나이다. 다시 돌아보사 우리로 하여금 회개할 기회를 얻게 하소서."라고 기도했습니다. 그러고 나서 그들은 백성들이 행한 죄악들을 아주 구체적으로 고백했습니다.

우리는 무슨 죄를 고백해야 하겠습니까? 무엇보다도 문제의 그 예언에도 지적된 것처럼 신교, 구교의 교역자들의 죄, 즉 거짓말하거나 돈을 사랑하고 간음을 행한 죄입니다. 그리고 우리 평신도들은 그 교역자들을 위해 기도하는 대신 비방한 죄를 회개해야 합니다. 우리는 우리 자신들의 이기심, 편리 추구, 욕심, 교만들을 회개할 필요가 있습니다. 탐욕은 영적 간음입니다. 이런 점에서 보면 많은 크리스천들이 간음을 행하는 자들입니다. 사람들은 빠지지 않고 교회는 가되, 기도하는 것을 보면 그저 생활 형편이나 좀 펴지게 해달라는 것이 기도 제목입니다. 역대하 36장 22절에 의하면 유다가 멸망한 이유는 잘 살기만을 너무 바라다가 하나님의 생태학적 율법을 어겼기 때문이라고 말합니다.

심지어 불교에서도 자연을 존중히 여기라고 가르치는데 현대인들은 자연을 너무 이용해 먹으려고만 합니다. 그리하여 자연 환경을 파괴하고 그저 수확량만 늘리면 된다는 생각에서 토지를 황폐화시켜가고 있습니다. 사람들이 돈을 벌기 위해 곡물을 팔기도 하는데 그들이 토지 안식년을 지킨다고 할진대 어떻게 곡식을 팔 수 있겠습니까?

안식년을 지키려면 안식년을 대비해서 곡식을 미리 비축해 두어야만 하므로 곡물을 내다 팔 수가 없고 따라서 생활수준도 향상될 수가 없는 것입니다.

따라서 크리스천들은 그 누구도 생활수준이 크게 향상되게 해 달라고 정당하게 요구할 권리가 없다는 것입니다. 성경은 우리에게 거듭거듭 경고하기를 매일의 양식을 위해 구할 것과 가진 것으로 만족하라는 것입니다. 오늘날 우리나라의 농부들로 하여금 빚을 지게 하고 조상 대대로 먹고살아 온 농토를 잃어 버리도록 한 것은 탐욕입니다.

다음으로 우리가 회개해야 할 구체적인 죄의 제목은 무죄한 자의 피를 흘리게 한 일입니다. 열왕기하 24장 3~4절과 시편 106편 35~39절을 보십시오. 이방민족의 음란 행위를 쫓아갔기 때문에 이스라엘 백성들도 그들의 자녀들을 죽여 우상의 제단에 바쳤고 이것이 하나님의 진노를 자초했다고 말합니다.

이것은 우리나라에서도 심각한 문제입니다. 우리나라의 크리스천들은 미혼모들을 잘 돌봐 주어서 그들이 무죄한 아이들의 피를 흘리지 못하도록 해 주어야 합니다. 이렇게 함으로써 우리는 우리가 진정으로 회개했음을 보여줄 수 있어야 합니다. 우리가 그들을 돌봐 주지 못하면, 무죄한 자의 피는 계속 흘려지게 될 것입니다. 그리고 또 마지막으로 우리가 해야 할 기도는 사탄을 대적하는 기도입니다. 이유는 간단합니다. 그는 늘 우리의 적이니까요(엡 6:10~18). 하나님이 권사님의 하시는 일에 늘 함께하시기를 기도합니다.

AIDS 공포시대, 기독교인의 자세

산골짜기에서 온 편지

우리나라가 새 이스라엘이 될 수 있겠는지요?

존경하는 대천덕 신부님께.

지금쯤이면 예수원의 가을 단풍이 매우 예쁜 색깔로 늦가을 분위기를 한껏 더 돋우어 주고 있을 줄 믿습니다. 이번 가을에는 그곳을 여행 삼아 꼭 한번 다녀오고 싶은데 대학 졸업반의 학과 일정 때문에 발이 묶여 있습니다. 예수원의 배추농사는 잘되어 김장준비도 잘되어 갈 줄 믿습니다.

신부님, 제가 드리고 싶은 질문은 한국이 과연 이 시대에 하나님이 택하신 나라요, 택하신 족속이 될 수 있는가에 관한 것입니다. 요즘 많은 사람들이 여기에 관한 이야기를 하고 있는 것 같습니다. 또 어떤 사람들은 우리 한국에 크리스천 정부가 들어서기만 하면 우리나라가 기독교 국가가 될 수 있고 또 전 세계에 복음의 빛을 비출 수 있을 것이라고 말합니다. 교회의 휴거, 환난, 천년왕국 건설을 위한 예수님의 재림을 이야기하는 사람들은 이 땅에 하나님의 나라를 건설하는 것이 가능한 일로 이야기하기도 합니다. 그들은 또 만약 한국이 기독교 국가가 되면 적어도 한국 땅 내에서는 하나님의 왕국을 건설할 수 있을 것이라고 이야기합니다. 신부님은 우리나라가 새 이스라엘이 될 수 있다고 생각하시는지요? 하나의 개체국가로서 우리나라가 해야 할 과업이 무엇이라고 생각하시는지요? 신부님의 답변을 듣고 싶습니다.

― 최희결 올림

사랑하는 휘결 형제에게.

주신 편지 감사하게 생각합니다. 우리의 김장배추까지 걱정해 주시니 더욱 감사합니다. 이제 곧 우리는 김장을 시작하려 하고 있습니다. 하나님은 우리를 정녕 축복해 주셨습니다. 그래서 나는 그 축복을 감당할 수 있는 충분한 사랑을 그의 성령으로 우리 가슴에 부어 달라고 기도하고 있습니다. 그래야만 받은 축복을 우리를 위해서만 간직하지 않고 다른 사람들과 나눌 수 있기 때문입니다. 사람들은 축복을 받은 후 또한 그들이 축복이 되어 주어야 한다는 사실을 너무 쉽게 잊어 버리는 것 같습니다. 우리가 받은 바 축복을 잊어 버리지 않도록 기도해 주시기 바랍니다.

그러면 이제 당신이 주신 질문에 대해서 한번 생각해 보도록 합시다. 먼저 형제의 질문은 제기해 볼 필요조차 없을 만큼 당연한 질문이라고 말씀드리고 싶습니다. 하나님은 우리가 복을 나누어 가지기를 원하십니다. 전 세계에 복음을 전하기 위해 할 수 있는 모든 방법을 다 쓰기를 원하시는 것입니다. 특별히 20세기의 종착역을 향해 나아가고 있는 지금에 이르러서는 아직도 복음이 닿지 않은 곳의 사람들(unreached people)에게 나아갈 수 있도록 해야 합니다. 그들은 그들이 살고 있는 장소에서 그들의 언어를 가지고 한번도 예수가 그리스도라는 사실을 전해 듣지 못한 사람들입니다.

그런데 한국인들은 내가 볼 때 이런 사람들에게 가서 복음을 전할 수 있는 이상적인 조건을 갖추고 있는 것 같습니다. 우리는 교회의 여러 기능들 가운데 가장 중요한 이 복음 전도의 기능에 대하여는 결코 관심의 고삐를 늦추지 말아야 합니다.

우리가 교회사를 읽어갈 때 발견할 수 있는 것 중의 하나는 교회가 정치적인 힘을 소유하게 되었을 경우 전도와 선교에 대해 관심을 가지기보다는 식민지 건설이라는 유혹에 더 빠지게 되었던 것을 자주 볼 수 있다는 것입니다. 칼과 십자가는 결코 손을 마주 잡고 걸어갈 수 없는 요소들입니다. 칼과 십자가에 동반자 관계가 맺어지도록 시도해 본 나라들에서는 모두 하나님의 이름이 모독을 받았습니다.

교회 역사에 보면 기독교 정부가 존재했던 몇 차례의 두드러진 시기가 있었던 것이 사실입니다. 가장 먼저라고 볼 수 있는 것은 콘스탄틴 대제에 의해 로마가 기독교 국가로 선포되었을 때의 그것입니다. 제가 추측하건대 그 당시 로마제국 내의 기독교 인구 비율은 지금 한국의 그것보다는 높았을 것입니다. 그러나 그 기독교 제국은 쓰디쓴 실패로 막을 내리고 말았습니다. 교회가 당시 사회의 타락을 막기에는 너무나 역부족이었습니다.

이어 두 번째 일어난 것이 그레고리 대제가 온 유럽을 다스릴 때였습니다. 당시 온 유럽은 오직 교회의 권위만을 인정했기 때문에 유럽 사회에 다른 종교가 존재할 수 없었던 때입니다. 따라서 인구의 1백 퍼센트가 교회 회원들이었습니다. 그러나 이 정부도 극심한 교회의 타락과 함께 몰락했고 당시 사회를 암흑기로 몰아 넣고 말았습니다.

그리고 샤를마뉴(Charlemagne) 황제 치하의 정부나 종교개혁 후의 제네바, 뮌스터 시도 기독교 정부였습니다. 그리고 이어서 루터교, 성공회, 로마 가톨릭 등의 종파가 유럽 각 국가에 의해 국교로 지정되어 기독교 정부가 설립되도록 했습니다. 그러나 그 결과는 무엇이었습니까? 2백 년 간이나 지속된 파괴적 전쟁이었습니다. 흑백 인종 차별로 시끄러운 남아프리카 공화국도 기독교 정부입니다.

그러면 기독교 정부를 세우려는 여러 국가들의 노력이 왜 허사로 끝나고 마는 것입니까? 그 가장 주된 범인은 인간의 부패한 마음입니다. 예레미야 17장 9절 말씀을 한번 읽어 보십시오. 로마서 7장 역시 인간의 선을 행함이 노력 여하에 불문하고 전혀 불가능함을 보여 줍니다. 디모데후서 3장 1~5절은 기독교의 모양만 가지고 있는 사람들이 기대할 수 있는 것이 무엇인가를 보여 줍니다. 마음을 새롭게 해 주는 성령의 능력을 받지 않고는 선을 행함이 가당치 않음을 말해 줍니다.

예수님은 "내 나라는 이 세상에 속한 것이 아니라 만일 내 나라가 이 세상에 속한 것이었다면 내 종들이 싸워 나로 유대인들에게 넘기우지 않게 하였으리라"(요 18:36)라고 선언하셨습니다. 그러므로 우리가 해야 할 일은 그의 영적인 왕국을 건설하는 일인 것입니다. 어떻게 그것이 가능합니까? 사람들로 하여금 예수를 '주(Lord)'로 영접케 하여 성령이 그들의 다스려지지 아니하는 마음을 다스리시도록 하는 것입니다. 그 후 때가 되면 예수님이 직접 오셔서 사탄을 결박하신 후(계 20:1~6) 그의 정부를 세우실 것입니다. 구약의 각 예언서들은 여기에 대해 아주 소상히 설명하고 있습니다.

그러므로 우리가 주님을 위하여 그리스도의 왕국, 즉 기독교 정부를 세우려 할 때 어떤 일이 실제로 일어날 것인가를 알아야 합니다. 즉 아나니아와 같이 변화되지 못한 악한 마음을 가진 소수의 무리들이 꼭 생겨난다는 것입니다. 그들은 아나니아가 그랬던 것처럼 갑자기 나타나지 않습니다. 그들은 가만히 교회로 들어와 세력을 얻습니다(베드로후서 2장은 이것을 잘 설명해 줍니다). 오직 세력을 얻으려는 마음으로 그들은 판단력이 약한 사람들에게 다가가 아첨의 말을 하며 힘이 약한 신자들을 교묘히 부리며 유혹에 약한 자들을 매수하여 결국은 힘의 중심권을 장악하는 것입니다. 그런 다음 그들은 과장과 허풍의 말을 사용하여 자신들을 하나님께서 세우셨고 따라서 누구든지 그들을 따르지 아니하면 죽음밖에 없다고 주장합니다. 자신들이 사탄의 하수인이면서 그들은 자신들에게 반대하는 사람들이 바로 사탄의 하수인이라고 거짓말을 합니다.

그러므로 무엇이 사실인고 하니 우리가 기독교 정부, 민주주의 정부, 사회주의 정부, 혹은 공산주의 정부 등 그 체제의 명칭이 무엇이든지 간에 일어나는 일은 똑같이 일어난다는 것입니다. 서양에 이런 속담이 있습니다. "부패한 최선은 최악이다."(The corruption of the best is the worst), "악취 나는 백합보다 잡초가 낫다." 기독교 정부라는 말은 참 듣기 좋습니다. 그러나 그리스도의 이름으로 악이 행해지는 경우를 상상해 보십시오. 그 결과는 오직 하나님의 이름만이 모독받게 될 뿐인 것입니다.

그렇다면 우리는 무엇을 할 수 있습니까? 우리는 우리들 스스로가 천국의 삶을 살아가도록 해야 합니다. 그렇게 함으로써 우리의 이웃들이 가진 보다 많은 문제들을 해결할 수 있습니다. 우리는 우리들의 윤리적 삶을 증진시켜 나가야 합니다. 어느 시대, 어느 나라이고 간에 진정한 영적 부흥이 일어나면 국민의 도덕성도 증진되어 갔던 것을 볼 수 있습니다. 이것이 정부에게 더 효과적인 압력, 영향력(도덕적인 정부가 되도록)을 행사할 수 있는 방법입니다. 다시 말하면 한국의 도덕성이 높아지도록 실력 행사를 할 수 있는 사람은 크리스천 정치가들이기보다는 윤리적 삶을 사는 국민 개개인이라는 것입니다.

물론 크리스천들이라고 해서 힘을 소유하지 말라는 법은 없습니다. 그 힘이 정당한 성격의 것이라면 우리는 그것을 이용해서 의로운 정부, 건강한 사회가 되도록 하는 데 사용할 수 있습니다. 만약 한 기독교인이 높은 지위를 얻게 되었다면 그는 자신의 지위를 다른 크리스천 친구들을 봐 주기 위한 도구로서가 아니라 건전한 법이 제정되고 공의가 행해지도록 하는 데 사용해야 합니다.

크리스천이 가진 것이 재물(富)이거나, 혹은 관료적인 힘이거나, 아니면 단지 한 표만을 던질 수 있는 투표권이든지 간에 우리는 그것을 사용해서 도적질과 거짓을 방지하는 일에 사용해야 합니다. 모든 정당한 힘은 우리가 얼마든지 사용하여 가난한 자, 불쌍한 자를 착취하는 일과 불의와 폭력이 추방되도록 하는 일에 쓸 수 있습니다. 대통령 선거 등에 있어 후보들이 한 표를 부탁할 때 우리는 그들이 가지고 있는 경제 프로그램이 어떤 것인가를 확실히 밝히라고 요청해야 합니다.

성경은 우리에게 정치적인 것이 아니라 그들의 경제적인 정책에 관해 추궁하라고 가르칩니다. 예수님도 보물(경제)이 있는 곳에 우리의 마음이 있다고 하셨습니다(마 6:21). 사람의 입으로 하는 말에 우롱당하지 마시기 바랍니다. 사람이 더 마귀적일수록 그의 입에서 나오는 거짓말은 더 아름다운 것입니다.

또한 그들이 얼마만큼의 땅을 소유하고 있으며 토지개혁을 위한 어떤 구체적인 이유, 정책을 갖고 있는지 알아 보시기 바랍니다. 내가 누차 설명을 한 바 있지만 건물에 부과되는 세금과 그 건물의 활용분(땅이나 건물을 빌린 사람이 자신의 노동력과 자본을 투자해서 얻는 이익분)에 대해 부과되는 세금, 그리고 소득세는 줄여야 합니다. 대신 높은 토지가치세(high land-value tax) 제도를 도입해야 합니다. 이렇게 함으로써 우리는 분명히 경제 혁신을 단행할 수 있습니다. 이것은 홍콩, 타이완, 싱가포르를 통해서 입증되어진 바가 있습니다(이들은 우리와 다른 정치 제도를 도입하고 있습니다).

이와 같은 토지가치세 제도는 땅을 많이 가진 지주들에게는 관심을 사지 못하는 제도입니다. 그러나 그것은 직접 생산에 참여하는 사람, 즉 노동자, 제조업자, 농부, 어부, 삼림업자는 물론 가옥 소유자들의 이익에는 최대로 부합한 제도입니다.

그러나 이 사람들이 여기에 대한 실상을 알지 못하는 까닭이 있습니다. 부동산 투기꾼들이 자기들의 속셈을 정치가들이나 자본가들 혹은 대학 교수들의 이론, 학설 뒤로 숨겨 버리기 때문입니다. 이 토지가치세야말로 성경이 요구하는 유일하고도 가장 기본적인 경제제도이므로 (레 25:14~17) 우리 크리스천들은 어떤 정치적인 영향력을 동원해서라도 이 세금법이 제정되고 다른 세금들은 없어지도록 해야 합니다. 이것은 직업시장의 공급을 확대하고, 인플레를 방지하며, 무자비한 자들로 하여금 약자들을 착취하는 일이 불가능해지도록 보호해 주기도 하는 것입니다. 그러나 이것이 결코 쉬운 과업이 아니라는 것을 기억하시기 바랍니다. 피 흘리는 일이 없이 토지개혁이 있었던 적은 없었습니다. 1950년 4월에 있었던 한국의 토지개혁은 2차대전에서 미군과 일본군 그리고 수많은 민간인들의 피 흘린 대가로 지불된 것이었습니다.

 토지는 우리가 가져야 할 것 중에도 가장 소중한 재산인 것입니다. 그러므로 하나님은 모든 가정이 이 토지를 소유하기를 원하시는 것입니다. 그러나 사람이 남의 땅 차지하는 맛을 알게 되면 그것은 아편이나 코카인(cocaine)만큼이나 강하게 그들을 중독시켜 버리는 것입니다. 그러므로 토지 개혁이 없는 한 민주주의 혹은 복지사회라는 말은 전적으로 무의미한 말들인 것입니다.

 자, 그러면 처음 시작하였던 이야기로 다시 되돌아가 봅시다. 하나님은 이스라엘이 하지 못했던 일을 한국이 해 주기를 원하시는 것입니다. 즉 한국은 아브라함의 축복들을 나누어 주어 모든 민족들에게 복의 근원이 되기를 원하시는 것입니다. 어떻게 우리가 이 일을 할 수 있습니까? 우선 우리는 우리가 갖고 있는 정치, 경제적 관심을 이미 지적한 장애 요인, 특히 토지 투기를 없애는 데 모아야 합니다. 그리고 난 뒤 풍부한 노동력과 그들의 열정 그리고 에너지를 밑천으로 자연개

발에 관심을 쏟아야 합니다.

그러면 이것이 전부입니까? 아닙니다. 그 외 남는 모든 힘은 전 세계에 선교사를 파송하는 일에 쏟아야 하며 특히 아직까지 복음이 미치지 아니한 곳에 선교사가 들어가도록 해야 합니다. 그 다음 우리는 무엇을 할 수 있습니까? 예수님이 다시 오셔서 그의 나라를 건설하실 때 조금도 부끄럼 없이 이렇게 말하는 것입니다. "주여, 우리는 당신의 사랑과 구원을 나타내기 위해 우리의 가진 바 모든 힘을 다 썼나이다."

우리는 사람들이 착취를 당하며 가난에 떨고 있을 때 게으른 방관자가 되어서는 결코 하나님을 기쁘시게 할 수 없습니다. 우리는 우리 중에 있는 모든 힘을 다 사용하기 전까지는 결코 정부가 그 일을 하도록 요구할 수 없는 것입니다. 또 크리스쳔들이 정권을 잡아 크리스쳔 정부가 그 일을 하도록 할 수도 없습니다.

이사야는 우리 중의 누가 어떤 사람을 속박 상태에 가두어 두고 있으면 그들을 해방시켜야 한다고 말합니다. 이것은 크리스쳔 판사가 억울하게 착취당한 사람, 애매하게 잘못된 사람을 심리할 때도 적용되어야 합니다. 우리는 정부의 빵이 아니라 우리가 가진 빵으로 굶주리는 자들의 이웃이 되어 주어야 합니다. 또 우리 스스로가 의지할 데 없는 자들을 우리들의 집으로 영접해야만 합니다. 만약 모든 크리스쳔들이 이런 일들을 마치 초대 교회와 크리스쳔이 그리했던 것처럼, 할 수 있다면 우리는 정치에 호소하지 않고도 세계의 골치 아픈 문제들을 능히 해결할 수 있을 것입니다. 이것이 우리 교회가 이 땅에 하나님의 왕국을 건설하는 길이며 우리가 하나님의 택한 족속으로서의 역할을 성취하는 방법인 것입니다.

평신도 선교사로서의 두 가지 역할

존경하는 대천덕 신부님께.

얼마 전 우리 대학부 학생들이 예수원을 방문하였을 때 신부님과 그곳의 형제자매들이 우리에게 베풀어 주신 사랑과 친절에 감사를 드립니다. 예수원에 계신 분들이 처음 우리에게 '형제님', '자매님'이라고 불렀을 때 그 말이 그저 이상하게만 들렸습니다. 그러나 나중에 그렇게 부르는 것이 오히려 성경적인 호칭이라는 것을 알았습니다. 그리고 놀랍게도 그곳을 떠날 때쯤에는 저 자신도 그렇게 부르는 데 익숙해져 있었습니다. 부디 기도하옵기는 하나님이 예수원의 교제의 모습을 더욱더 하나님이 원하시는 형태로 이끌어 주셔서 우리 모두가 '코이노니아'의 진정한 의미가 무엇인지를 우리 눈으로 볼 수 있도록 해달라는 것입니다.

제가 드리고 싶은 질문은 매우 간단한 것입니다. 사실 이 질문은 예수원을 방문했을 당시 하고 싶었던 것이었으나 그만 기회를 놓쳐 버렸습니다.

저는 지금 외국어 대학교에서 언어학을 공부하고 있는데 하나님께서 저를 해외 선교사로 부르셨다고 믿고 있습니다. 그러나 제가 받은 선교사로서의 부르심은 안수받은 교역자나 신학을 전공한 학자가 아니라는 것도 알고 있습니다. 신학대학원에서 3~4년의 또 다른 신학 교육을 받는 것이 하나님의 뜻이 아니라고 생각한다는 것입니다. 어학에 은사와 소질을 가진 평신도가 선교 현장에서 일할 수 있는 기회는 없는지요? 신부님의 조언을 구하고 싶습니다.

— 오금규 올림

사랑하는 금규 형제에게.

편지 주셔서 감사합니다. 나는 금규 형제가 예수원에 머무는 당시에 이 질문을 하지 않았던 것이 오히려 잘된 일이라 생각됩니다. 왜냐하면 특별히 아직 어느 대학에 가야 할지 결정을 내리지 못한 학생들에게 도움을 주고 싶기 때문입니다.

사실 어학에 소질이 있고 새로운 언어에 대한 습득 능력이 뛰어난 사람에게는 선교사역에 있어 거의 제한을 받지 않는다는 사실을 말씀드리고 싶습니다. 신학교육을 받지 않았다는 사실은 거의 문제가 되지 않습니다. 문제가 된다고 한다면 이런 일의 중요성을 교회에게 알려 그 일에 교회가 지원할 수 있도록 설득하는 문제입니다.

한국에 계셨던 존 달리(김요한) 주교님께서 "전도란 예수님을 위하여 사람들을 친구로 사귀는 것이다."라고 말씀하셨는데 우리들도 해외에 나가서 근무할 수 있는 직업이 있다면 그런 직업을 의도적으로 찾아 전공할 수도 있을 것입니다. 바울도 스스로 먹을 것을 벌어가며 하나님이 죄인들의 친구가 되어 주신다는 기쁜 소식을 전하였습니다.

그러나 해외에 나가 학생의 신분으로 언어학을 공부하는 사람은 풀타임(full time)으로 공부해야 하기 때문에 선교부에서 선교비를 지원해 주지 않으면 안 됩니다. 그러나 잘 아는 대로 선교부는 선교비를 제공할 만한 재정력이 없는 단체입니다. 선교부에서는 단지 교회들로부터 선교헌금을 받아 선교사들에게 보내어 주기만 할 따름입니다.

그러므로 이제 우리는 이런 류의 선교를 시작해야 함이 얼마나 중요한가를 한국 교회로 하여금 알게 해야 합니다. 선교 후보생이 나온 후에 시작하게 되면 이미 늦습니다. 교회마다 매년 예산에서 한 명 혹은 그 이상의 선교사들의 선교기금을 마련해 두는 일을 당장 시작하지 않으면 안될 것입니다. 왜냐하면 머지 않아 해외로 나갈 선교사들이 상당히 많이 나올 것이기 때문입니다.

　형제와 같이 언어학을 공부하고 있는 평신도들에게 특별히 권해 드리고 싶은 선교 스타일은 '문맹인을 위한 선교(literary evangelism)'입니다. 이런 선교사는 미국에서 일정한 훈련을 받고 이 분야의 전문가의 도움을 받은 뒤 곧 선교 지역으로 떠납니다. 미국 오클라호마주 툴사에 본부를 두고 있는 '국제문맹퇴치선교(Literary Evangelism International)'가 바로 이 분야의 선교를 주도하고 있습니다. 현재 '국제문맹퇴치선교'는 한국 사람들을 몹시 필요로 하고 있습니다. 사실 한국에서 지원자들이 많이 나오게 되면 한국에서 훈련 캠프를 개설할 수도 있습니다.

　문맹퇴치 선교사들을 필요로 하지 않는 나라는 - 일본과 한국을 제외하곤 - 거의 없습니다만 어떤 나라들은 다른 나라들보다 쉽게 문맹퇴치 선교사들을 받아 들이고 있습니다. 미국에서도 이런 선교사들이 상당한 효과를 얻으며 사역하고 있는데 더 많은 선교사들을 필요로 하고 있습니다. 어떤 나라에서는 글을 가르칠 때 필요한 교재가 이미 준비되어 있기도 합니다. 그래서 훈련받은 선교사들은 단지 그 교재를 가지고 가르치기만 하면 됩니다. 그러나 어떤 나라에서는 교재가 만들어지고 있는 중이라서 선교사들이 이 일을 하는 데 상당히 많은 시간을 보내고 있습니다. 그밖에 많은 나라에서도 이와 같은 사역을 할 수 있는 기회가 있지만 일할 사람이 없는 실정입니다.

　문맹퇴치 선교에 대해서 가장 흥미로운 사실은 심지어 선교의 문이 닫혀 있는 이슬람이나 공산권 국가들에서도 이 분야의 선교만은 허용된다는 것입니다. 선교사들이 사용하는 교재가 성경으로 되어 있기 때문에 개인 전도의 기회가 얼마든지 주어진다는 것입니다. 그런가 하면 이를 통해 글을 배운 새신자들은 감격한 나머지 또 다른 사람을 가르치게 되고 이것이 한 사람이 한 사람 가르치는 운동으로 확산되어 결국 책이 닳아 못 쓰게 될 정도까지 이르게 될 것입니다.

　이와 같이 문맹퇴치 선교는 복음전파에 있어서 대단히 큰 효과를 얻을 수 있을 뿐만 아니라 이것이 사회사업의 가장 중요한, 기본적인 형태 중의 하나가 될 수 있습니다. 그래서 심지어 급진적인 정부나 혁명정부도 이런 선교를 환영하고 있습니다. 읽고 쓸 줄 아는 지식인들이 없이는 영구적이고 장기적인 사회 발전은 기대할 수가 없기 때문입니다.

　예수님께서 선교하실 때 가난한 자들에게 눈을 돌린 사실은 역시 주목할 만한 일입니다. 글자를 모르는 문맹인이야말로 정말 가난한 자들이 아닙니까? 그들은 가난하기 때문에 배울 수가 없습니다. 그리고 배우지 못했기 때문에 가난할 수밖에 없습니다.

　문맹퇴치 선교는 선교사역 중 가장 보상을 많이 받을 수 있는 사역 중의 하나입니다. 그래서 결실을 맺는 속도가 대단히 빠릅니다. 이런 선교를 하려면 대도시 속에 있는 빈민촌으로 들어가야 하거나 아니면 아직 문화적인 혜택을 누리지 못하는 후진지역으로 가야 합니다.

　이런 일에는 자기 명예나 영광, 그리고 사회적인 명성을 전혀 기대할 수 없습니다. 일반적으로 생활 수준이 높은 자들은 가난한 자들을 멸시합니다. 특히 배우지 못한 문맹인들에게 더욱 그러합니다. 그래서 이들은 글을 모르는 자들을 그들의 목적대로 부리고 이용해 먹기 위해 글을 가르치려고 합니다. 이들은 그들을 이용하기 위해 공작요원(propaganda)을 그들에게로 보내는 것입니다. 이것은 그 동기만 다를 뿐이지 우리가 선교사들을 파송하는 것과 다를 바가 없습니다. 즉 그들은 문맹자들을 그들의 도구로 삼기 위해 문맹퇴치 선교사들을 보내고 있는 것입니다.

언어학도들을 위한 또 다른 선교형태가 있습니다. 그런데 이 선교는 빈민굴에서 사역하는 것보다 훨씬 더 위험하며 불편합니다. 또한 결실의 속도도 더디며 일의 규모 또한 크지가 않습니다. 그렇지만 이 선교 역시 하나님의 편에서 보면 대단히 중요한 사역입니다.

그것은 다름아닌 성경을 번역하는 일입니다. 성경이 세계 대부분의 민족들에게 번역이 되어 있긴 하지만 아직 이 지구상에는 글자 없이 말(spoken language)만 가지고 있는 소수 종족이 수천이나 됩니다. 그들은 대부분 밀림 깊은 곳에서 생활하고 있기 때문에 외부 세계와 거의 접촉을 하지 않고 있습니다.

먼저 성경 번역가들은 김이 무럭무럭 올라오며, 뱀이 우글거리는 밀림의 계곡에서 살고 있는 원주민들의 부락 근처에 거처할 집을 지어야 합니다. 그리고 그들의 말을 배워야 하며 또한 그들의 말을 글자로 만들어야 합니다. 그러고 나서 그들의 말로 성경을 번역해야 합니다. 그것은 대단히 복잡한 작업입니다. 왜냐하면 그 말을 배우기 위해서 그 부족의 말뿐만 아니라 문화까지 배워야 하기 때문입니다. 이것은 대단한 인내와 고통을 요구하는 일입니다.

대부분의 성경 번역가들은 신학대학원 출신들입니다. 이곳에서 공부함으로써 히브리어와 헬라어를 자연스럽게 배울 수 있습니다. 이들은 문맹퇴치 선교사들보다도 훨씬 더 많은 준비 기간이 필요합니다. 왜냐하면 그들은 성경언어인 히브리어와 헬라어를 공부해야 될 뿐만 아니라 언어학의 원리까지 연구해야 하며 나아가서 교과서 없이 글자 없는 말을 배워야 하기 때문입니다.

이에 반하여 문맹퇴치 선교사들은 영어와 선교할 그 지역의 언어만 배우면 됩니다. 또 그들은 이미 만들어져 사용되고 있는 언어를 가지고 활동하며 또 언어가 성경으로 번역되어져 있어 이미 많은 사람들이 그 언어를 사용하고 있는 지역에서 일을 하는 것입니다.

이제 형제도 아시겠지만 두 가지 선교 형태, 즉 문맹퇴치 선교이든 성경번역 선교이든 간에 둘 다 언어 능력이 필요하다는 사실입니다. 그러나 사역의 장소, 조건 및 사역의 규모, 그리고 훈련을 받는 데 소요되어지는 기간에 있어서는 엄청나게 차이가 있습니다. 만약 형제가 영어 말고 다른 외국어를 전공했다면 문맹퇴치 선교사로서 일할 수 있는 어떤 사역지를 찾을 수 있을 것입니다. 그러나 아직 어떤 언어를 전공해야 할지 결정을 보지 못한 형제가 있다면 '국제문맹퇴치선교' 회장님에게 연락하여 어떤 언어를 전공해야 할지 상담해 보는 것도 좋으리라는 생각이 듭니다.

받은 은사를 자신의 뜻대로 사용하려 하지 않고 하나님의 뜻대로 사용하고자 하는 형제의 믿음에 대해 정말 감사합니다. 현재 외국어를 구사할 수 있는 평신도들이 해야 할 일들이 너무나도 많다고 생각합니다. 사실 '평신도'란 말은 신약성경의 용어가 아님을 기억하시기 바랍니다. 모든 그리스도인들은 하나님을 위한 풀 타임 사역자들입니다. 당신의 경우도 그러한 것처럼 이들을 통하여 이루어져야 할 하나님의 사역은 계속 줄을 이어 그들을 기다리고 있습니다. 하나님께서 형제의 믿음이 변치 않도록 지켜 주시길 바라며 그 생각 위에 축복해 주시기를 기도합니다.

하나님은 내가 맡은 일에 다른 후보자를 갖고 계십니까?

존경하는 대천덕 신부님께.

제가 드리고 싶은 질문은 하나님의 주권(sovereignty)과 권위(authority)에 관한 것입니다. 하나님이 계획하셨더라도 인간이 그것을 무산되도록 하는 일이 가능한지요? 하나님은 전능하시므로 누가 순종을 할 것인지 또는 불순종할 것인지를 알고 계시므로 미리 알아서 당신의 계획을 수행해 나가실 것이라고 생각되는데요. 그런데 신부님이 지난번 부산에 내려오셔서 강의하실 때는 주권에 대해 너무 일방적으로 해석하시는 것 같았습니다. 만약 제가 하나님께 순종하기를 거부한다면 하나님은 저를 알아서 다루어 주실 것이지만 그 불순종이 하나님의 일에는 별 영향을 미치지 않을 것이라는 것이 제 생각입니다. 만약 제가 하나님께 순종하지 못한다면 하나님은 다른 사람에게 그 일을 하도록 하시지 않겠습니까?

저의 불순종은 어디까지나 저 한 사람의 개인적인 문제라는 생각입니다. 그런데 신부님은 저의 불순종이 많은 다른 사람에게도 영향을 미칠 수 있다고 말씀하시는 것 같았습니다. 만약 이것이 사실이라면 하나님은 내가 아니면 일을 하시지 못한다는 말씀인데 그렇다면 하나님은 전능하시지 않지 않습니까? 그리고 실제로 저 한 사람이 하나님 앞에서 그리고 이 거대한 세계 속에서 뭐가 그리 대단한 존재가 될 수 있겠습니까? 이 점을 다시 한번 짚어 봐 주셨으면 좋겠습니다.

- 고요나 올림

사랑하는 요나 형제에게.

편지 감사합니다. 제기하신 질문은 하나님의 주권을 믿는 사람들을 자주 괴롭게 만드는 것 중의 하나입니다. 인간의 자유의사가 하나님의 사역에 어떤 영향을 미치는가에 대해서 아는 것은 사실상 매우 어렵습니다. 만약 누군가가 하나님께 순종하기를 거부한다면 하나님은 과연 그 일을 행할 다른 사람을 찾으실 수 없겠습니까?

먼저 우리는 사람의 불순종으로 인하여 하나님의 계획이 무산되거나, 무산될 뻔 했던 몇 가지 경우를 생각해 봅시다. 아담과 이브는 자신들의 불순종으로 인하여 모든 인류에게 저주를 가져다 주었습니다. 애굽으로 가라는 명령을 받았을 때 모세는 계속 이렇게 대답했습니다. "저는 할 수 없습니다. 주여, 보낼 만한 자를 보내소서." 만약 모세가 그때 하나님의 뜻을 거부했더라면 이스라엘 백성들은 또 다른 4백 년을 애굽에서 지내야 했을 것입니다. 그 일을 행할 다른 사람이 그들 중에는 없었기 때문입니다.

가나안 땅을 정탐하고 온 12명의 정탐꾼들 중 10명은 자신들이 그 땅을 차지하는 것이 불가능하므로 다른 사람들이 해야 한다고 대답했습니다. 그들 중 2명만이 하나님께서 도우시면 그 일을 할 수 있다고 대답했습니다. 전자의 불순종으로 인해 이스라엘 백성들은 40년을 광야에서 지내야 했습니다.

또 요나의 경우를 생각해 봅시다. 그가 니느웨 성(城)에 가서 외치기를 끝까지 거부했더라면 그 성 사람들은 어떻게 되었겠습니까? 그들은 모두 멸망했을 것이 분명합니다. 왜냐하면 그때로부터 하나님의 계획된 심판은 불과 40일밖에 남지 않았고, 하나님은 이스라엘 백성들 중 요나의 대타, 즉 후보자(substitute)를 찾으실 수 없었기 때문입니다. 만약 하나님께서 요나 대신 그 일을 행할 수 있는 다른 사람을 찾으실 수 있었더라면 그를 삼키게 하는 특종(特種) 물고기를 만드시는 과정을 어렵게 치루셨겠습니까? 그렇게 하는 것보다 다른 사람을 찾아 빨리 보내는 것이 훨씬 쉽지 않았겠습니까! 그 밖에 솔로몬, 르호보암, 아합 등 셀 수 없이 많은 이 사람들의 이름이 무엇을 말해 주고 있습니까? 이들은 하나님께서 하라고 명하신 것을 거부했던 결과 수많은 사람들에게 재난이 임하도록 한 사람들이었습니다.

나는 이와 똑같은 영적 원리가 오늘날 우리 가운데서도 나타나고 있다고 생각합니다. 나는 최근 영국의 어느 갱생원(更生院)으로부터 한 장의 편지를 받았습니다. 그곳은 마약 중독자들을 상대로 귀한 일을 많이 하는 보호소였습니다. 그런데 이 갱생원이 도움을 요청하는 54명의 마약 중독자들을 할 수 없이 내보내야만 했다는 것입니다. 그 이유는 그들을 돌봐 줄 일꾼들이 없었기 때문입니다.

이런 상황임에도 불구하고 지금 영국에는 수백만 명의 실업자들이 있습니다. 그들 중에는 갱생원에서 일을 할 만한 사람들이 분명히 있을 것입니다. 그런데도 왜 그런 보호시설들은 일꾼들이 없어 곤란을 겪어야만 합니까? 그 일을 하도록 부름을 받은 자들이 그 일이 힘들다고 돌아서 버렸기 때문입니다. 그 결과로 마약 중독자들은 계속 고통을 당하고 있으며, 그들의 문제에 대한 하나님의 해결책을 소개받지 못하고 있는 것입니다.

이와 같은 현상은 홍콩에서도 나타나고 있습니다. 도움을 요청하는 사람들의 수가 하도 많아 그 도움에 응해 주려는 하나님의 일꾼들과 재원은 턱에도 닿지 못하고 있는 실정입니다. 지금 그 일을 하고 있는 하나님의 일꾼들은 계속되는 과로로 몸이 몹시 망가져 있습니다. 누군가가 그들 옆에서 그 일을 함께 해야 할 사람들이 나 아니더라도 많다고 생각했기 때문입니다. "하나님, 그 일을 할 사람들을 보내 주시옵

소서." 이렇게 볼 때 지난 해 요나 형제가 이곳에 와서 비록 몇 삽일지언정 눈 치우는 작업에 동참해 주신 것은 얼마나 감사한 일인지 모릅니다. 형제가 그 일을 해 주셨기 때문에 다른 형제가 또 다른 일을 마음 놓고 할 수 있었습니다.

좀 큰 대학의 운동부들은 스타팅 멤버들이 지치거나 부상당할 것에 대비해서 항상 후보선수들을 데리고 다닙니다. 그중 어떤 대학들은 선수층이 하도 두꺼워서 일진(一陣) 선수들과 실력이 대등한 후보급 선수들을 3팀, 혹은 4팀씩 거느리고 있는 곳도 있습니다.

내가 다녔던 대학의 미식 축구팀은 그 당시 미국 내에서는 일류급으로 통하는 선수들이었습니다. 그러나 우리 대학 팀은 마땅한 후보급 선수들이 없었습니다. 우리의 상대팀에서는 우리 대학의 쿼터백(quarterback)에 후보가 한 명도 없다는 것을 알았습니다. 그래서 이들은 시합 중 쿼터백이 빠지도록 온갖 노력을 다 기울였습니다. 그가 빠지게 되면 그들의 승리는 따 놓은 것이나 다름 없다고 생각했던 것입니다. 그 결과 그 불쌍한 쿼터백은 매 게임의 후반에는 늘 지쳐 버리고 말았습니다. 그것 때문에 그는 그의 선수 경력에 큰 타격을 받았습니다. 선수로서의 명성도 잃어 버리고 과학적 재능도 있었지만 그쪽에서도 능력을 발휘할 수 있는 기회를 놓쳐 버리고 말았습니다. 졸업 후 그는 그의 장인이 경영하는 회사에 평사원으로 취직하고 말았습니다. 그리고 내가 고등학교에 다니던 때에는 우리 학교의 축구팀은 후보가 한 명도 없었습니다. 따라서 누군가가 부상이나 파울로 퇴장을 하게 되면 모자라는 숫자 그대로 게임을 할 수밖에 없었습니다.

이제 우리가 알아야 할 것이 있는데 하나님은 후보 선수를 가지지 아니하신다는 사실입니다. 하나님은 우리 각자에게 해야 할 일을 맡기십니다. 그래서 만약 맡은 그 일을 누군가가 하지 아니하면 그 일은 그대로 남아 있는 것입니다. 만약 다른 누군가가 유기된 그 일을 하려고 하면 그는 자기의 일을 버려 두거나 아니면 두 가지 일을 함께 해야 하므로 과로를 해야 할 것입니다. 만약 그가 과로로 인해 몸이 몹시 상하면 두 가지 일이 모두 망쳐질 것이며 그럴 경우 그는 어느 하나를 버리는 것보다 훨씬 못한 결과를 보게 될 것입니다.

교회에는 한 사람이 부여받은 사명을 다하지 못함으로 해서 생긴 각종 재난에 대한 기록들이 수없이 많습니다.

쿠블라이 칸(Kublai Khan)은 중국 원나라의 초대 황제였는데 그의 어머니는 크리스천이었습니다. 그의 어머니가 크리스천이어서 그랬는지는 몰라도 그는 자신도 크리스천이라고 생각했습니다. 그래서 그는 원나라를 기독교 국가로 만들고자 했습니다. 그는 사절을 로마 교회에 보내 1백 명의 선교사들을 보내 달라고 요청했습니다. 그러나 로마 교회에서는 단 2명의 선교사만을 파송했습니다. 나머지 98명의 선교사들은 그들 스스로가 가기를 거부했는지 아니면 로마 교황이 가도록 주선을 하지 않았는지는 잘 모르겠습니다. 하여튼 이로 인해 원나라 황제는 몹시 화가 나서 이미 18개 주에 세워져 있던 기존 교회들마저 쓸어 버리고 말았습니다. 그 대신 그는 중국을 불교국으로 만들었습니다.

지금으로부터 30년이 조금 못 되었던 때, 하나님은 한 미국의 젊은 기술자를 중국으로 보내어 모택동에게 복음을 증거하도록 하셨습니다. 내가 믿기에 그가 모택동에게 복음을 증거할 수 있는 유일한 사람이었지 않나 생각하고 있습니다. 그가 그때 갔더라면 모택동은 그의 복음을 듣고 받아들였을지도 모릅니다. 그런데 그가 홍콩에 도착했을 때 그가 미국에서부터 알고 지내던 늙은 목사님 한 분을 만나게 되었습니다. 그 목사님은 그날 밤 "모택동이 곧 죽을 터인데 그가 죽으면 중국의 문호가 개방되어 나의 백성들이 많이 그곳으로 가리라."라는 음성을 듣게 되었습니다. 이에 목사님은 젊은이에게 모택동에게 가지 말도록 권유했습니다. 그러나 그 후로 모택동은 죽지 않았고 대신 문화 혁명이 일어나게 되어 중국은 수많은 악랄한 사건과 무서운 피 흘림으로 나라가 내환을 겪게 되었습니다.

그로부터 몇 년 후 헨리 키신저 장관이 모택동을 방문하게 되었는데 그가 키신저 장관과 대화하고 싶었던 것은 오직 하나님에 관한 것뿐이었다는 것입니다. 그러나 예수님을 모르는 키신저가 모택동에게 하나님을 소개해 줄 수는 없었습니다. 모택동의 보좌관들은 키신저를 제외한 다른 여행자들을 그에게 접근하지 못하도록 했습니다. 하나님은 그에게 꼭 한 사람의 일꾼(선지자)을 보내셨던 것입니다. 그를 대신할 후보자는 없었습니다.

한번은 하나님께서 한 젊은이를 예수원으로 보내 주셨습니다. 그는 한국에 있는 유수한 신학대학원을 수석으로 졸업한 사람이었습니다. 그는 신학 석사 과정을 거치기만 하면 신학교에서 교수로 기용해 주겠다는 약속을 받고 있었습니다. 그러나 그는 산간지방의 불쌍한 사람들을 위해 하나님이 자신을 부르셨다고 믿고 있었습니다. 그는 우리 예수원과 같은 공동체가 꼭 필요로 하는 사람이었습니다. 그러나 그는 산간지방에 오래 머물지 못했습니다. 예수원으로 오라는 요청도 거절했습니다. 그 후로 하나님은 한번도 그의 대타를 보내 주시지 않았습니다.

그 일이 있었던 거의 같은 시간에 하나님은 성공회의 한 사제에게 예수원으로 가는 일에 대해 말씀을 주셨습니다. 그가 거의 결심을 굳혀갈 단계에 그는 마음을 다시 바꾸고 말았습니다. 하나님은 대신할 일꾼도 결코 보내 주시지 않았습니다. 나는 올해로 일흔 두 살입니다.

나는 지금도 자신을 낮추어 예수원에서 2년 반의 훈련을 기꺼이 받아 줄 수 있는 일꾼을 기다리고 있습니다. 그렇게 되면 그가 나를 대신하여 가르치는 일을 해 줄 수 있고 나는 물러날 수가 있습니다. 나는 가르치는 일을 잘 하지도 못하거니와 지금은 감당할 기력도 없습니다.

약 1백 년 전 하나님은 젊은이들을 통하여 소위 학생신앙운동(The Student Volunteer Movement)을 일으키셨습니다. 그들이 내건 신앙 목표는 '우리 세대에 세계 복음화를'이라는 제목이었습니다. 그때 많은 선교 신학자들은 그 젊은 대학생들을 통해 1900년까지는 복음이 온 세상에 들어갈 수 있을 것이라고 내다봤습니다. 그 거대한 학생신앙운동에 참여했던 젊은이들 중 많은 대학생들이 실제로 선교지로 나가서 놀라운 일들을 해내었습니다. 한국 땅에 들어왔던 개신교 선교사들 중, 그들이 집회에서 서약을 했으면서도 결국은 많은 숫자가 하나님 앞에서 등을 돌리기도 했습니다.

미국의 크리스천들은 그 후로 다른 민족들에 대해서는 관심을 끊고 말았습니다. 1백 년이 지난 오늘날 세계의 인구는 놀랄 만큼 증가되었습니다. 지금도 그 증가율은 크리스천의 증가율을 크게 앞지르고 있습니다. 그리하여 우리가 감당해야 될 선교적 사명은 그때보다는 지금이 더 막중하게 되었습니다. 그런데 지금 또 한번의 운동이 일어나고 있습니다. 미국에는 또 다시 대규모의 대학생 신앙집회가 생겨나고 있으며 많은 학생들이 그곳에서 세계 선교를 위해 자기를 드리겠다고 서약하고 있습니다. 선교학자들은 우리 시대의 선교적 과업이 다시 가능할 것으로 내다보고 있습니다. 2천 년대까지는 모든 민족 방언 부족에게까지 복음의 메시지를 들려 줄 수 있을 것이라는 예견입니다. 그러나 문제는 얼마나 많은 사람들이 이 부르심을 받아들일 것인가 하는 것입니다. 부르심을 듣고도 이렇게 말할 수도 있습니다. "나 아니더라도 후보자는 얼마든지 있어. 그 일은 나에게 너무 힘들고 벅차."

나는 1980년 여의도 광장에서 있었던 세계복음화성회에 참석했었습니다. 나는 그때 민족복음화와 세계복음화를 위해 자신을 드리겠다고 서원하며 손을 든 수많은 대학생들을 보았습니다. 하나님의 부르심을 들었노라고 그들이 우리에게 하는 이야기를 들었습니다. 그런데 바로 그 젊은이들이 지금은 어디로 가 버리고 말았습니까? 나는 매우 근심스럽습니다. 그때의 그 젊은이들이, 하나님의 부르심을 들었다고 자신의 입으로 고백했던 한두 명이 아닌 수천의 젊은이들이 마음을 고쳐먹고 또 이렇게 고백하지 않을까 염려스럽습니다. "하나님은 또 다른 후보자를 찾으시겠지. 하나님은 나 같은 사람은 필요로 하지 않아. 나 하나 빠졌다고 하나님이 섭섭해 하시지는 않을 거야." 이렇게 말하고는 하나님이 전혀 원하시지도 않는 일을 하기 위해 하나님 앞에 등을 돌리지는 않을까요?

요나 형제, 만약 그 젊은이들이 하나님의 일을 하지 않는다면 누구의 일을 하고 있는 것입니까? 만약 형제와 그 젊은이들이 하나님께 순종을 하지 않고 있다면 누구에게 순종을 하고 있습니까?

요나 형제, 하나님은 후보나 이진(二陳)을 갖고 계시지 않습니다. 만약 하나님께서 형제에게 해야 할 일을 주시면 하나님은 당신 외에 그 일을 하도록 준비한 후보 선수를 거느리고 있지 않음을 아시기 바랍니다. 모든 다른 크리스천들도 마찬가지입니다. 그들 모두가 하나님으로부터 해야 할 일을 받았습니다. 그 일은 당신의 것입니다. 당신이 그 일을 하지 않으면 그것은 미완(未完)의 일로 그대로 남게 됩니다. 하나님께서 무엇이든 하라고 하실 때, 그대로 행하십시오(창 31:16; 렘 1:7; 마 28:20; 요 2:5). 형제는 스스로가 똑똑하지 못하고 부족하다고 했습니다. 그러면 한 가지 형제에게 물어 보겠습니다. 형제는 물 한 바가지를 항아리 속으로 부으실 수 있습니까? 그렇다면 하나님은 당신을 통해 기적을 나타내실 수 있습니다. 하나님께 당신을 드리십시오 (요 15:14). 안녕히 계십시오.

산골짜기에서 온 편지

경제적 위기 상황에서의
기독교인들의 자세

존경하는 대천덕 신부님께.

최근의 도하(都下) 각 신문들은 세계 증권가에 휘몰아친 충격을 연일 보도해 오고 있습니다. 우리의 귀에 들리는 바에 의하면 이것이 1929년에 있었던 세계 대공황(the great depression)의 양상으로 나타날지 아니면 금융계, 실업계, 또는 각 나라 정부 당국의 노력으로 그 기세가 잡혀질지는 시간이 가봐야 알게 될 것이라는 소문입니다. 만약의 경우 모든 것이 잘 풀려 경기가 다시 회복되고, 특히 한국 경제가 계속 번영 일로를 치달을 경우 그것만큼 우리에게 다행스러운 일이 어디 있겠습니까? 그러나 꼭 무슨 일이 일어날 것 같다고 몹시 염려하는 사람들도 많습니다.

이러한 사건들에 대해 우리 크리스천들이 취해야 할 자세는 어떤 것일까요? 그리고 만약의 경우 사태가 몹시 악화되기라도 한다면 우리들은 무엇을 해야 할까요? 저는 신부님께서 경제에 대한 성경적인 강연을 하실 때마다 하나님의 뜻을 따르기 위해 우리 크리스천들이 취할 수 있는 행동이 무엇인가를 말씀하셨으며 또 좋은 생각을 갖고 계시다는 것도 알고 있습니다. 그러나 또 염려스러운 것은 그 거대한 경제 세력에 영향을 미칠 수 있는 우리 크리스천들의 영향력이란 것이 과연 충분한가 하는 것입니다. 만약 하나님께서 이 세상의 경제를 붕괴되도록 허락하시는 심판을 내리신다면 우리 크리스천들은 어떻게 해야 할까요? 신부님의 답변을 듣고 싶습니다.

― 염진영 올림

사랑하는 진영 형제에게.

보내 주신 편지에 감사를 드립니다. 증권파동에 대한 뉴스를 신문에서 읽는 순간 나는 이것이 하나님의 법을 따르지 않을 때 생길 수밖에 없다고 내가 누누이 가르쳐 오던 바로 그 사건임을 알 수 있었습니다. 물론 우리는 이 거대한 경제세계가 하나님의 법에 순종할 것이라고 기대한 것은 아니었습니다. 그러나 그렇다고 우리는 이러한 사건이 발생될 경우 어떻게 대처해야 하는가에 대해서 사람들에게 가르친 적도 없었습니다. 실제적인 공황이 닥칠 경우 어떻게 해야 하는지에 대한 구체적인 방안을 제시하지 못한 것입니다. 내가 보기에 이제 우리는 그런 일에 매우 현실적인 감각을 가져야 할 때라고 느낍니다. 그리고 나는 우리 하나님께서 매우 실제적인 하나님이신 것에 감사를 드립니다.

세계 대공황 당시 미국에는 프랭클린 루즈벨트(Franklin D. Roosevelt)가 대통령으로 선출되었습니다. 그는 대통령이 되고 난 후 국민들에게 행한 첫 번째의 연설에서 이렇게 말을 시작했습니다. "이제 우리가 두려워할 것은 두려움 외에는 아무것도 없습니다." 크리스천이 아닌 사람에게는 이것이 결코 사실일 수 없습니다. 그러나 크리스천들에게는 그것이 사실입니다. 하나님은 이 세상을 주관하고 계시는 분이십니다. 또 우리는 그의 피로 값 주고 사신 바 된 그의 자녀입니다. 그러므로 하나님은 무슨 일이든지 그의 뜻이 아니고는 아무 일도 우리에게 일어나도록 허락하지 아니하실 것입니다. 예수님과 사도 바울과 그리고 그 밖의 여러 제자들처럼 우리는 지금 다른 사람들의 죄악으로 인하여 고난을 겪고 있는 것입니다. 그러나 우리들은 바울과 실라가 그랬던 것처럼 이것을 예수님을 위한 고난으로 여기며 고난 중에서도 즐거워할 수 있습니다.

아마 형제는 공황이 생기는 것과 그로 인해 많은 사람들이 실직을 하게 되는 것이 예수님을 위한 고난과 무슨 상관이 있느냐고 물으실지 모르겠습니다.

그 이유를 말씀드리면, 우선 우리가 어려움을 당하고 있는 사람을 위해 무엇을 하든지 간에 그것은 곧 예수님을 위하는 일이라는 것입니다. 예수님을 위하는 일은 복음을 전파하는 것만은 아닙니다. 복음을 위해 핍박을 당하는 것도 예수님의 고난에 참여하는 일이기도 한 것입니다. 그것은 어려움에 처한 사람들과 나의 가진 바 소유를 나누는 일이기도 한 것이며 그로 인해 내가 조그만 역경을 경험하게 되는 것을 말합니다. 그것이 바로 그리스도를 섬기는 일인 것입니다.

예수님은 "너희 중에 지극히 작은 자에게 행한 것이 바로 나에게 행한 것."이라고 말씀하셨습니다. 만약 우리의 경제가 어려워지고 그에 따라 전반적인 생활수준도 저하된다면 하나님은 그 '지극히 작은 자들'을 위하여 우리들의 생활수준도 조금 더 낮추라고 요구하실 것입니다. 이사야는 하나님이 원하시는 금식(고난)에 대하여 이렇게 가르칩니다. "또 주린 자에게 네 식물을 나눠 주며 유리하는 빈민을 네 집에 들이며 벗은 자를 보면 입히며 또 네 골육을 피하여 스스로 숨지 아니하는 것이 아니겠느냐"(사 58:7).

그러면 경제가 어려워짐으로 직장을 완전히 잃게 될 경우 어떻게 대처하면 좋겠습니까? 우선 우리는 매우 실제적인 방법을 찾아야 합니다. 아무리 경제가 어렵더라도 해고당할 염려가 없는 직장이 있습니다. 그것은 곧 자기 땅에서 식물을 재배하는 일입니다. 오늘날의 소위 기계화 문명은 시골생활을 업신여깁니다.

그러나 그럼에도 불구하고 한 가지 부인할 수 없는 사실은 누구든지 시골에서 3천 평 정도의 땅을 소유하면 그것으로 그의 가족을 부양할 수 있다는 것입니다. 그리고 아무도 그의 직업을 뺏어갈 수 없습니다.

도시에서 어느 누군들 이런 직장을 소유할 수 있겠습니까? 도시, 도시 하지만 도시에서 얻을 수 있는 직장은 이 복잡하고 상호연계성을 띤 기계문명이 와해되기 시작하면 졸지에 떠나가고 말 그런 직장인 것입니다.

우리가 다 아는 대로 이 산업, 기계문명은 그 뿌리가 '탐욕과 폭력'에 내려져 있기 때문에 영원히 지속될 수가 없습니다. 따라서 그것은 언젠가는 스스로 주저앉든지 아니면 무엇과의 충돌로 종말이 고해져야 할 그런 운명적 구조인 것입니다.

지금 세계 각국들이 공황의 소용돌이에서 빠져나올 수 있는 유일한 방법은 전쟁뿐이라고 합니다. 그러나 하나님께서는 우리에게 훨씬 쉽고 해결 가능한 방법을 주셨습니다. 그러나 권력을 가진 자들은 이런 하나님의 방법을 인정하지 않고 있습니다. 따라서 이들은 온 세상을 피로 물들게 하려고 하고 있는 것입니다.

이런 세상 속에서 우리 크리스천이 할 수 있는 일은 무엇이겠습니까? 우선 누구든지 땅을 가지고 있으면 갑자기 직장을 잃게 될 때를 대비해서 그 땅에서 식량을 자족할 수 있는 조치를 취하시기 바랍니다. 만약 누군가가 현재 직장을 가지고 있으면서 땅도 가지고 있으면 그 땅은 다른 사람이 이용해서 자급자족의 수단으로 삼도록 해야 합니다. 도시에 살면서 직장을 가지고 있는 크리스천은 일터가 없는 사람의 생존 문제를 책임져야 합니다. 그러나 단지 끼니를 거르지 않게 한다거나 집을 제공해 주는 정도로는 충분치 못합니다. 식량을 공급해 주는 사람들과, 우리 사회와, 우리 사회의 경제와, 국민들의 정신건강과 그리고 크리스천들로부터 구제를 받는 사람들의 자존심을 위하여 우리는 속히 그들에게 일터를 제공해 주어 스스로 생존문제를 해결하도록 해 주어야 합니다.

그리고 경제 공황이 발생할 경우 그것의 파장을 줄이고 졸지에 생겨나는 실업자들에게 실제 도움이 되는 일자리를 주기 위해 우리 크리스천들이 할 수 있는 일이란 무엇이겠습니까? 먼저 할 수만 있다면 모든 방법을 강구하여 우리의 목소리가 정부 관리들에게 들려지도록 하는 것입니다. 즉 건물과 부동산 활용분에 매기는 세금을 낮추고 대신 토지세를 올리도록 정부 당국자에게 요구하는 것입니다. 이렇게 되면 부동산 업자들의 손 안에서 놀려지던 땅이 풀려나 공장이나 저렴한 주택 혹은 아파트를 지을 수 있는 땅으로 사용되어질 수 있을 것입니다. 또 그런가 하면 묶여 있던 많은 농경지가 식량생산을 위해 사용되어질 수 있습니다.

지금 한국에는 식량을 생산할 수 있음에도 불구하고 잡초나 키우고 있는 엄청난 양의 땅이 있습니다. 이런 상황에서 토지가치세 제도가 실시되면 땅을 적당히 활용할 수 있는 방법이 생겨날 수 있고 또 그 여파로 일거리도 많이 생겨날 수 있습니다. 토지세는 산정하기는 가장 쉬우나 탈세하기는 가장 어려운 조세제도입니다. 그리고 신학적으로 따져 말하면 그것은 결코 세금일 수가 없습니다. 그것은 토지의 유일한 소유주이신 하나님으로부터 사용받도록 허락되어진 그 땅을 사용하는 사람들에게 부과되는 토지 사용료인 것입니다. 레위기에 보면 하나님은 토지를 그의 백성들이 사용하도록 권리를 맡기시고 계십니다 (레 25:14~19).

만약 어떤 크리스천이 자기가 당장 필요치 아니하는 농지가 있으면 그것을 성경적인 원칙에 따라 수확의 20퍼센트를 받기로 하고 빌려 주면 좋을 것입니다. 그러나 지금 시행되고 있는 관례는 주인이 50퍼센트 혹은 그 이상을 요구하는 것으로 되어 있습니다. 그러나 창세기 47장 24절을 보십시오. 토지의 소유주에게 사용자는 4분의 1만 내라고 요구하십니다.

그리고 또 달리 우리 크리스천이 시도할 수 있는 방법이 있습니다. 그것은 일단의 크리스천들이 자신들의 토지를 스스로 만든 '토지공동관리기구'에 맡긴 다음, 그 기구의 감사들로 하여금 토지가 최대한 유용하게 사용되도록 감독케 하는 제도입니다. 이때 감독자들은 인간적인 관점에서뿐만 아니라 토지의 청지기적인 관점에서 토지의 소유자가 토지를 유익하게 사용토록 해야 합니다.

이보다 훨씬 어렵긴 하지만 결국에는 가장 이득을 많이 볼 수 있는 방법이 각종 국제기구를 설립하는 것입니다. 이스라엘에 가면 '모샤브'라는 농부들의 그룹이 있는데 이들은 자신들의 농지를 협동으로 경작하기 위해 매우 긴밀한 유대관계를 맺으며 살아가고 있습니다.

그런데 우리들 역시 이런 사람들로부터 도움을 얻을 수 있을 것입니다. 물론 우리들은 우리들에게 맞는 방법을 얻기 위해 지혜를 주시는 성령께 의지해야 할 필요가 있습니다. '키부츠'란 제도는 협동의 역할을 한 단계 더 강조한 형태인데 여기서는 모든 토지가 공동재산이 되며 작업도 상업농장에서와 같이 계획됩니다. 그러나 모두가 다 땅의 소유주들이므로 이익은 똑같이 분배를 받습니다. 이런 키부츠하에서의 생활은 전반적인 농촌생활의 양상을 바꾸어 주어서 농민들에게 문화적인 삶(cultural pursuit)을 추구할 수 있는 여유를 줍니다. 이것이 우리 크리스천들에게 있어서는 기도하고 성경 읽으며 전도할 수 있는 여유를 준다는 말입니다. 이런 키부츠 형태가 오래되어 잘 정착되면 도시와 농촌 삶의 좋은 점을 합쳐 놓은 이상적인 제도가 될 수 있습니다.

또 다른 종류의 집단 사회는 도시에서 볼 수 있는 것입니다. 크리스천 가정들이 아파트 단지로 이사하여 집단으로 살아가는 스타일입니다. 이러한 도시에서의 집단거주 형태에는 다양한 모습들이 있습니다. 어떤 사람들은 식당을 공동으로 사용하기도 하며, 여인들은 집안 살림만 하는 데서 벗어나 생산직이나 혹은 그 밖의 사회 봉사업에 종사하기도 합니다. 또 이들 가운데는 집단 공동사업으로 그들의 집단 규모와 경제적인 능력 한도 내에서 탁아소, 유치원, 각급 학교를 스스로 운영기도 합니다. 또 어떤 집단은 기업이나 공장을 운영하여 함께 일하며 수입을 균일하게 나누어 가지기도 합니다. 이들은 수입으로 실업자나 가난한 자들을 위해 구제함은 물론 전도와 선교를 위해 쓰기도 합니다.

내가 알고 있는 미국의 한 정착촌은 모두 2백 명이 모여 살고 있는데 무려 1백여 명의 선교사들을 돕고 있기도 합니다. 이와 같은 집단 사회는 실업 문제만은 확실하게 휘어잡을 수 있는데 이들은 실업 문제를 문제로서가 아니라 기회로 맞이할 수 있는 것입니다. 그들 중에서 실업자들은 마을 공동경비로 새로운 기술을 익히거나 성경을 배우며 혹은 선교사업을 위해 준비하기도 합니다. 혹 어떤 사람이 일할 자리가 없으면 선교지로 나갈 사람의 자리를 대신 채우기도 합니다. 이런 문제를 위해서는 마을 전체가 함께 모여 공동으로 의논합니다.

지금까지 이야기한 것들은 '경제공황'이란 도전에 실제적으로 대처할 수 있는 구체적인 방안들이며 이것들은 세계 여러 곳에서 시험적으로 실시되어 온 결과 실효를 거둘 수 있는 방법으로 판명되었습니다. 그러나 이런 제도가 요구하는 한 가지 분명한 규율이 있습니다. 빌립보서 2장 3~4절 말씀, "…오직 겸손한 마음으로 각각 자기보다 남을 낫게 여기고 각각 자기 일을 돌아볼 뿐더러 또한 각각 다른 사람들의 일을 돌아보아 나의 기쁨을 충만케 하라."란 말씀입니다. 이런 일은 각 사람의 마음속에 성령의 역사하심이 있어야 합니다. 이것 없이는 어떠한 경제적 문제도 해결할 길이 없습니다. 그러나 이것이 있으면 어떤 경제적 어려움도 해결치 못할 것은 없습니다. 이와 같은 서로의 문제를 해결하기 위해 협동하는 것을 두고 성경은 '코이노니아'(고후 13:13)라고 부르며 사도신경은 '성도의 교제'라고 말합니다.

그러나 만약 공동체 구성원 전체가 다 가난하고 업(業)이 없는 경우는 어떻게 하면 좋습니까? 이런 경우는 인간의 마음을 변화시키기보다는 환경을 변화시킴으로 나타날 수 있는 하나님의 기적이 기대되는 상황입니다. 하나님은 무일푼이었던 엘리야를 까마귀를 통해 먹여 주셨고 한 끼밖에 남지 않았던 과부집의 식량이 떨어지지 않게 하셨습니다. 하나님은 모두가 가난한 상황 속에서는 이와 같은 방식으로 우리에게 개입하실 수 있습니다. 예루살렘 교회에는 과부가 비정상적으로 많았을 뿐 아니라 교인들은 좋은 직장으로부터 소외된 무리들이었습니다(당시 좋은 일자리는 모두 예루살렘 성전, 즉 요새로 말하면 교회 사업과 관련된 일들이었음). 그러나 사도행전 4장 32절을 보십시오. 그런 상황 속에서도 하나님은 직접 개입하셔서 그중에 핍절한 사람이 하나도 없게 하셨습니다.

사랑하는 진영 형제, 우리가 하나님을 신뢰하는 이상 우리에게 두려움의 대상이란 있을 수 없습니다. 그가 개입하셔서 역사하시는 모습을 우리가 확실히 볼 수 있을 테니까 말입니다. 건승을 빕니다. 안녕히 계십시오.

중보기도의 능력

존경하는 대천덕 신부님께.

　신부님, 제가 이렇게 편지를 드리는 까닭은(실제로 제가 쓰는 것이 아니라 제 조카딸이 대필하고 있음) 하나님께서는 왜 저를 무용지물과 같은 인간이 되게 하셨는가에 대해서 여쭙고 싶기 때문입니다. 저는 꽤 오랫동안 교회에서 매우 활동적으로 봉사해 왔습니다. 여러 부서에서 봉사했는가 하면 심방도 하고 고아원, 양로원도 방문하곤 했습니다.

　그러던 어느 날 하나님께서 마치 저를 내동댕이치기라도 한 것 같은 일이 벌어졌습니다. 어느 날 갑자기 고혈압으로 쓰러졌는데 저의 반신이 그때부터 마비되어 버리고 만 것입니다. 저는 이제 침대와 휠체어 사이를 왔다갔다 하며 살고 있습니다. 오른손이 마비되어 글도 쓸 수 없습니다. 저를 위해서 많은 사람들이 기도해 왔을 뿐 아니라 여러 번 안수기도도 받아 보았습니다. 그러나 신유의 은사를 받았다는 유명한 전도자들의 기도에도 하나님은 응답하시지 않았습니다.

　저는 제게 무슨 문제가 있으며 고백해야 할 죄는 없는지 면밀히 제 자신을 검토해 보려고 했습니다. 그 결과로 저는 몇 가지 용서를 구해야 할 일들이 있다는 것을 알게 되었고 용서를 구해야 할 사람들도 만났습니다. 또 하나님만이 알고 계신 죄들을 주님께 고백했습니다. 이제 저는 하나님께서 저를 용서하시고 저를 고쳐 주시지 아니할 까닭이 없다고 생각하고 있습니다. 그런데도 제가 이런 상태로 있다는 것은 하나님께서 저를 버리신 것이 아닌가 하는 생각이 듭니다. 여기에 대해 제게 해 주실 말씀이나 고쳐야 할 생각이 있다면 말씀해 주시기 바랍니다. 안녕히 계십시오.

　　　　　　　　　　　　　　　　　　　　　- 양숙자 올림

사랑하는 왕 권사님께.

　주신 편지와 염려에 대해 깊은 감사를 드립니다. 추위에 떠는 자들에 대한 동정심, 그리고 그들에 대한 기도, 그 속에 바로 해답의 중요한 부분이 담겨져 있습니다. 물론 우리는 권사님의 이름을 우리의 중보기도 목록 속에 올릴 것이며 아울러 치유를 위해 기도할 것입니다.

　그러나 저는 권사님에 대하여 우리 주님께서 그렇게 가혹하게 행하지 않으셨다고 믿습니다. 다만 권사님은 중보기도의 가치가 어느 정도인지 잘 모르는 그리스도인 중의 한 분이시며, 주님을 섬기는 일이 손과 발로만 가능하다고 믿는 분 중의 한 분이라는 것입니다. 저는 하나님께서 권사님이(하나님의 입장에서 보아) 더 중요한 일을 하기를 원하신다고 믿습니다. 그리고 그 일을 하는 것을 배운 후에는 질병도 고쳐 주시리라 믿습니다. 주님이 보시기에는 권사님께서 그 일을 배우고 행하는 것이 이전에 행했던 일들보다 더 중요한 것일 겁니다.

　주님께서 권사님에게 원하시는 일들이 무엇인가에 대해서 상술하기 전에 다른 한 가지의 가능성에 대해 언급하고자 합니다. 아시겠지만 요한일서 1장 9절에 "만일 우리가 우리 죄를 자백하면 저는 미쁘시고 의로우사 우리 죄를 사하시며 모든 불의에서 우리를 깨끗케 하실 것이요."라고 했습니다. 그런데 많은 사람들이 이 구절 중의 '자백하다(confess)'라는 동사가 마태복음 10장 32절에 나오는 '시인하다'라는 말과 같은 뜻을 가졌다는 사실을 모릅니다. "누구든지 사람 앞에서 나를 시인(고백 – 공개적으로 시인)하면 나도 하늘에 계신 내 아버지 앞에서 저를 시인할 것이요." 제가 헬라어 원문에서 이 단어들을 살펴본 바에 의하면 그 뜻이 같을 뿐 아니라 항상 '공개적 발언(public statement)'을 의미한다는 것입니다.

　다시 말하면 요한일서 1장 9절 '자백'은 혼자 마음속으로만(비밀히)

인정하는 것이 아니라 공개적으로 고백해야 할 일이라는 것입니다. 여기에 대해 제가 알고 있는 것은 이렇습니다.

옛날 초대 교회 시절에는 성도들이 회중들 앞에서 공개적 고백을 했습니다. 그러자 자동적으로 많은 시간이 소비되게 되었습니다. 그럴 뿐 아니라 고백들 중에는 회중 가운데 섞여 있는 여러 신자들이 들을 필요가 없는 것들도 있었습니다. 그래서 고백할 것이 있는 사람들을 장로들 중의 한 사람에게 보냈고, 장로의 말을 받아들여 그가 참회를 했으니 회중과의 교제를 허락해 주도록 하자는 습관이 생겨났습니다. 그런데 시간이 지나자 장로들이 자신들의 권위를 잘못 남용하게 되자 사람들 가운데는 거기에 거부하는 움직임이 나타났습니다. 그들은 그로부터 하나님 앞에 마음속으로 죄를 시인하기 시작한 것입니다.

그런데 제 경험에 의하면 사람 앞에서(예외가 없는 한 친구나 성직자였음) 제 죄를 고백했더니 그것으로 인해 하나님께서 용서와 치료의 능력으로 제게 오시더라는 것입니다. 그리고 오랫동안 벗어 버리지 못하던 죄악된 습관들에서 벗어나 자유함을 맛보도록 해 주셨다는 것입니다. 이것은 제 경험입니다만 하나님께서 혹시 이런 방법으로 권사님의 은밀한 죄가 다루어지기를 원하시지 않는지 기도해 보시기 바랍니다. 그것이 하나님의 뜻이면 누구에게(나이가 들고 지혜로우며 신뢰할 수 있는 사람이어야 함은 물론입니다) 고백을 해야 할까도 생각해 보셔야 하겠지요. 만약 우리가 하나님의 뜻을 행하기를 원하면, 무엇을 해야 할지를 가르쳐 주시겠다는 것이 하나님의 약속입니다.

하지만 저는 권사님의 문제가 과연 숨겨둔 죄의 문제인가 하는 데 대해서는 의심의 여지가 있다고 봅니다. 굳이 죄라면, 하나님을 위한 활동이 그분을 섬기는 유일한 길이라고 여기는 잘못이거나 또는 중보기도의 중요성을 과소평가한 죄가 아니겠느냐는 것입니다.

요즘의 세상은 사람들로 하여금 무슨 일에서나 움직이고 활동적이기를 원합니다. 그래서 사람들은 앉아 있거나 안식하는 시간을 갖지 못하고 계속 일(doing), 일(doing), 일(doing) 속에서 묻혀 지냅니다. 그러나 하나님은 말씀하십니다. "너희는 가만히 있어 내가 하나님 됨을 알지어다"(시 46:10). 우리는 가끔 이런 생각을 합니다. 하나님은 손과 발이 없으시지만 우리는 있지 않은가. 그러니 우리가 하나님을 위하여 손과 발을 움직여야 하고 그렇지 않으면 하나님은 어쩔 도리 없이 가만히 계실 것이다. 물론 이 생각은 옳습니다. 하나님께서 하시고자 하는 일이 있으시면, 하나님은 어떤 사람에게 그 일을 맡기십니다. 만약 그가 일하기를 거절하면 그 일은 그대로 방치 상태로 남을 것입니다. 그리고 만약 내가(하나님을 위해) 못하고 있는 일을 다른 사람이 개입하려 하면 그는 어쩔 수 없이 자기가 해야만 하는 일을 미룰 수밖에 없을 것입니다.

모든 그리스도인은 주님을 위해 해야 할 자신의 일이 있습니다. 만약 모든 그리스도인들이 하나님께서 그들에게 주신 일들을 에누리 없이 하기만 한다면 이 지상의 교회들이 얼마나 강력하고 힘 있는 교회가 될까요? 그리고 그만큼 빨리 주님의 음성을 듣고, 신속히 주님의 재림이 이루어지도록 만들 수 있을 것입니다. 주님은 복음이 모든 족속, 민족들에게 전해지기 전에는 오시지 않겠다고 말씀한 바 있습니다. 그러므로 주를 위해 할 일이 없다고 생각하는 사람들은, 그들의 게으름, 무관심 때문에 그만큼 주님의 재림을 지연시키고 있는 것입니다.

그러나 권사님, 권사님은 주를 위해 무관심하지도, 게으르지도 않으셨습니다. 권사님은 주님이 부탁하신 그 일을 행하기 위해 최선을 다 하셨고 지금도 행하기를 원하십니다. 그러다가 갑자기 주님이 당신을 쓰실 일이 없다고 보여지는 일이 나타난 것입니다. 그러나 그것은 권사님과 권사님의 친구들에게 그렇게 보여지는 것뿐이지 하나님께는 결코 그렇지 않습니다.

저는 하나님이 권사님에게 지금의 것보다 훨씬 중요한 일거리를 주시기 위해 하시던 일을 중단하도록 만드셨다고 믿습니다. 하나님은 이렇게 말씀하고 계신 것입니다. "가만히 있어라. 하던 일을 모두 멈추고 내가 하나님인 것을 알라." 그러나 권사님은 대답하십니다. "저는 당신이 하나님인 것을 잘 압니다. 그래서 제가 당신을 위해 이토록 열심히 일하고 있지 않습니까? 저는 도무지 '가만히' 앉아 있을 수가 없습니다." 주님은 다시 말씀하십니다. "그렇지만 가만히 있는 것도 내 일 중의 하나인 것을 모르느냐?"

권사님은 복음서를 읽어가시면서 주님이 자주 사람들과 일을 완전히 뒤로 한 채 광야나 산으로 가셔서, 때로는 밤이 늦도록 홀로, 잠잠하게 계셨던 사실을 못 보셨는지요? 또 하나님께서는 엿새 동안 창조의 일을 마치시고 칠일째 조용히 안식하셨다는 것도 알고 계시겠지요?

음양 이론대로 말하면 잠잠히 있는 것, 활동을 중단하는 것, 이것은 기도와 교제하는 일의 음(陰)적인 면에 불과한 것입니다. 여기서 '교제하는 일'은 많은 뜻을 가집니다. 그중의 하나는 매우 활동적인 것인데 많이 돌아다녀야 하는 일을 말합니다. 즉, 가난한 자들을 위해 쓸 것을 공급해 주는 것을 말합니다. 쓸 것을 공급해 주는 일은 교제(사귐)의 매우 중요한 요소이기도 합니다.

그러나 똑같은 이름의 '사귐'이란 말 속에는 전혀 다른 한 면이 있음을 알아야 합니다. 그런 상태는 두 사람의 연인이 산으로 올라가 말없이 손을 잡고 경치를 구경할 때 볼 수 있는 내용입니다. 말도 없이, 아무엇도 하지 않고 지내지만 그것도 사귐의 중요한 부분입니다. 때로는 하나님께서 우리에게 이와 같은 시간들을 가지도록 원하신다는 것입니다. 하나님은 우리가 그의 임재를 즐기며 가만히 그의 곁에 있기를 원하신다는 것입니다. 어떤 때는 무엇인가 말씀하시기 원하시므로, 또 어떤 때는 단지 조용히 있기를 원하시므로 하던 일을 멈추도록 하시는 것입니다.

이런 방법으로 하나님께 가까이 나아가는 일은 매우 중요합니다. 대부분의 사람들은 다분히 일(doing) 지향적 사고구조를 가지고 있습니다. 그래서 이것, 저것들을 하느라 하나님 앞에 잠잠해질 수 있는 시간들을 전혀 갖지 못합니다. 그렇게 되면 우리는 일에 지친 나머지 잠만 자게 될 것입니다. 저는 바로 이 때문에 하나님께서 권사님이 달려가고 있는 길에서 멈추도록 만드셨다고 믿습니다.

하나님은 이렇게 말씀하십니다. "나는 너를 사랑한다. 그래서 너와 함께 있는 시간을 갖고 싶다. 이제 너의 몸의 속도가 늦추어진 것처럼 마음의 속도도 줄여라. 그리고 연인처럼 조용히 나를 알려무나. 내가 너의 곁에 있음을 즐거워하려무나. 이제 내가 네 손을 잡고, 그냥 고요히 지내며 사랑을 확인하도록 하자꾸나. 모든 것 중의 최고는 사랑이 아니냐? 그리고 사랑이 반드시 말과 행동으로 표현되어지는 것이 아니지 않느냐? 그냥 마음으로만 주고받을 때가 있지 않니? 내가 네게 맡길 일이 있어. 그러나 지금은 그것에 대해 생각지 말라. 지금은 단지 잠잠히 있기만 해. 내가 너로 인하여 즐거워하도록 해 줘. 내 딸아, 네 몸이 기동하지 못하는 순간에도 네 마음은 시속 100킬로미터로 달리고 있는 것 같구나. 마음을 중립 기어로 넣고, 속도를 줄여 멈추도록 해. 그리고 가만히 앉아 나와 함께 경치를 즐기자꾸나. 내가 너를 사랑하니 조용히 행복을 느껴 보려무나. 나는 네가 하는 '일'이 아니라 그냥 너, 너 자신을 사랑하는 거란다. 나는 너와 사귀고 싶어 너를 지은 거야. 그러니 그냥 앉아 고요히 너는 네가 되고 나는 내가 되어 우리의 사랑, 우리의 평화가 있는 그대로의 아름다움이 되도록 해보자꾸나."

다시 출발할 수 있는 출발점이 바로 여기에 있습니다. 하나님을 알고, 그를 기뻐하며, 내가 그의 사랑 안에 푹 젖어드는 방법을 배우는 것입니다. 아가페 사랑은 일방통행입니다. 하나님은 우리가 당신을 사랑하든, 안 하든 우리를 사랑하십니다. 그러나 '필리아' 사랑은 양방통행의 사랑입니다. 하나님은 우리가 당신의 종(servant)이 아니라 친구가 되기를 원하십니다. 만약 우리가 종이 되는 일에만 몰두한다면 친구가 되는 시간은 갖지 못할 것입니다. 바로 이때 주님은 우리에 대해서 실망하시게 되는 것입니다. 요한복음 15, 16장을 읽어 보시기 바랍니다. 예수님은 결코 '일', '행동'을 강조하시지 않습니다. 그저 친구가 되고, 친구로서 서로 사랑해야 함을 강조하고 계신 것입니다.

그러므로 권사님, 고조되어 가는 정신적 긴장을 일단 푸시기 바랍니다. 아무것도 할 수 없다는 생각 때문에 생기는 염려도 놓으시기 바랍니다. 대신 이 점을 깊이 음미해 보시기 바랍니다. '나는 계속 하나님을 사랑할 수 있고, 조용한 침묵 속에서도 그의 사랑을 즐거워할 수 있고, 나의 사랑이 그분에게로, 또 그분의 사랑이 나에게로 흐르게 할 수 있지 않은가? 또 결국 반신불수의 몸이긴 하지만, 내가 그분을 위해 할 수 있는 일이 무엇인가를 알게 될 날이 올 것이다.'

제가 보기에 주님께선 이런 일을 오래 전부터 계획하셨던 것 같습니다. 그러나 아무도 그것을 권사님이 해야 할 일로 이해하거나 인정하려 하지 않았습니다. 그래서 주님은 권사님을 눕도록 만들 수밖에 없었습니다. 이제 권사님은 주위의 오해 없이도 그 일을 하실 수 있게 되셨습니다.

제가 말하는 일이란, 바로 중보기도를 가리킵니다. 흔히 건강하고 정상적인 사람이 중보기도의 사역에 자신을 드리겠다고 하면 주위의 친구들은 그가 게을러 일하기 싫어하거나 아니면 신앙이 약간 광신적으로 변했기 때문이라고 생각합니다. 사탄은 늘 중보기도의 중요성을 깨닫지 못하도록 만들고자 하는 것입니다. 그는 교회가 늘 바쁘게 움직여지도록 만들어 영적 전투에 참여하지 못하도록 만드는 것입니다. 사탄은 영적인 전투를 가장 두려워합니다. 그는 영적 전투에서 자신이 이길 수 없다는 것을 잘 압니다. 그래서 그는 우리 그리스도인들이 아예 그 싸움에 참여하지 못하도록 일에 쫓겨 다니도록 만드는 것입니다.

에베소서 6장을 다시 읽어 보십시오. 바울은 우리의 싸움이 보고, 만지고, 들을 수 없는 영적인 세계에 대한 것이라고 말합니다. 이와 같은 전투를 어떻게 하시겠습니까? 물론 하나님의 전신갑주부터 입으셔야 하겠지요. 그럼 입은 후에는 실제로 어떤 방법으로 싸우시겠습니까? 바로 기도입니다. 계속 18, 19, 20절을 보시기 바랍니다. 이것이 바로 바울이 말하고 있는 전투입니다. 이것들은 모두 기도에 대한 언급들입니다. 이것은 일이나 전도나 설교나 가르침이나 불쌍한 자를 섬기는 일에 대한 말들이 아닙니다. 물론 이런 일들이 중요하지 않은 것들이 아니며 성경의 다른 곳에서 많이 이루어지기도 합니다.

그러나 영적 전투에 관한 한 바울이 이곳에서 부탁하고 있는 일이란 바로 '기도'뿐입니다. 또 하나 그 기도가 우리 자신을 위한 기도가 아니라는 점을 유의하시기 바랍니다. 그 기도는 다른 사람들을 위한 기도입니다. 또 그것은 사탄에 대항하는 기도입니다. 그것은 하나님께 속한 다른 군사들을 붙잡아 주는 기도이기도 합니다. 바울은 결론적으로 두 번씩 자기를 위해 기도해 줄 것을 부탁하고 있습니다. 바울과 같은 대사도가 에베소 교회의 이름 없는 신자들의 기도를 필요로 할진대, 오늘날 우리 한국 교회의 목사님, 사역자들은 얼마나 더 우리의 기도를 필요로 하겠습니까?

　서두에서 권사님은 연료가 없어 추위로 고생할 분들에 대해 염려하셨습니다. 귀한 걱정입니다. 그것도 기도 제목에 포함시키십시오. 교회가 가난한 자들의 필요에 대해 예민한 감각을 가지도록 기도하시기 바랍니다. 교회가 눌리고 멸시받는 자들의 심리 상태를 잘 헤아려, 그들에게 하나님의 사랑을 나타내며, 하나님 앞에서 그들의 존엄성을 회복시켜 주는 교회가 되도록 기도하십시오. 우리는 자주 가난한 자들의 자존심을 파괴시키거나 그들을 당황케 하는 방법으로 도울 때가 있습니다.

　교회의 교역자들을 위해 기도하시기 바랍니다. 그들이 유혹에 쓰러지지 않도록 기도하십시오. 사탄은 1백 명의 평신도보다는 1명의 목사를 넘어뜨리고자 하는 것입니다. 그는 목사님들로 하여금 계속 바쁘게 만들어 교인들을 사랑하고, 위해서 기도해 줄 수 있는 시간을 못 가지게 만들며, 할 수만 있으면 영력이 약해지도록 만듭니다. 그래서 설교를 할 때도 성령의 능력을 힘입지 않고 자신의 힘으로 하도록 만드는 것입니다.

　또 개인적으로 잘 아는 목사님들만을 위해 기도하지 마시기 바랍니다. 그들뿐 아니라 주님께서 권사님의 관심의 대상이 되게 하시는 종들을 위해서도 기도하시기 바랍니다. 멀리 있어도 힘든 사역을 하시는 분들을 위해서도 기도하십시오. 또 이성봉 목사님을 위해 기도해 주십시오. 그는 평양에 소재한 개신교회의 목사님입니다. 그는 국제적 교회 기구인 WCC 모임에 자주 참석하는데 불행히도 그가 자주 접촉하는 인물들은 대부분 성령에 대해서 모르는 사람들입니다. 그를 돕는

박춘근 목사를 위해서도 기도하십시오. 그는 올해 55세로서 새롭게 목사가 된 사람입니다.

아울러 북한에 있는 5백여 개의 등록된 가정 교회 및 지하에 숨어 있는 교회들을 위해서도 기도하시기 바랍니다. 성령의 능력이 또 한번 북한 땅과 교회 위에 불붙도록 기도하십시오. 주님께서 다른 기도의 제목들도 허락하실 것입니다. 기도는 주님께서 허락하신 새로운 사업이며 주의 나라를 위해 절실히 요구되는 일이기도 합니다. 저를 위해서도 기도해 주십시오. 감사합니다. 안녕히 계십시오.

AIDS 공포시대, 기독교인의 자세

존경하는 대천덕 신부님께.

　장기간 미국에 계시다 돌아오신 신부님의 요즘 건강은 좀 어떠하신지요? 우리는 지금까지 신부님의 일대기에 대해서 재미있게 읽어왔습니다. 그러나 그것들은 전에 문답형식으로 연재되던 내용에 비해서는 그렇게 도움이 못 되는 것 같았습니다. 아마 우리들에게는 질문 결핍증이란 것은 없나 봅니다.

　저는 요즘 한창 유행하는 질병인 AIDS(후천성 면역결핍증)에 대해서 좀 질문해 보고 싶습니다. 최근 제 친구 한 사람이 미국에 있다 왔는데 미국의 수많은 잡지와 신문들이 그것들에 대해 다루는 것을 보고 매우 놀라워 했습니다. 그런데 그가 더 놀라는 것은 교회 안에서 그것을 바라보는 시각의 차이 역시 너무나 크다는 데 있었습니다.

　신부님은 거기에 대해서 어떤 결론을 내리셨는지 궁금합니다. 저희들과 나눌 수는 없으신지요? 혹시 신부님께서 그것들에 대해서 조사하신 것은 없으신지요? 작년에 미국에 계셨으니까 거기에 대해서 논의되던 것을 모두 지켜보셨으리라 생각됩니다. 신부님의 좋은 답변 기다리겠습니다.

- 원상호 올림

사랑하는 상호 형제에게.

보내 주신 형제의 편지에 감사를 드립니다. 나는 감사하게도 건강한 편입니다. 이제는 좀 가벼운 보따리 정도는 들고 다닐 수 있게 되었습니다. 미국 생활에서 받는 압박감, 공해에서 벗어나 한국으로 돌아오게 되니 얼마나 좋은지 모르겠습니다. 그러나 요즘은 서울 생활도 미국의 그것과 별 차이가 없는 것 같습니다. 거기에 비해 깨끗한 공기와 맑은 물이 있고 또 영적, 심리적 공해도 훨씬 덜한 이곳 예수원에서 지내는 것이 얼마나 감사한지 모르겠습니다. 그렇다고 나는 이곳의 우리가 영적이고 심리적인 문제들로부터 완전 자유함을 누린다고 말하려는 것은 아닙니다. 다만 우리는 그런 문제들을 하나하나씩 정복해 가고 있으며 또 더욱 열심히 서로를 섬길 수 있는 능력을 갖추어 가고 있다는 말입니다.

형제가 제기한 질문에 대해서는 내가 그런 질문을 받지 않았더라면 대답을 무한정 보류하고 싶었던 내용입니다. 그것에 대해서는 아직도 의견이 분분하기 때문입니다. 하지만 나는 언젠가 한번은 그 문제에 부딪쳐야 할 것임도 알고 있습니다.

나는 그것이 한국에서는 아직도 큰 문제가 되고 있지 않은 것에 감사를 드립니다. 그러나 그렇다고 해서 우리가 미국이나 유럽에서 이 문제를 공포 속에서 직면해야 하는 사람들에 대해서 우월감을 갖지는 맙시다. 우리는 그저 겸손히, 존 번연이 단두대를 향해 올라가는 어느 죄수를 보고 말했듯이 이렇게 기도합시다. "하나님의 은혜가 아니었더라면 나도 저 길을 갔을지 모를텐데…." 오직 우리의 정직하고 간절한 기도만이 한국에 그런 종류의 질병이 퍼져가는 것을 막을 수 있을 것입니다.

먼저 나는 그 질병 자체에 대해서 잠깐 설명을 드리도록 하겠습니다. 그 병균은 본래 아무런 해를 끼치는 작용을 하지 않고 있다가 최근 무서운 파괴력을 가지도록 돌연변이 된 바이러스인 것 같습니다. 이것과 아주 흡사란 바이러스 균이 사람과 동물의 혈액에서 추출되기는 했지만 동일한 병을 유발시키지는 않았습니다. 모든 병균은 본래 유해성을 가지지 않고 있다가 점차 치사성을 띠는 변이의 과정을 거치는 것 같습니다.

이것은 아마 대홍수 이전에는 가능하지 못했을 것입니다. 왜냐하면 그 당시 지구상에는 압력이 대단히 높은 수증기층이 형성되어 있어 자외선 및 그 밖의 방사선을 차단시킬 수가 있었기 때문입니다. 그러나 이 두꺼운 수증기층이 노아시대에 파괴되어 홍수를 일으키고 또 지구는 방사선에 그대로 노출됨으로 인하여 각종 생물들의 세포 변이작용의 빈도가 상대적으로 높아지게 된 것입니다. 지구상에는 많은 유형의 세포들이 있지만 그중에서도 특히 바이러스의 그것이 변이에 약하다고 합니다. 각종 전염성 질병의 갑작스런 출현이 바로 이런 이유 때문이 아닌가 추측하고 있습니다.

그런데 AIDS 바이러스는 본래 원숭이에서 생겨났다가 그 병균을 가진 원숭이와의 교접(레 18:23)을 통하여 사람에게 옮겨진 것으로 추측되고 있습니다. 또 그것이 사람 사이에 퍼지게 된 원인은 동성과의 성관계 때문이라고 합니다.

한번은 어떤 크리스천 의사가 하나님께서 우리 인간의 신체 속에 주신 면역장치의 신비성에 대해 발표하여 주목을 받은 적이 있습니다. 그가 발견한 것은 우리 몸의 세포가 다른 사람 몸의 세포에 대해서는 파괴적 거부반응을 일으키게 하는 신비에 대한 것입니다. 즉 우리 몸속의 세포는 어떤 것이 자기의 그것과 동일한 것인지 아닌지를 쉽게 알아내어 그것이 다른 사람의 것인 경우 파괴작용을 일으킨다는 것입니다. 다른 사람의 피부를 이식하는 수술이 힘들고 까다로운 이유가 바로 이 때문이라고 합니다.

그런데 이 자동면역장치가 예외로 움직이는 경우가 꼭 한 번 있다고 합니다. 즉 몸 속에 새로운 생명을 만들어 낼 때입니다. 남자의 정자는 여자의 신체에서 보면 분명히 다른 몸 속의 세포입니다. 그리고 정자와 난자가 결합되어 형성된 태아 역시 모체에 대해서는 다른 몸입니다. 그러나 또 다른 어떤 과정이 여기에 개입되기 때문에 모체는 태아에 대하여 일체의 거부반응도 보이지 않습니다. 이것이 우리 몸 속의 자동면역장치의 신비함입니다.

이렇게 우리 몸은 다른 세포의 침입에 대해서는 자동적으로 면역기능을 발휘하도록 되어야 하는데 AIDS의 병균(세포)에 대해서는 그 면역기능이 완전 중단된다는 것입니다. 그래서 AIDS 바이러스는 어떤 몸이건 간에 면역기능의 저항 없이 몸 속에 침투되는 것입니다. 그것은 마치 우리 몸이 혼란에 빠져 어느 쪽이 내 편인지 아닌지를 구별해 내지 못하는 경우라고 생각해 볼 수 있을 것입니다. 하여튼 이 병이 치명적인 까닭은 우리 몸이 그 바이러스를 더 이상 대항하고자 하지 않기 때문입니다.

미국의 경우 AIDS 환자의 대다수는 동성연애를 하는 남자들입니다. 그러나 개중에는 금지된 약물을 복용하기 위해 오염된 주사기를 사용하다가 걸린 사람도 상당수 있다고 합니다. 그 외 적긴 하지만 수혈, 불건전한 성관계, 약물을 통해서도 감염된다고 합니다.

최근 영국에서는 이 AIDS를 상세하게 다룬 TV 특집 프로그램이 있었는데 여기서 내린 의학적 결론은 간음, 문란한 성관계, 약물복용을 삼가는 것만이 유일한 예방책이라고 했습니다. TV 토론에 참석한 어떤 의사들은 그런 결론이 오늘날 우리 시대 삶의 스타일에 맞지 않는다고 하면서 못마땅해 했다고 합니다. 그러나 분명한 대답은 건전한 삶의 유형으로, 즉 성경이 가르치는 삶의 태도로 돌아오는 것뿐입니다.

이 AIDS 침투의 통로가 되는 두 가지 문제에 대해 참고 성경구절들을 말씀드리겠습니다. (1) 동성연애에 대한 것-레 18:22, 20:13; 롬 1:27; 고전 6:9; 딤전 1:10 (2) 약물 복용에 대한 것-출 7:11, 22, 8:7, 18; 사 47:9, 12; 갈 5:20; 계 9:21, 18:23, 21:8, 22:15.

이 중 어떤 구절들도 약물복용에 대해서는 말하지 않습니다. 그저 전통적인 번역으로 '술수', '술법', '사술'로 언급되어질 뿐입니다. 그러나 비정상적인 효과를 얻기 위해 해로운 약을 스스로 섭취하는 행위는 사술로 보아도 무방합니다. 담배도 여기에 포함시킬 수 있을는지는 모르겠습니다만 한 가지 분명히 지적할 수 있는 것은 무엇에든 탐닉하면 그것이 하나님을 대신하는 신(神)이 될 수 있다는 것입니다. 만약 내가 하나님이 원하셔서 꼭 버려야 함에도 불구하고 버리지 못하는 것이 있다면 나는 그것을 하나님의 자리에 올려 놓게 되는 것입니다. 그것은 돈이 될 수 있는가 하면 약물이 될 수도 있습니다. 어떤 사람은 이렇게 말합니다. "나는 돈을 좋아하는 것은 아닌데 돈이 있으면 불안한 마음이 생기지 않아." 그러나 불안한 마음을 가라앉히는 안정제는 무엇이든 중독 작용을 한다는 사실을 알아야 합니다. 돈도 마찬가지입니다.

그렇다면 AIDS를 치료할 수 있는 약이 있을까요? 의학적으로는 없습니다. 그러나 인간에게 불가능하다고 해서 하나님에게도 불가능한 것은 아닙니다. 지금까지 AIDS를 기도로 고쳤다는 말은 듣지 못했습니다만 그렇다고 해서 이것이 하나님의 능력이 동이 났다는 말은 아닙니다. 그는 지금도 만유의 주이시며 창조주이자 치료자이십니다. 그러므로 어떤 AIDS 환자가 말씀에 어긋난 삶을 살지 않았음에도 불구하고 그 질병을 얻었다면 우리는 그를 고쳐달라고 기꺼이 기도해 드리고 싶습니다.

그러나 그가 그 질병을 얻은 것이 하나님의 법을 범함으로써(동성연애 따위로) 얻은 것이라면 그는 질병 외에 해결해야 할 또 다른 문제를 갖고 있는 사람입니다. 그는 육적인 사망뿐만 아니라 영적인 사망까지 맞아야 하는 사람입니다. 성경은 이렇게 말합니다. "몸은 죽여도 영혼은 능히 죽이지 못하는 자들을 두려워하지 말고 오직 몸과 영혼을 능히 지옥에 멸하시는 자를 두려워하라"(마 10:28). 그래서 우리는 이런 사람들을 도울 때는 두 가지 방법으로 도와야 합니다.

기도하는 방법 외에 누군가가 그를 직접 도와 주어야만 합니다. 간호원, 친구, 친척 등 누군가가 그에게 최대한의 관심을 가지고 도울 수 있는 데까지 도와야만 합니다. 그는 끊어질 듯 말 듯, 서서히 희한한 죽음을 향해 나아가고 있는 사람입니다. 그의 병세가 깊어질수록 그는 더욱더 육체적인 도움을 필요로 합니다. 그의 죽음이 가까이 옴에 따라 그는 더욱더 큰 위로를 필요로 합니다. 이런 그들을 우리는 어떻게 도울 수 있습니까? 이런 경우라고 해서 죄 문제에 대한 언급을 회피하는 일은 옳지 않습니다. 만약 그가 그의 질병이 죄로 말미암은 줄로 인식하게 되면 그 죄가 또한 용서받지 못할 죄가 아님을 알게 될 것입니다. "저를 믿는 자마다 멸망치 않으리라"(요 3:16)는 확신을 가지게 될 것입니다.

우리는 좋은 소식을 가지고 있습니다. 이 소식은 우리가 하나님과의 올바른 관계로 나아갈 수 있다는 소식입니다. 죄인인 우리가 하나님과 친구가 될 수 있다는 소식입니다(요일 1장). 그러나 만약 우리가 하나님과 사귀는 친구라면 하나님이 빛이시듯 우리는 빛 가운데서 행해야 합니다. 이것이 지금까지 우리가 숨기려고 했던 모든 부끄러운 것을 고백해야 된다는 말이기도 합니다. 만약 우리가 그 죄를 고백하면 하나님은 미쁘시고 의로우사 우리를 모든 불의 가운데서 깨끗케 하십니다(요일 1:9).

하나님과 사귐이 있고, 하나님을 알고, 하나님의 친구가 된다는 것은 또한 하나님만이 주실 수 있는 영원한 생명 가운데서 산다는 말이기도 합니다. 만약 우리가 그분과 함께 사귐을 갖는 친구라면 우리는 영원히, 이 세상을 떠난 후라도 그를 볼 것이며 그와 동행할 것입니다. 죽음은 단지 우리가 사랑하는 그분의 현존하심 앞으로 들어가는 문에 불과한 것입니다.

그러나 우리가 이곳에 사는 동안 그분과 사귐을 갖지 못한 자라면 이 세상 후에 그분과 함께 있게 되는 소망이란 결코 없습니다. 그러므로 이 AIDS 환자에게 우리가 도울 수 있는 가장 중요한 일은 그로 하여금 하나님과 사귐이 있도록 해 주는 것입니다.

혹 그 환자가 하나님의 사랑을 받아들이든지, 받아들이지 않든지 간에, 또 그가 입으로 시인하며 죄를 고백하든 안 하든 간에 우리는 계속해서 그를 육체적으로 돕는 일이 필요합니다. 설령 우리가 그에게 하나님의 사랑을 확신시켜 주지 못했을지라도 우리는 우리의 계속적인 인내와 사랑의 수고를 통해 하나님의 사랑이 그에게 전달되도록 할 수 있습니다. 우리는 하나님께서 우리를 사용하셔서 그분의 영적, 육체적 신유의 은사가 우리의 섬기는 손을 통하여 흘러 나오게 해달라고 기도할 수도 있습니다.

예수님은 우리가 친구를 위해 목숨을 버리는 것만큼 더 큰 사랑이 없다고 하셨습니다. 만약 우리의 병든 친구가 자신을 위해 시간, 안락, 종교적 편견(환자가 그 친구를 향해 갖고 있는)마저 뒤로 하고 아무 보상 없이 기꺼이 그를 섬겨 주고자 하는 것을 보면 그의 마음은 열릴 수 있습니다. 아마 그가 정상적이지 못한 삶에 빠져 이런 병까지 얻게 된 것은 그가 어린 시절 얻지 못했던 사랑, 애정결핍 때문인지도 모릅니다. 그것이 또한 사실이라면 우리는 그가 어린 시절 받은 상처로부터 치유될 수 있도록 기도할 수도 있습니다. 그러나 그것만으론 충분치 못합니다. 우리는 말이 아닌 그리스도의 사랑을 채워 주고 맛볼 수 있도록 해 주어야 합니다.

사랑하는 상호 형제, 이 병이 아직 신비에 속해 있는 것이 사실입니다. 또 그것이 앞으로 어떻게 진전되어 갈지도 의문입니다. 그러나 우리는 더욱더 우리의 법도를 지키는 삶과 간구를 통하여 그런 무서운 질병이 퍼지지 못하도록 합시다. 또 그 병에 희생이 되어 있는 사람에게도 마음으로, 손으로 그리스도의 사죄의 은총과 사랑을 전하도록 합시다.

성경은 보복행위를 어떻게 말합니까?

존경하는 대천덕 신부님께.

그곳 태백산맥의 추위를 어떻게 견뎌 나가시는지요. 백설의 아름다움이 그 찬바람을 조금이라도 벌충해 주리라 생각됩니다. 신부님 곁에 따스하고 충만한 연료와 훈훈한 마음, 그리고 성령의 불이 가득하시기를 바랍니다.

우리 대학 학생들의 성경공부 모임에서는 열왕기상 2장 1~9절에 나오는 몇몇 문제에 대하여 신부님께 편지를 쓸 것을 요구해 왔습니다. 즉, 다윗 왕이 솔로몬에게 적들을 복수할 것에 관하여 지시하는 내용입니다. 이것은 나치스의 대학살이 40년 이상이나 지난 후, 복수를 요구하는 유태인들과 어떤 관련이 있는 것인지요? 만약에 그렇다고 한다면 그 문제는 우리들에게 치명적인 처벌의 문제, 그리고 쿠데타에 대한 우리의 태도, 우리 사회의 정치적, 군사적 논제들에 빨려드느냐 마느냐 하는 총체적인 문제와 깊은 관련을 맺을 수도 있다고 생각됩니다. 이런 문제들에 대하여 신부님의 조언을 구합니다.

— 민경요 올림

친애하는 민 형제에게.

상당히 도전적인 형제의 편지에 감사를 드립니다. 이런 문제들보다 대답하기가 훨씬 더 쉬운 문제들이 많았기에 오랫동안 답장을 못한 것 같습니다. 우선 이런 문제는 명료한 답변을 할 수 없음을 말해 두어야 하겠습니다.

우리의 딸인 명숙 양은 현재 미국에서 메노파(Menno)들에 의해 운영되고 있는 대학에 다니고 있는데, 그들의 공식적인 가르침은 기독교인의 전쟁이나 폭력 또는 인간의 삶을 유린하는 행위는 서명할 수 없다는 것입니다. 그 교파의 신도들은 언제나 재앙의 희생양으로서 제일 먼저 앞장서는 사람들입니다. 그들은 전시(戰時)에는 언제나 일선에서 구급대로서 봉사하지만 좀처럼 군대에 입대하려 하지는 않습니다. 그들은 군사적인 행동에 가담하는 것보다는 차라리 감옥에 가 버립니다.

내가 대학에 재학 중이고 신학생이었을 때에 나도 그 생각에 사로잡혀 있었습니다. 내가 해군보다는 상선대(merchant marine)에 들어간 것도 바로 그런 이유 때문이었습니다. 그것은 민간조직이었는데 매우 위험했습니다. 그러나 그것에 대해 생각하면 할수록 간단명료한 답변이 발견될 수 있을 것이라는 확신은 줄어들었습니다. 나는 내가 원하든 원하지 않든 그것에 깊이 빠져 있다는 것을 알게 되었습니다.

우선 형제의 마지막 질문부터 이야기해야 하겠습니다. 나는 성경이 이 문제에 대한 분명한 해답을 우리에게 제시하고 있다고 생각합니다. 공적인 생활(public life)에서 느헤미야와 다니엘 같은 선지자들의 기도를 읽으면 그들은 스스로를 개인으로서가 아니라, 이스라엘의(이 말은 빠뜨릴 수 없는 부분입니다) 구성원으로서 생각한다는 것을 알게 됩니다. 이스라엘이 범죄했을 때에 이들은 자신들이 범죄했다고 여기는 것입니다.

이런 태도는 신약에서 더욱 강하게 나타납니다. 신약에는 바울이 로마서 12장, 빌립보서 2장에서 이를 나타내고 있으며 고린도전서에도 4장이나 차지하고 있습니다. 동시에 그분은 우리가 믿지 않는 자들과 연루되어 있다는 것에 관하여 경고하고 있습니다(고후 6:14~18). '코이노니아' 혹은 '교통'은 그리스도인들 사이의 특별한 유대입니다. 로마서 9~11장에서 우리는 바울의 유대인들에 대한 열렬한 관심을 찾아볼 수 있습니다. 기독교 신자가 자기 나라에 대한 열렬한 사랑과 긍휼을 갖는다는 것은 바람직한 일입니다.

여기서도 우리는 사도 바울이 예수를 거부한 자들과는(우리가 사랑하며 그들의 회개를 구하는 중이라 하더라도) 결코 타협하지 않았음을 볼 수 있습니다. 마침내는 그의 백성들이 그를 배반자로서 거부하게 만드는 입장으로까지 자신을 몰고 갔습니다. 같은 경우로 다니엘은 비록 자신이 이교도 제국의 대신이 되었지만 결코 그의 충성을 타협하지는 않았습니다. 다니엘의 이야기는 믿지 않는 자의 통치 아래 일을 하면서도 타협하기를 거부하며, 관직으로부터 면직당하고서도 결국은 하나님에 의해 자신의 정의가 입증됩니다. 그럼으로써 정부가 태도를 바꾸게 됨을 보여 줍니다. 바벨론에서의 다니엘의 영향으로 인하여, 14년 후의 에스겔 시대에 유대인들은 학대를 받지 않았습니다.

우리는 이런 새로운 국면을 근대판 구약과 사도 바울 시대의 안디옥 교회에서 살펴볼 수 있습니다. 나는 성경에서 믿지 않는 인물들은 생각할 수 없습니다. 예수님 시대에 자기네 사회에는 완전히 무관심했고 성경에서도 거의 언급되지 않은 '에세네(essene)'라고 하는 파가 있습니다. 세례 요한, 예수, 그리고 바울이 사막으로 떠돌아다닐 때에 그들은 에세네파를 방문했을지도 모른다고 몇몇 사람들은 생각하고 있습니다. 그러나 이것에 대한 직접적인 증거는 없습니다.

자, 이제는 구약으로부터 나온 질문을 살펴봅시다. 우선 성령이 임재하기 이전부터 인간의 마음은 변하여질 수 없고, 모든 구약 법전과 모든 시민법이 힘, 즉 공포에 의해서만 유지될 수 있다는 가정에 기초를 두었다는 사실을 기억해야 합니다. 구약의 법전과 이스라엘 주변 국가의 법의 차이는 폭력의 정도가 조심스럽게 조절된다고 하는 점입니다.

예를 들면, 어떤 사람이 치명적인 벌을 당하게 되는 범죄도 신중히 규정하고 있습니다. 요압과 시므이의 경우에, 치명적인 범죄가 저질러졌지만 다윗은 합당한 법으로써 그들을 벌하지 않았습니다. 그러나 그의 판결에서 그 두 사람은 여전히 치명적인 처벌을 받을 만했습니다. 나는 그가 그들을 벌 주지 않고 놓아 준 것이 사회 기강을 해치는 것임을 잘 알리라고 생각합니다. 시므이의 죄는 치명적인 범법으로 규명합니다. 우리는 그것이 인간적인 증오에서 비롯된 것이라고 알고 있습니다. 그렇지만 다윗은 사울파의 사람들에게 친절함을 보이기를 신중히 했습니다(그의 시대에는 듣지도 못하고 위험하였던 친절함입니다).

대학살에 참여했던 자들에 대한 처벌을 유태인들이 요구하는 오늘날을 생각할 때, 사무엘상의 말씀을 떠올리게 됩니다(나치스는 결코 용서를 구한 적이 없습니다).

"만군의 여호와께서 이같이 말씀하시기를 아말렉이 이스라엘에게 행한 일 곧 애굽에서 나올 때에 길에서 대적한 일을 내가 추억하노니 지금 가서 아말렉을 쳐서 그들의 모든 소유를 남기지 말고 진멸하되 남녀와 소아와 젖 먹는 아이와 우양과 약대와 나귀를 죽이라 하셨나이다"(삼상 15:2~3). 아말렉을 벌하도록 했던 명령에서 우리는 암시를 얻게 됩니다.

이제 치명적인 벌의 문제로 갑시다. 많은 그리스도인들은 예수님이 원수를 사랑하고, 우리를 악으로 이용한 사람을 위해서도 기도하고, 악을 악으로 갚지 말라고 가르쳤다는 사실에 주저하고 있습니다. 하나님은 크리스천 한 사람 한 사람을 위한 일정한 표준을 갖고 있으며, 이러한 표준들은 모두 기독교인들에게 적용된다는 사실을 인식해야 합니다. 기독교인들은 성령을 받아왔고, 변화와 회개를 통한 열매를 맺을 가능성이 있습니다. 기독교인들은 용서해야 합니다. 예수께서는 우리가 용서하지 않는다면 우리가 받은 용서는 무효라고 분명히 말씀하십니다(마 18장).

그러나 역사는 기독교 국가가 결코 없었다는 것과 성령의 행동에 대해 폐쇄된 마음의 사람들이 많음을 분명히 제시합니다. 만약 정부가 교회법에 의해 통치하려 한다면, 이러한 사악한 무리들은 그 상황을 자신들의 이익에 이용하려 할 것입니다. 그리고 권력을 잡아서 무자비하게 나머지 시민들을 이용하고 말 것입니다. 시민법은 신을 두려워하지 않거나, 성령의 힘에 의해 살고 있지 않은 사람들이 굉장히 많다는 사실에 기초를 두어야만 합니다.

기대하는 것은, 이 다양한 상황들을 어떻게 하나님의 영광을 위하여 사용하느냐 하는 것입니다. 죽음의 대열에서 처형을 기다리다가 예수를 만나 성령이 충만해진 많은 사람들을 나는 알고 있습니다. 그들은 열심히 성경공부를 하여 다른 죄수들을 전도하고, 심지어는 감옥에서 신학수업을 시작한 사람들도 있습니다. 미국 내의 몇몇 주에서는 기독교 단체들의 압력에 의해 치명적인 처벌을 없애는 것을 실험해 왔습니다. 나는 그것으로부터 나오는 어떤 좋은 증거를 발견할 수 없었습니다. 이제는 회복되고 있는 '치명적인 벌'을 더 좋아하는 여론의 강한 조류가 있게 되었습니다.

그러면 쿠데타에 대해서는 어떻습니까? 최초의 왕은 대개가 그와 같은 일에 연루되어 있습니다. 여로보암의 르호보암에 대한 반역은 그를 임명한 한 선지자를 통해서 하나님에 의해 승인되었습니다. 하사엘과 예후의 쿠데타도 선지자 엘리사에 의해 고무되었습니다. 열왕기상 16장은 그 당시 발생했던 일련의 사건들 뒤에 하나님의 손길이 있었음을 보여 주고 있습니다. 21장은 하나님이 오므리의 아들인 아합에 대해 어떻게 판결을 했고, 그리고 비록 그가 사악하지만 겸손해졌을 때에 어떻게 재판을 연기해 주었는지를 보여 주고 있습니다.

나는 구약의 위와 같은 성경구절과 신약의 다른 것들을 비교해 보면서, 성경에서는 어느 곳에서도 정부가 합법적이냐, 아니냐를 심판하는 것을 발견할 수가 없습니다. 또 다른 한편으로 로마서 13장 1절은 명백하게 말하고 있습니다.

"각 사람은 위에 있는 권세들에게 굴복하라 권세는 하나님께로 나지 않음이 없나니 모든 권세는 다 하나님의 정하신 바라."

어떠한 정부도 하나님의 도움이 없이는 권력을 가질 수가 없습니다. 하나님께서 궂은 일을 하게 되었을 때에는 비신자들로 하여금 그 일을 하게 했습니다. 밭에다가 거름을 뿌릴 때에 맨손을 사용하지 않습니다. 어떤 이는 같은 목적을 위하여 특별한 도구를 사용하기도 합니다. 마찬가지로 하나님께서는 마음에 내키지 않는 일을 성취하기 위해 사용하는 몇몇 정부들이 있습니다. 하나님께서는 이 같은 일을 하는 데 결코 교회를 사용하지는 않습니다. 왜냐하면 교회는 자신의 몸이기 때문입니다.

이와 같은 맥락에서 에베소서 6장에서의 바울의 가르침을 기억하는 것이 매우 중요합니다. 즉 우리는 사람과 사람 사이의 투쟁을 하는 것이 아니라, 영과 영의 싸움입니다. 그리고 우리의 무기는 결코 육체적, 물리적인 것이 아닙니다. 우리의 무기는 기도, 금식, 예언입니다.

기독교인들은 이러한 영의 싸움에서 승리하기 위하여 성경말씀을 배워야 합니다. 그리고 평화와 도덕적 풍토가 정착될 수 있도록 정부의 지도자들을 위해 기도를 하는 것이 기독교인들의 의무라고 말합니다. 엘리야와 이사야와 그 밖의 여러 선지자들, 다니엘과 느헤미야가 하나님의 의지를 알렸던 것처럼 말입니다(딤전 2:1~9).

만약에 우리가 모든 것을 하나님의 힘에 의지하지 않고 우리 자신을 믿으며 우리 인간의 손에서 모든 것을 해결하려 한다면 실패할 수밖에 없습니다. 실패뿐 아니라 모든 일을 더욱 악화시킬 것입니다. 이것은 소위 '기독교 국가'의 역사에서 거듭 발생되어 왔습니다. 자, 이제 펜을 놓아야 하겠습니다.

나의 답장이 형제들의 연구가 더 깊이 발전하는 데 큰 도움이 되었으면 합니다. 하나님의 축복을 빕니다.

산골짜기에서 온 편지3

초판발행 | 1990년 6월 15일
초판8쇄 | 2003년 7월 12일
개정 1판 1쇄 | 2016년 9월 7일

지 은 이 | 대천덕
발 행 인 | 이영훈
발 행 처 | (주)신앙계
　　　　　서울시 영등포구 여의도동 11-17
　　　　　영업부 02)785-3814

　　　　　등록번호 제 13-46호

인 쇄 처 | 동양인쇄 02)838-3311
인 쇄 인 | 유일준
총 판 처 | 서울말씀사 02)846-9222~4

글 ©2016. 대천덕
이 책의 저작권은 저자에게 있습니다. 서면에 의한 저자와 출판사의 허락없이 내용의 일부를 인용하거나 발췌하는 것을 금합니다.

값 12,000원

ISBN 978-89-86622-39-3
ISBN 978-89-86622-36-2 (세트)

「이 도서의 국립중앙도서관 출판예정도서목록(CIP)은 서지정보유통지원시스템 홈페이지(http://seoji.nl.go.kr)와 국가자료공동목록시스템(http://www.nl.go.kr/kolisnet)에서 이용하실 수 있습니다.(CIP제어번호: CIP2016016869)」